"十二五"职业教育国家规划教材

经全国职业教育教材审定委员会审定

U0670654

管理学基础 （第3版）

- ◎ 主　编　姜玲玲
- ◎ 副主编　苏　龙　官灵芳　姜显亮　陈德林

GUANLIXUE JICHU

重庆大学出版社

内 容 提 要

本书介绍了管理、管理者和管理学,管理的演进与发展,阐述了管理的计划、组织、领导、控制四大职能,沟通及其技巧、管理创新等内容,力求简洁实用,让学生易于理解和掌握。本书吸收了管理领域的最新的研究成果和管理实践,注重案例分析的能力培养,具有层次性、实用性、实践性和综合性。

本书既可作为高等职业院校经济管理类专业的教材,也可作为成人教育、在职职工培训和自学辅导教材。

图书在版编目(CIP)数据

管理学基础 / 姜玲玲主编. --3 版. --重庆:重
庆大学出版社,2020.7(2024.7 重印)
高职高专经管类专业基础课系列教材:工学结合
ISBN 978-7-5624-8699-2

Ⅰ. ①管… Ⅱ. ①姜… Ⅲ. ①管理学—高等职业教育
—教材 Ⅳ. ①C93

中国版本图书馆 CIP 数据核字(2020)第 107250 号

高职高专经管类专业基础课系列教材(工学结合)

管理学基础
(第 3 版)

主 编 姜玲玲
副主编 苏 龙 官灵芳 姜显亮 陈德林
主 审 谈留芳 黄文芳
责任编辑:沈 静 版式设计:沈 静
责任校对:姜 凤 责任印制:张 策

*

重庆大学出版社出版发行
出版人:陈晓阳
社址:重庆市沙坪坝区大学城西路 21 号
邮编:4001331
电话:(023)88617190 88617185(中小学)
传真:(023)88617186 88617166
网址:http://www.cqup.com.cn
邮箱:fxk@cqup.com.cn(营销中心)
全国新华书店经销
重庆市国丰印务有限责任公司印刷

*

开本:787mm×1092mm 1/16 印张:15.5 字数:369 千
2011 年 8 月第 1 版 2020 年 8 月第 3 版 2024 年 7 月第 9 次印刷
印数:19 001—20 000
ISBN 978-7-5624-8699-2 定价:49.00 元

第3版前言

管理是人类各种活动中最重要的活动之一,是人们为了达到某一个共同的目标,有意识、有组织、不断进行的协调活动。管理教育是培养和开发现代管理人才的重要手段,是实现管理现代化、专业化和规范化的重要途径。因此,普及管理的理念和知识,掌握管理的基本理论和方法,加强企业的经营之道,提倡振兴中国的管理科学,是非常重要的。

高等职业教育发展迅猛,高等职业教育目前所处的层次及其独特性决定了学生就业后,无论是在管理层,还是在操作层都具有一定的管理职责。高等职业教育的培养目标是为社会培养应用型人才。根据高职教育的特点和管理学科的特点,我们再次修订了本书,坚持能力、素质与知识的统一,突出高职教育对学生专业技能与管理才能培养的目标。为更好地体现层次性、实用性、实践性和综合性,本书做了如下修订:

本书针对单元4组织的内容进行了调整,根据教学实际情况,对人员配备的内容进行了删减,使内容更好地体现实用性。

本书针对单元8管理创新的内容进行了修改,对该单元案例分析进行了更新,更好地体现了实践性和综合性。

本书还对其他单元错漏的地方进行了改正和补充。

我们特邀企业人士,原东风扬子江汽车(武汉)有限责任公司董事长黄文芳女士和武汉船舶职业技术学院图书馆馆长谈留芳副教授担任主审,为本书提出许多宝贵意见。

本书由武汉船舶职业技术学院姜玲玲任主编,长江职业学院苏龙、长江职业学院官灵芳、武汉船舶职业技术学院姜显亮、咸宁职业技术学院陈德林任副主编。姜玲玲制定编写大纲并对全书统稿、定稿。具体分工如下:姜玲玲编写单元1、单元4、单元5、单元8学习任务1、学习任务2、小结、习题及案例等综合资料;官灵芳编写单元2和单元3;姜显亮编写单元6、单元7学习任务1、学习任务2及小结、习题及案例等综合资料、单元8学习任务3和学习任务4等;苏龙编写单元7学习任务4;陈德林编写单元7学习任务3。

由于编者水平有限,本书难免存在疏漏,敬请广大读者提出宝贵意见和建议。

姜玲玲

2020年6月

第2版前言

高等职业教育目前所处的层次及其具有的独特性决定了学生就业后,无论是在管理层,还是在操作层都具有一定的管理职责,高职教育的培养目标是为社会培养应用型人才。本书2011年出版第1版,出版后得到众多高职院校师生的认可,选为教材,并在2013年获职业教育"十二五"国家规划教材立项。2014年7月,本教材正式经全国职业教育教材审定委员会审定,确定为"十二五"职业教育国家规划教材。现根据修订要求,以及高等职业教育和管理学科的新发展,我们修订了本书。坚持能力、素质与知识的统一,突出高等职业教育对学生专业技能与管理才能培养的目标。为更好地体现层次性、实用性、实践性和综合性,本书进行了修订。

本次修订的一大特点是:为丰富实践教学内容,以工作岗位为中心,设计各模块知识点内容,突出实用技能的培养与应用,以反映高职教育"工学结合""任务驱动"等新的培养模式。本书编写团队多次赴东风扬子江汽车(武汉)有限责任公司调研并收集真实案例,重点调研管理的四大职能在企业中的应用,包括生产管理、员工培训、绩效考评控制等内容,将东风扬子江汽车(武汉)有限责任公司的客车研究院与制造部采用绩效考核来进行控制的做法,编入本书。

本书针对第2单元早期管理思想演进,扩充了中国古代管理思想,加入了最具代表性的儒家、道家、法家、兵家、商家等管理思想内容,使内容更充实。对于现代管理思想内容,在原有的基础上,增加了影响较大的四大管理学派,对社会系统学派、系统管理学派、决策理论学派和权变管理理论学派进行了具体阐述,深化了管理思想,加强了管理思想的运用。

本书第3单元增加了非确定型决策的分析方法,与风险型决策的决策树分析法相对应,增强管理的科学性。

本书针对第6单元控制,作了较大的改动。为了更贴近管理实际,将控制单元中的任务顺序进行了调整,将控制过程和评价放在第二,引入生产管理中分析产品质量问题的相关图,即鱼刺图,并导入对策图,更贴近生产的实际控制。增加任务4控制技术与方法,因为在实际工作中应用很广泛,如预算控制、非预算控制、边界控制和项目管理控制。增加了5个相关知识链接,修改了管理寓言故事、案例分析等内容,更好地体现"工学结合"的思想。

本书针对第7单元沟通,也做了相应调整。在沟通的类型中,用列表的方式将各种类型进行了分析和比较,增强直观性。增加了按沟通渠道所形成的网络分类的内容,并画出网络图,说明各沟通网络渠道的具体含义。另外,增加了围绕沟通内容的相关知识链接,便于学生拓展学习。修改并增加学习任务 4 沟通及其技巧,便于学生在实际工作和生活中进行运用。

本书针对第 2 单元的管理新发展,将管理新发展的内容,并到了第 8 单元。同时,对第 8 单元内容进行了修改,对学习任务 2 创新的基本内容进行了重点阐述。围绕管理创新增加了 6 个相关知识链接,对课堂游戏进行了更换。

本书还对其他单元错漏的地方进行了改正和补充。

我们特邀武汉船舶职业技术学院经济与管理学院院长谈留芳副教授,东风扬子江汽车(武汉)有限责任公司董事长黄文芳担任主审,根据主审提出的许多宝贵意见对教材作了优化。

本书由武汉船舶职业技术学院姜玲玲任主编,长江职业学院苏龙、长江职业学院官灵芳、武汉船舶职业技术学院姜显亮、咸宁职业技术学院陈德林任副主编。姜玲玲制定编写大纲并对全书统稿定稿。具体分工如下:姜玲玲编写单元 1、单元 4 和单元 5,单元 8 学习任务 1 和小结、习题及案例等综合资料;官灵芳编写单元 2 和单元 3;姜显亮编写单元 6、单元 7 学习任务 1、学习任务 2 及小结、习题及案例等综合资料、单元 8 学习任务 3 和学习任务 4 等;苏龙编写单元 7 学习任务 4;陈德林编写单元 7 学习任务 3;黄文芳编写单元 8 学习任务 2。

由于编者水平有限,本书难免存在疏漏,敬请广大读者提出宝贵意见和建议。

姜玲玲

2014 年 9 月

第1版前言

管理是人类各种活动中最重要的活动之一,是人们为了达到某一共同的目标,有意识、有组织地不断进行的协调活动。管理教育是培养和开发现代管理人才的重要手段,是实现管理现代化、专业化和规范化的重要路径。因此,普及管理的理念和知识,掌握管理的基本理论和方法,加强企业的经营之道,提倡振兴中国的管理科学,是非常重要的。

作为一门独立的学科,管理学具有4个特点:第一,一般性,即它是对各种专门管理学的概括、提炼和综合;第二,多学科性,即广泛吸收和运用自然科学、社会科学等各学科的理论和方法;第三,历史性,即它是对前人管理实践、管理经验和管理思想的总结、扬弃和发展;第四,实用性,即将管理的理论和方法,在实践中应用。

高等职业教育发展迅猛,高等职业教育目前所处的层次及其具有的独特性决定了学生就业后,无论是在管理层,还是在操作层都具有一定的管理职责。高等职业教育的培养目标是为社会培养应用型人才,根据高职教育和管理学科的特点,我们编写了本书,坚持能力、素质与知识的统一,突出高职教育对学生专业技能与管理才能培养的目标。

本书具有以下特点:

①层次性。高职教材不能照搬本科模式,但又要高于中职教育水平。通过学习,不仅能使学生获得形成职业岗位应用能力所必需的专业理论,而且能获得形成非技术职业素质的知识和持续学习所需的基础理论。

②实用性。教材内容以"必需、够用"为原则,注重讲清基本概念、基本原理和基本方法,强调实用性、综合性。内容简明实用,学生易于理解和掌握,同时要科学合理,让学生的职业技能符合规范要求。

③实践性。本书注重理论和实践相结合,每章除设有学习目的和要求、小节和习题外,还附有案例及案例分析讨论题。这有助于学生通过案例与习题加深对有关管理理论的理解,同时有利于培养学生分析问题和解决问题的能力。

④综合性。高等职业教育培养的是一线岗位的高等技术应用型人才。他们的职业能力不仅体现在动手操作的能力,还应包括合作协调的能力、沟通公关的能力、解决矛盾的能力以及心理承受的能力等非技术的职业素质。本书可满足学生的这些素质能力培养的要求。

管理学基础是高等职业技术教育的工商管理、旅游、商务英语、物流管理等经济管理类

1

专业的核心基础课。本书按照计划、组织、领导和控制4大模块来设计,彼此相互连接、相互依存,既统筹安排,又能针对不同层次的学生灵活运用,做到点面兼顾,为学生以后的专业学习以及从事专业工作打下一定的基础。

全书共分8个单元,注重理论和实践相结合,每单元开头附有管理寓言故事,中间穿插相关知识链接,单元后面安排有本单元小结、学习思考题、案例分析、课堂游戏和实训项目等,有利于培养学生的逻辑思维能力、管理能力和探索精神。作者在写作过程中吸收了国内外的管理理论与研究成果,参考了国内外有关教材、专著、案例和文献资料,书后列出了主要的参考文献,在此谨向原作者表示感谢。

本书由武汉船舶职业技术学院姜玲玲任主编,武汉纺织大学郭俊、长江职业学院官灵芳、咸宁职业技术学院陈德林任副主编。姜玲玲制定编写大纲并对全书统稿定稿。具体分工如下:姜玲玲编写第1章、第4章和第5章,郭俊编写第6章和第8章,官灵芳编写第2章和第3章,陈德林编写第7章。本书由武汉船舶职业技术学院经济管理系主任谈留芳副教授担任主审,并提出许多宝贵意见。我们也特邀东风扬子江汽车(武汉)有限责任公司董事长黄文芳女士任主审,并提出了许多宝贵意见。

由于编者水平有限。加上时间仓促,本书难免存在疏漏,敬请广大读者提出宝贵意见和建议。

姜玲玲

2011 年 4 月

目　录

单元 1

管理、管理者和管理学

⊙ 知识目标

1. 掌握管理的概念和性质。
2. 掌握计划、组织、领导和控制职能的基本意义。
3. 了解管理的研究方法。

⊙ 能力目标

1. 正确认识管理系统的概念,认识管理的科学性和艺术性。
2. 应用技术技能和人际技能对实际生活和工作中发生的案例进行分析。
3. 应用概念技能对实际生活和工作中发生的案例进行分析。

管理寓言故事

7人分粥

有7个人住在一起，每天共喝一桶粥，显然粥每天都不够。一开始，他们抓阄决定谁来分粥，每天轮一个，每周下来，他们只有一天是饱的，就是自己分粥的那一天。后来他们开始推选出一个道德高尚的人出来分粥，大家开始挖空心思去讨好他、贿赂他，搞得乌烟瘴气。接着，大家开始组成3人分粥委员会和4人评选委员会，互相攻击扯皮下来，粥吃到嘴里全是凉的。最后想出来一个办法：轮流分粥，但分粥的人要等其他人都挑完后拿剩下的最后一碗。为了不让自己吃到最少的，每人都尽量分得平均，就算不平均，也只能认了。大家快快乐乐，和和气气，日子越过越好。

管理的真谛在理不在管。管理者的主要职责就是建立一个像"轮流分粥，分者后取"那样合理的游戏规则，让每个员工按照游戏规则自我管理。游戏规则要兼顾公司利益和个人利益，并且要让个人利益与公司整体利益统一起来。责任、权力和利益是管理平台的三根支柱，缺一不可。缺乏责任，公司就会产生腐败，进而衰退；缺乏权力，管理者的执行就变成废纸；缺乏利益，员工就会积极性下降，消极怠工。只有管理者把"责、权、利"的平台搭建好，员工才能"八仙过海，各显其能"。

正如人们感受到的那样，在人类的活动中，无时不存在管理，无处不需要管理。正如一个美国学者所讲到的，一个人不会需要管理，但当两个人抬木头时，就必须有一个人叫"一二三，扛上肩，一二三，齐步走"，这就是管理了。由此可见，凡是在由2人以上组成的、需要通过协调、达到一定目的的组织中就存在着管理工作。

学习任务1 认识管理

1.1.1 管理的定义

管理活动自古都有，但是，将管理活动看成一门科学进行研究却是近一个世纪的事情。在人们研究的过程中，随着时代的不同以及理论体系和派别的不同，人们对管理的定义也不尽相同。下面是西方和我国学者提出的一些具有代表性的定义：

管理就是实施计划、组织、指挥、协调和控制。

——H. 法约尔

管理就是由一个或者更多的人来协调他人的活动，以便收到个人单独活动所不能收到的效果而进行的活动。

——H.唐纳利

管理就是通过计划工作、组织工作、领导工作和控制工作的诸过程来协调所有的资源，以便达到既定的目标。

——L.西蒙

给管理下一个广义而又切实可行的定义，可以把它看成是这样的一种活动，即它发挥某些职能，以便有效地获取、分配和利用人的努力和物质资源，来实现某个目标。

——A.雷恩

管理是指同别人一起，或通过别人使活动完成得更有效的过程。

——P.罗宾斯

管理是指一定组织中的管理者，通过实施计划、组织、人员配备、指导与领导、控制等职能来协调他人的活动，使别人同自己一起实现既定目标的活动过程。

——中国人民大学杨文士

所谓管理，就是在一定的社会制度等外部环境中，一个组织为了实现其目标，由管理者对组织内部的资源进行计划、组织、领导、控制，促进其相互配合，以取得最大效益的动态过程。

——暨南大学云冠中

管理是社会组织中，为了实现预期的目标，以人为中心进行的协调活动。

——南京大学周三多

综合以上定义不难发现，虽然各位专家对管理定义的表述有所不同，但其中也有不少共同的见解。在定义中，都不同程度地突出了组织、人的活动、协调和管理活动的工作类型。本书采用以下定义：

管理是通过计划、组织、领导和控制，协调以人为中心的组织资源与职能活动，以有效地实现目标的社会活动。

由以上对管理概念的界定，可以分析出：

①管理是共同劳动的产物。没有共同劳动，人们就不会结成配合与协作关系，也不存在组织的共同目标，管理工作就成为多余。有了共同劳动，就必然存在着从事共同劳动的人员之间的分工、协作问题，管理人员及其管理活动就有存在的必要。

②管理的目的是有效地实现目标。所有的管理行为都是为实现目标服务的。没有共同的目标，就没有共同劳动，也就不需要管理。目标不明确，管理就会无的放矢。

③管理实现目标的手段是计划、组织、领导和控制。任何管理者，要实现管理目标，就必须实施计划、组织、领导、控制等管理行为与过程。这是一切管理者在任何管理实践中都要履行的管理职能。

④管理的本质是协调。要实现目标，就必须使资源与职能活动协调，所有的管理行为在本质上都是协调问题。

⑤管理的对象是以人为中心的组织资源与职能活动。它强调了人是管理的核心要素，所有的资源与活动都是以人为中心的。管理，最主要的是对人的管理。

1.1.2 管理的职能

管理的职能涉及管理工作的职权和范围,即管理究竟在一个组织中负责哪些方面的工作。关于这个问题,在管理学界颇有争议。在最早奠定管理学理论框架的法约尔的论述中,将管理工作划分为 5 种职能:计划(Planning)、组织(Organizing)、指挥(Commanding)、协调(Coordinating)和控制(Controlling)。在美国著名的管理学专家 H. 孔茨和 C. 奥唐奈的著作《管理学》中,将计划、组织、人事、领导和控制看成是管理工作的基本职能。目前较为流行的看法是 4 个职能,即计划(Planning)、组织(Organizing)、领导(Leading)和控制(Controlling)。本书将按这 4 个职能来组织教材的内容。

1)计 划(Planning)

计划就是探索未来,制订行动计划。它包含确定组织的目标,制订组织的计划以实现这些目标,以及将计划层层展开、落实、具体化,协调组织的活动按时、按标准完成。

相关知识

计划职能在管理职能中处于主导地位,其他职能都需要它提出目的、要求和标准。计划职能有利于正确把握未来,使企业的活动与社会的需要协调一致,能在变化的市场环境中健康稳定地发展;有利于统一全体员工的行动,使大家共同努力实现企业的经营目标;还有利于合理分配、使用资源,使企业的资源发挥最大效用。

2)组 织(Organizing)

组织就是建立企业的物质和社会的双重结构。它包含明确组织所承担和需要完成的任务,由谁去完成任务,组织机构的设置,信息指令的传递渠道的建立,以及权力的划分和组织的协调。

相关知识

组织职能属于执行性职能,其目的是统一与协调整个企业的活动,使企业的各个构成要素具有凝聚力,能集中指向企业的计划目标。它一方面通过合理配备和使用企业资源,使资源发挥限度最大;另一方面能为企业创造一个良好的环境,使企业内外的信息流保持畅通和迅速。

3)领 导(Leading)

领导就是寻求从企业拥有的所有资源中获得尽可能大的利益,引导组织达到它的目标。它包含如何去激励下属,引导他们实现组织的目标,选择有效的沟通渠道,增强人们的相互理解,以及解决组织成员之间的冲突。

相关知识

西门子发展领导力的重要部分是 CPD 流程,它由 CPD 圆桌会议和 CPD 员工对话两部分组成。CPD 圆桌会议每年举行一次,参加人员是公司管理人员:中高级经理和人力资源管理顾问。圆桌会议上,参与者对公司团队和重点员工的潜能进行预测;回顾过去一年的业绩;提出改进后的与业绩挂钩的薪酬体系;制定具体的管理本地化和全球化有效融合的措施;为员工提供发展渠道,充分预测潜能的培育计划。计划包含技术培训、管理培训以及与之相协调的工作轮调、项目任命、薪酬调整等。

4) 控制(Controlling)

控制就是注意是否一切都按已制定的规章和下达的命令进行。控制的实质是使组织进行的各项工作尽可能地符合计划。它包含控制标准的设置,现场的监督与管理,收集工作进行的信息,将信息与标准进行比较,发现工作中的缺陷,及时采取纠正措施,确保组织工作能沿着正确的轨道前进。

相关知识

严格的内部控制贯穿于青岛啤酒的每个生产环节。对于酿造水源的控制指标更是严于国家标准。青岛的网络监控检测制度规定:每周分析检测总水管;每日抽样检查各分支水龙头;工作现场则既要确保随时检测,又要将水管高于地面 50 厘米全部盘挂上墙,甚至连操作人员怎么洗手都有严格的规定。

1.1.3 管理的属性

马克思对管理的属性做过精辟的论述,他在《资本论》中写道:"凡是直接生产过程具有社会结合过程的形态,而不是表现为独立生产者的孤立劳动的地方,都必然会产生监督劳动和指挥劳动。不过它具有二重性。一方面,凡是有许多个人进行协作的劳动,过程的联系和统一都必然要表现在一个指挥的意志上,表现在各种与局部劳动无关而与工场全部活动有关的职能上,就像一个乐队要有一个指挥一样。这是一种生产劳动,是每一种结合的生产方式中必须进行的劳动。另一方面,完全撇开商业部门不说,凡是建立在作为直接生产者的劳动者和生产资料所有者之间的对立上的生产方式中,都必然会产生这种监督劳动。这种对立越严重,这种监督劳动所起的作用也就越大。"

马克思还写道:"资本家的管理不仅是一种由社会劳动过程的性质产生并属于社会劳动过程的特殊职能,它同时也是剥削社会劳动过程的职能,因而也是由剥削者和他所剥削的原料之间不可避免的对抗决定的……因此,如果说资本主义的管理就其内容来说是二重的——因为它所管理的生产过程本身具有二重性:一方面是制造产品的社会劳动过程;另一方面是资本的价值增值过程,资本主义的管理就其形式来说是专制的。"

从马克思对资本主义管理的论述中可以看出,管理既有同生产力、社会化大生产相联系的自然属性,又有同生产关系、社会制度相联系的社会属性。

管理的自然属性体现在两个方面:第一,管理是社会劳动过程的一般要求。"一切规模较大的直接社会劳动或共同劳动,都或多或少地需要指挥,以协调个人的活动,并执行生产总体的运动——不同于这一总体的独立器官的运动所产生的各种一般职能。一个单独的提琴手是自己指挥自己,一个乐队就需要一个乐队指挥。"管理之所以必要,是由劳动的社会化决定的,它是共同劳动得以顺利进行的必要条件。共同劳动的规模越大,劳动的社会化程度越高,管理也就越重要。这与生产关系、社会制度没有直接的联系。第二,管理在社会劳动过程中具有特殊的作用,只有通过管理才能把实现劳动过程所必需的各种要素组合起来,使各种要素发挥各自的作用。这也与生产关系、社会制度没有直接联系。

管理的社会属性体现在管理作为一种社会活动,它只能在一定的社会历史条件下和一定的社会关系中进行。管理具有维护和巩固生产关系、实现特定生产目的的功能。管理的社会属性与生产关系、社会制度紧密相连。

管理的二重性是相互联系、相互制约的。一方面,管理的自然属性不可能孤立存在,它总是存在于一定的社会制度、生产关系中。同时,管理的社会属性不可能脱离管理的自然属性而存在,否则,管理的社会属性就成为没有内容的形式。另一方面,管理的二重性又是相互制约的。管理的自然属性要求具有一定社会属性的组织形式和生产关系与其相适应,同时,管理的社会属性也必然对管理的方法和技术产生影响。

学习任务 2 认识管理者

1.2.1 管理者的角色

根据亨利·明茨伯格的一项被广为引用的研究,管理者扮演着 10 种角色,这 10 种角色可被归入 3 大类:人际角色、信息角色和决策角色。

1)人际角色

亨利·明茨伯格所确定的第一类角色是人际角色。人际角色直接产生自管理者的正式权力基础,管理者在处理与组织成员和其他利益相关者的关系时,他们就在扮演人际角色。管理者所扮演的 3 种人际角色是代表人角色、领导者角色和联络者角色。

作为所在单位的管理者,必须行使一些具有礼仪性质的职责。例如,管理者有时必须出现在社区的集会上、参加社会活动或宴请重要客户等。在这样做的时候,管理者行使着代表人的角色。

由于管理者对所在单位的成败负重要责任,他们必须在工作小组内扮演领导者角色。对这种角色而言,管理者和员工一起工作并通过员工的努力来确保组织目标的实现。

最后,管理者必须扮演组织联络者的角色。管理者无论是在与组织内的个人和工作小组一起工作时,还是在与外部利益相关者建立良好关系时,都起着联络者的作用。管理者必须对重要的组织问题有敏锐的洞察力,从而能够在组织内外建立关系和网络。

2）信息角色

亨利·明茨伯格所确定的第二类管理者角色是信息角色。在信息角色中,管理者负责确保和其一起工作的人具有足够的信息,从而能够顺利完成工作。由管理责任的性质决定,管理者既是所在单位的信息传递中心,又是组织内其他工作小组的信息传递渠道。整个组织的人依赖于管理结构和管理者以获取或传递必要的信息,以便完成工作。

管理者必须扮演的一种信息角色是监督者角色。作为监督者,管理者持续关注组织内外环境的变化以获取对组织有用的信息。管理者通过接触下属来搜集信息,并且从个人关系网中获取对方主动提供的信息。根据这种信息,管理者可以识别工作小组和组织的潜在机会和威胁。

在作为传播者的角色中,管理者把他们作为信息监督者所获取的大量信息分配出去。作为传播者,管理者把重要信息传递给工作小组成员,管理者有时也向工作小组隐藏特定的信息。更重要的是,管理者必须保证员工具有必要的信息,以便切实有效地完成工作。

管理者所扮演的最后一种信息角色是发言人角色。管理者必须把信息传递给单位或组织以外的个人,例如,必须向董事和股东说明组织的财务状况和战略方向,必须向消费者保证组织在切实履行社会义务,必须让政府官员对组织的遵守法律感到满意等。

3）决策角色

管理者也起着决策者的作用。在决策角色中,管理者处理信息并得出结论。如果信息不用于组织的决策,这种信息就丧失了其应有的价值。管理者负责做出组织的决策,让工作小组按照既定的路线行事,并分配资源以保证小组计划的实施。

管理者所扮演的一种决策角色是企业家角色。在前述的监督者角色中,管理者密切关注组织内外环境的变化和事态的发展,以便发现机会。作为企业家,管理者对所发现的机会进行投资以利用这种机会,如开发新产品、提供新服务或发明新工艺等。

管理者所扮演的第二种决策角色是干扰对付者角色。一个组织不管被管理得多么好,它在运行的过程中,总会或多或少地遇到冲突或问题。管理者必须善于处理冲突或解决问题,如平息客户的怒气,同不合作的供应商进行谈判,或者对员工之间的争端进行调解等。

作为资源分配者,管理者决定组织资源用于哪些项目。尽管我们一想到资源,就会想到财力资源或设备,但其他类型的重要资源也被分配给项目。例如,对管理者的时间来说,当管理者选择把时间花在这个项目而不是那个项目上时,他(或她)实际上是在分配一种资源。除时间外,信息也是一种重要资源,管理者是否在信息获取上为他人提供便利,通常决定着项目的成败。

管理者所扮演的最后一种决策角色是谈判者角色。对所有层次管理工作的研究表明，管理者把大量的时间花费在谈判上。管理者的谈判对象包括员工、供应商、客户和其他工作小组。无论是何种工作小组，其管理者都要进行必要的谈判工作，以确保小组朝着组织目标迈进。

相关知识

韦尔奇的特质

每个管理者都有不同的特质，与很多 CEO 不同，杰克·韦尔奇——通用电气 CEO 的管理特质是记住人名，他把 50% 以上的时间花在人事上，他自认为他最大的成就是关心和培养人才，他在全球的 40 万名员工中至少能叫出 1 000 名通用电气高级管理人员的名字，知道他们的职责，知道他们在做什么。韦尔奇曾说："我们所能做的是把赌注压在我们所选择的人身上。因此，我的全部工作就是选择适当的人。"

1.2.2 管理者的技能

管理者的素质主要表现为实际管理过程中的管理者的管理技能。管理学者卡兹提出管理者必须具备 3 个方面的技能，即技术技能、人际技能和概念技能。

1）技术技能

技术技能是指管理者掌握与运用某一专业领域内的知识、技术和方法的能力。技术技能包括专业知识、经验、技术、技巧、程序、方法、操作与工具运用熟练程度等，管理者对相应专业领域进行有效管理必备的技能。管理者虽然不能完全做到内行，或是成为专家，但必须懂行，必须具备一定的技术技能，特别是一线管理者，更应如此。

2）人际技能

人际技能是指管理者处理人事关系的技能。人际技能包括：观察、理解和掌握人的心理规律的能力；人际交往中融洽相处、与人沟通的能力；了解并满足下属的需要，进行有效激励的能力；善于团结他人，增强向心力、凝聚力的能力等。在以人为本的今天，人际技能对于现代管理者是一种极其重要的基本功，没有人际技能的管理者是不可能做好管理工作的。

3）概念技能

概念技能是指管理者观察、理解和处理各种全局性的复杂关系的抽象能力，也称构想技能。概念技能包括：对复杂环境和管理问题的观察、分析能力；对全局性的、战略性的、长远性的重大问题的处理和决断能力；对突发性紧急处境的应变能力等。其核心是一种观察力和思维力。这种能力对于组织的战略决策和发展具有极为重要的意义,是组织高层管理者所必须具备的,也是最为重要的一种技能。

不同层次的管理者对管理技能的需要有差异性。上述 3 种技能,对任何管理者来说,都是应当具备的。但不同层次的管理者,由于所处的位置、作用和职能不同,对 3 种技能的需要程度则明显不同。高层管理者尤其需要概念技能,而且,所处层次越高,对概念技能的要求越高。这种概念技能的高低,成为衡量一个高层管理者素质高低的最重要的尺度。高层管理者对技术技能的要求就相对低一些。与之相反,基层管理者更重视的却是技术技能。基层管理者的主要职能是现场指挥与监督,如果不掌握熟练的技术技能,难以胜任管理工作。当然,相比之下,基层管理者对概念技能的要求就不是太高。不同层次管理者对管理技能需要的比例如图 1.1 所示。

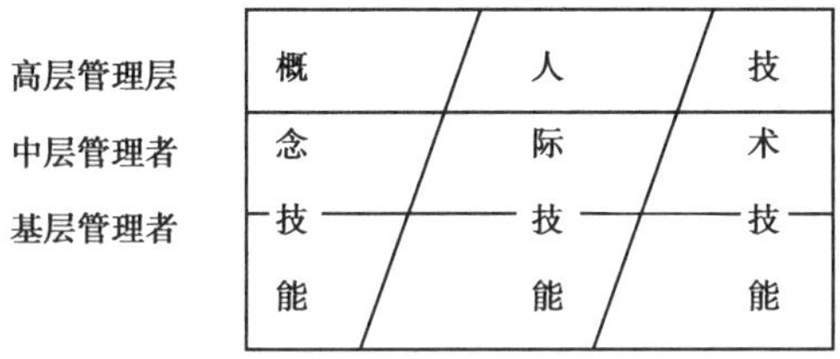

图 1.1　不同层次管理者对管理技能需要的比例

1.2.3　管理者的分类

管理者可以按多种标志进行分类。

1)按管理层次划分

(1)高层管理者

高层管理者是指一个组织中最高领导层的组成人员。他们对外代表组织,对内拥有最高职位和最高职权,并对组织的总体目标负责。他们侧重组织的长远发展计划、战略目标和重大政策的制定,拥有人事、资金等资源的控制权,以决策为主要职能,故也称为决策层。例如,一个工商企业的总经理就属于高层管理者。

(2)中层管理者

中层管理者是指一个组织中中层机构的负责人员。他们是高层管理者的决策执行者,负责制订具体的计划、政策,行使高层管理者授权下的指挥权,并向高层管理者报告工作,也称为执行层。例如,工厂的生产处长、商场的商品部主任就属于中层管理者。

(3)基层管理者

基层管理者是指在生产经营第一线的管理人员。他们负责将组织的决策在基层落实,制订作业计划,负责现场指挥与现场监督者。例如,生产车间的工段长、班组长就属于基层管理者。

2）按管理工作的性质与领域划分

（1）综合管理者

综合管理者是指负责整个组织或部门的全部管理工作的管理人员。他们是一个组织或部门的主管，对整个组织或该部门的目标实现负有全部的责任。他们拥有这个组织或部门所必需的权力，有权指挥和支配该组织或该部门的全部资源与职能活动，而不是只对单一资源或职能负责。例如，工厂的厂长、车间主任都是综合管理者。而工厂的计财处长则不是综合管理者，因为其只负责财务这种单一职能的管理。

（2）职能管理者

职能管理者是指在组织内只负责某种职能的管理人员。这类管理者只对组织中某一职能或专业领域的工作目标负责，只在本职能或专业领域内行使职权、指导工作。职能管理者大多数是具有某种专业或技术专长的人。例如，一个工厂的总工程师、设备处长等。就一般工商企业而言，职能管理者主要包括以下类别：计划管理、生产管理、技术管理、市场营销管理、物资设备管理、财务管理、行政管理、人事管理、后勤管理、安全保卫管理等。

3）按职权关系的性质划分

（1）直线管理人员

直线管理人员是指有权对下级进行直接指挥的管理者。他们与下级之间存在着领导隶属关系，是一种命令与服从的职权关系。直线管理人员的主要职能是决策和指挥。直线管理人员主要是指组织等级链中的各级主管，即综合管理者。例如，企业中的总经理—部门经理—班组长，他们是典型的直线管理人员，主要是由他们组成组织的等级链。

（2）参谋人员

参谋人员是指对上级提供咨询、建议，对下级进行专业指导的管理者。他们与上级的关系是一种参谋、顾问与主管领导的关系，与下级是一种非领导隶属的专业指导关系。他们的主要职能是咨询、建议和指导。对企业而言，参谋人员通常是指各级职能管理者，如计财处长、总工程师、公关部经理等。他们既向最高领导提供咨询、建议，又对整个企业各部门及人员进行其所负责的专业领域内的业务指导。

学习任务3 认识管理学的研究对象、特点和方法

1.3.1 管理学研究对象

管理是一种实践，而管理学是管理理论，是科学。自从有了人类社会，人们的社会实践活动就表现为集体分工协作的劳动形式，在此过程中就产生了管理活动。在漫长而重复的

管理活动中,管理思想逐渐形成。随着社会生产力的不断发展,人们将各种管理思想加以归纳总结,形成了管理理论,产生了广泛运用自然科学、社会科学及其他现代科学技术成果的管理学。管理学属于边缘科学,是对管理实践、管理思想、管理理论的总结、扬弃与发展。人们利用管理学的基本原理与思想来指导管理实践,以期取得有效的管理成果,并在管理实践中修正和完善管理理论、丰富和发展管理科学。

因此,管理学是一门系统地研究管理过程中的普遍规律、基本原理和一般方法的科学。管理的具体工作是不一样的,比如,一所学校的管理与一所医院的管理会不一样,商店的管理与银行的管理也会不一样。每一具体的管理工作都具有其特殊性,但透过这些差别,我们可以总结出管理工作的共同基础,即都是为了实现本组织的目标,通过运用基本的管理职能,协调组织成员行为指向组织目标的实现。这是各种管理工作的共同之处,包含着共同的、普遍的管理原理和管理方法,这就形成了管理学的研究对象。也就是说,管理学是以各种管理工作中普遍适用的原理和方法为研究对象的。就不同组织中管理工作或管理对象的特殊性,可以再细分为企业管理、行政管理、军事管理等不同门类的管理学。

1.3.2　管理学的特点

管理科学作为一门学科与其他许多学科相比,它具有许多自身的特点,管理学要用系统的观点来学习。了解管理学的这些特点,将有助于加深理解本书的内容。

1)管理学是一门综合性的学科

管理学的主要目的是指导管理实践活动。而当代的管理活动异常复杂,作为管理者仅掌握一方面的知识是远远不够的。只有具备广博的知识,才能对管理中的各种问题应付自如。以企业为例,厂长要处理有关生产、销售、计划和组织等问题,他就要熟悉生产工艺、预测方法、计划方法等。这里包括了工艺学、统计学、数学、政治学、经济学等内容。而最主要的是,厂长要处理企业中与人有关的各种问题,如劳动力的配置、工资、奖惩、调动人的积极性和协调各部门中人们之间的关系。这些问题的解决又有赖于心理学、人类学、社会学、生理学、伦理学等学科的一些知识和方法。机关、医院、学校的管理活动也有类似的情况。管理活动的复杂性、多样性决定了管理学内容的综合性。

2)管理学既是科学又是艺术

作为一种知识体系,管理是一门科学。管理的科学性表现为:经过长期的探索和总结,已经形成一套比较完整的知识体系,反映了管理过程的客观规律性。人们利用这些理论和方法来指导自己的管理实践,又以客观活动的结果来衡量管理过程中使用的理论和方法是否正确,是否行之有效,从而使管理的科学理论和方法在实践中得到不断的验证和丰富。因此,管理是一门科学,它以反映管理客观规律的管理理论和方法为指导,以期取得更好的绩效。

作为一种实践活动,管理又是一门艺术。把任何一种活动归于艺术一类的着重点,应该在于适用技巧和知识,并通过一定的方式来实现某一目的。管理理论作为普遍适用的原理、原则,必须结合实际应用才能奏效。管理者在实际工作中,面对千变万化的管理对象,因人、因事、因时、因地制宜,灵活多变地、创造性地运用管理技术的方法,解决实际问题,从而在实践与经验的基础上,创造了管理的艺术与技巧,这就是所谓管理是艺术的含义。

管理既是科学又是艺术,这种科学与艺术的划分是一致的,其间并没有明确的界限。说它是科学,是强调其客观规律性;说它是艺术,则是强调其灵活性与创造性。这种科学性与艺术性在管理实践中并非截然分开,而是相互作用,共同发挥管理的功能,促进目标的实现。

3)管理学是一门不精确的学科

因为管理本身包含了变革与创新的意义,所以我们说,管理学也是一门不十分精确(这种精确是相对于数学、物理学等精确科学而言的)、有待于不断研究发展的科学。在给定条件下能够得到确定结果的学科称之为精确的学科。数学就是一门精确学科,只要给出足够的条件或函数关系,按一定的法则进行演算就能得到确定的结果。管理学则不同,在已知的条件完全一致的情况下,有可能产生截然相反的结果。用管理学术语来解释这种现象,就是在投入的资源完全相同的情况下,其产品可能不同,比如两个企业,在其生产条件、人员素质和领导方式完全相同的条件下,他们的经营效果可能相差甚远。为什么会有这种现象出现呢? 这是因为影响管理结果的因素太多,许多因素是无法完全预知的,如国家的方针、政策和法令,自然环境的突然变化及企业的经营决策,等等。实际上,所谓"两个企业的投入资源完全相同"这句话本身就是不精确的,因为"投入"不可能完全相同,即使表面上的数量、质量、种类完全相同,人的心理因素不可能完全相同。管理主要是同人发生关系,对人进行管理,那么人的心理因素就必然是一种不可忽略的因素。而人的心理因素是难以精确测量的,它是一种模糊量。诸如人的思想、感情、个性、作风、士气,以及人际关系、领导方式、组织艺术等,都是管理学研究的对象,又都是模糊量。在这样复杂的情况下,我们还没有找出更有效的定量方法,使管理本身精确化,我们只能借助于定性的方法,或者利用统计学的原理来研究管理。因此,我们说管理是一门不精确的学科。

4)管理学是一门软科学

软科学是和硬科学相对应的一种说法,是借用计算机技术中软件与硬件这两个术语的含义。一般把计算机主机及其外围设备称为硬件,而把有关计算机应用的技术及其程序称为软件。如果有了硬件,能否充分运用硬件,发挥计算机的全部功能,则取决于软件的优劣。管理的情况与计算机的情况相类似,如果把组织中的人力、财力和物力看作硬件的话,管理就是软件。充分调动人的积极性,发挥他们的内在潜力,有效地利用财力和物力,用较少的消耗,取得较大的效益,正是管理的任务。这是把管理看成软科学的第一层含义。第二,管理本身不能创造价值,它必须借助于被管理者及其他各种条件,并通过他们来体现管理的价值。这种价值很难从其他人创造的价值中明确地区分出来,究竟管理创造了多少价值,完全是一种模糊的概念。第三,若想通过管理来发挥效益,有一个时间过程,其效益只能通过较长的时期之后才能看得出来,这不像设计了一种新产品,生产出来,销路不错,就能觅到明显的成效。一种新产品的设计方案在没有正式投产之前,人们就能对它进行比较准确的评估,预知其将来所能带来的效益。一项管理措施在没有实施之前,总会有各种不同的看法,有些管理措施甚至在实施了相当长的时间之后,还不能准确地进行评价。特别值得注意的是,对管理措施的各种方案不易在事前进行评价,又不好逐项进行试验。因此,在选择管理措施时,往往主要取决于管理者的主观判断。即使某项措施经实践证明是无效的,也不能说明其他措施就一定有效或无效。根据这些实际情况,人们把管理看成软科学。

5)管理学一般性特点

一般性的特点是指管理学从千差万别的管理行为中研究管理的共性,不同于种种专门管理学,它从各种不同的组织中概括、抽象、提炼出共性,形成系统的理论。反过来,管理学的一般性是指其可以用于指导一切管理工作,作为基本的管理原则与指导思想。

6)管理学发展性特点

发展性的特点在于,管理学从管理实践中来,不能离开历史条件与历史环境而单纯分析管理思想与管理理论。同时,管理实践也从来没有间断、停滞过。因此,管理学就有了无限可能的发展空间。不了解管理学的发展性,就难以把握管理学的发展趋势,更加难以用其指导管理实践。

7)管理学实践性特点

实践性的特点在于,管理学是一门应用性科学,其理论与方法要通过实践来检验。同时,管理理论与方法也只能通过实践、通过指导现实管理工作,才能转化为现实生产力。"从实践中来,到实践中去"是对管理学最确切的归纳,也是所有科学技术研究的出发点与根本归宿。缺少了实践性的环节,对管理学的研究也就没有任何意义。

1.3.3 管理学研究内容

从管理学的研究对象与特点可以看出,管理学的研究内容相当广泛,大体上有以下3个较为重要的研究角度:

1)从社会生产的角度进行研究

研究内容可以细分为3个方面:第一,研究社会生产力,主要考虑如何合理配置组织中的各种人、财、物等资源,使得生产要素的组织生产能力最大限度地得以发挥;如何根据组织目标与社会要求调节、合理使用现在资源,以求取得最大的经济效益与社会效益。第二,研究生产关系,研究组织内部与外部人际关系的协调问题,研究如何完善组织内部结构与管理体制的问题,从而最大限度地调动各方面的积极性与创造性,为实现组织目标服务。第三,研究上层建筑,主要研究如何使组织内部与外部环境相适应的问题,研究如何使组织的内部规章制度与社会政治、法律、文化、道德等上层建筑保持一致的问题,从而维持组织的长期稳定与发展。

2)从历史的角度进行研究

研究内容主要是管理实践、管理思想、管理理论三者之间的形成与演变过程。管理实践过程中产生了管理思想,人们将管理思想系统化,加以总结,形成了管理理论,并将管理理论用于指导实践。同时,管理理论被应用于管理实践中以检验其实效性,管理理论的运用与验证结果可以反映出具有代表性的管理思想,从而对具体的管理实践工作产生影响。从历史的角度研究管理学的内容,还需要以历史的、辩证的、发展的观点看待问题,在前人的基础上不断变革,不断创新。

3)从管理工作职能的角度进行研究

研究内容具体包括以下几个方面:管理活动应有哪些职能,执行这些职能需要什么条件或要素,执行管理职能应遵循哪些原理,可采用哪些方法等。如本单元学习任务 1 所述,最早提出管理职能观点的是法约尔,提出管理具有计划、组织、指挥、协调和控制 5 项基本职能,并且被管理实践证明基本是正确的。

1.3.4 管理学研究方法

管理学是一门综合性的应用科学。由于人类从事的管理活动越来越复杂,要求也越来越精确,因此管理学的研究涉及经济学、社会学、哲学、心理学、数学等各门类的科学与各种专业技术,研究方法多种多样,具体有以下几种方法:

1)理论联系实际的方法

理论联系实际的方法,具体来说,可以是案例的调查和分析,一边学习一边实践,以及带着问题学习等多种形式。这种方法,有助于提高学习者运用管理的基本理论和方法去发现问题、分析问题和解决问题的能力。这是最基本也是最重要的方法。

理论联系实际的方法还有一个含义,就是在学习和研究管理学时,注意管理学的二重性:既要吸收工业发达国家管理中科学性的东西,又要去其糟粕;既要避免盲目照搬,又要克服全盘否定;要从我国国情出发加以取舍和改造,有分析、有选择地学习和吸收。在学习和研究外国的管理经验时,至少要考虑 4 个不同:即社会制度不同,生产力发展水平不同,自然条件的不同,民族习惯和传统的不同。从我国实际出发,利用外国的科学成果,通过实践,在不断地总结自己的实践经验的基础上形成和发展具有中国特色的社会主义管理学。

2)系统的观点与方法

将管理活动与管理过程看成一个系统,用系统的观点来分析、研究管理问题。所谓系统,是指由相互作用和相互依赖的若干组成部分结合成的、具有特定功能的有机整体。

在分析和研究管理过程这个系统时,要把握其作为一种实体所具有的特征:

①整体性。管理过程是由各个管理职能相互联系,相互作用构成的有机整体,而不是它的各个要素的简单叠加。

②目的性。管理系统的目的就是要使组织中的各个要素得到合理配置,以创造价值和提供服务,从而取得最优的经济效益和社会效益。

③开发性。管理过程本身是一个系统,但它又是社会系统中的组成部分,它在不断地与外部社会环境进行物质交换、能量交换和信息的交换,因此,它具有开放的特点。

④交换性。因为管理过程中各种因素都不是固定不变的,所以管理系统可以转换被管理的各种因素,使管理取得更大的功效。

⑤相互依存性。不仅管理的各要素之间相互依存,而且管理活动与社会其他活动也是相互依存的。

⑥控制性。管理过程具有信息反馈的机制,以使各项工作能够及时、准确地被控制而得到有效的管理。

3)案例分析的方法

案例分析在管理学研究中占据着比较重要的位置,此方法更多地应用于管理培训与教学,这种方法对案例有明确的要求,即案例是真实的、包含着一定的管理问题,并为明确的教学目的服务。20 世纪 20 年代哈佛商学院首先将案例分析法应用于管理教学并卓有成效,研究者在研究案例过程中,探索解决问题的思路,总结出一套适合自身特点的思考与分析问题的逻辑与方法,从而提高独立解决问题的能力与决策能力。

4)归纳法

通过对存在的一系列典型事物进行观察,从掌握典型事物的典型特点、典型关系、典型规律入手,进而分析事物之间的因果关系,从中找出一般规律的方法。这种从典型到一般的研究方法也称为实证研究,在管理学及所有科学研究中,应用都十分广泛。

5)实验法

实验法是指通过人为地创造一定条件,观察其实际实验结果,再与没有给予这些条件的对比实验结果进行分析,寻找外在人为创造条件与实验结果之间的因果关系,得出具有普遍适用性的结论。著名的"霍桑试验"就是用以研究管理工作中人际关系影响的最典型的成功实验。

本单元小结

本单元介绍了管理的概念和属性,管理者的角色、技能和分类,管理学的研究对象、特点、方法等内容,帮助学生建立起系统的管理与管理学的基本概念框架。管理是通过计划、组织、领导和控制,协调以人为中心的组织资源与职能活动,以有效地实现目标的社会活动。

管理的四大职能是计划、组织、领导和控制。管理具有自然属性和社会属性。管理者的素质主要表现为实际管理过程中管理者的管理技能。管理者必须具备技术技能、人际技能和概念技能。管理学是以各种管理工作中普遍适用的原理和方法为研究对象的。系统学习管理知识,掌握基本的管理技能,是现代社会发展对我们的要求。只有在正确的管理概念框架的指导下,才能更好地学习管理知识和管理技能。

学习思考题

1. 管理的概念是什么?它有哪些代表性的定义?
2. 管理的二重性是什么?如何理解?
3. 管理者的技能有哪些?它们分别对哪类管理者起的作用大些?
4. 管理者可分为哪些类型?
5. 管理学研究的对象和内容是什么?
6. 为什么说管理学是一门不精确的学科?
7. 怎样理解管理学既是科学又是艺术?
8. 概念技能和人际技能的含义是什么?
9. 管理者可分为哪些角色?
10. 怎样理解管理是一门软科学?

案例1

玉柴的管理哲学

广西玉柴机器集团公司,是国内最大的内燃机制造地。它的前身是广西玉林柴油机厂。1984年,2 000人的工厂,1 000台柴油机的产量,年利税96万元,是当时玉柴的"历史最高水平"。当时玉柴在国内同行中排名第173位。

1985年,玉柴出炉了玉柴人称之为"灵魂"的玉柴精神——顽强进取,刻意求实,竭诚服务,致力文明。年实现3 010台的年生产计划,完成了玉柴历史上的一次大跳跃。

1985年底,玉柴"跳"过了"在国内拿第一"的目标,直接提出要"跻身国际内燃机强手之林"。伴随着目标追求,诞生了危机哲学"零起点"。1994年公司在纽约上市,美国的投资银行、律师事务所在撰写募股说明书时,问及玉柴的管理哲学,董事长王建明回答了9个字:"人为本,争第一,零起点。"

1985年玉柴突破3 000台大关时,告诫自己"零起点"。10年后,玉柴在中国内燃机行业主要经济技术指标排名终于跃居第一位时,仍然提"零起点"。进入新世纪,2002年玉柴已经月生产2万台发动机,还是告诫自己"零起点"。当视质量为生命的玉柴实现了柴油机可靠性运行目标达到3万千米不出故障时,是"零起点";达到10万千米不出故障时,是"零起点";达到国际标准30万千米不出故障时,还是"零起点"。于是,2002年玉柴正式提出:5

年内玉柴要打入国际前 4 强,闯进半决赛！要想争第一,就永远是"零起点"！

玉柴的育人方针是:为每一个岗位的发展机会创造机会,为每一个层级的攀登创造条件。玉柴的用人方针是:尊重、爱护、发挥、发展。

尊重员工的主体利益,玉柴的人为本思想体现为:"人本方便",侧重的是育人、用人;"人本保障",侧重的是对责任的公正分配,具体落实。

玉柴还对干部提出"十字"要求,即民主、开朗、顽强、竭诚、约束和干部的"6 项基本功"。

干部的"6 项基本功"具体包括:①要对职工说清楚要求——目标机制;②要使绝大多数职工愿意达到要求——民主机制;③要使每一个岗位的职工懂得如何达到要求——教育机制;④使每一个岗位的职工能够达到要求——投入机制;⑤使每一个岗位的职工必须达到要求——责任分配机制;⑥集思广益,反复检讨,周而复始,完善要求——反馈机制。

今天玉柴已经成为中国最大的内燃机生产基地,其内燃机生产能力在世界上排名第二。

讨论题

1. 为什么玉柴能成为中国最大的内燃机生产基地?

2. 为什么玉柴能成为世界内燃机生产的第二位?

3. 玉柴的管理哲学是什么?

案例 2

海尔文化

海尔集团创立于 1984 年,经过多年持续稳定的发展,已成为在海内外享有较高美誉的大型国际化企业集团。产品从 1984 年的单一冰箱发展到拥有白色家电、黑色家电、米色家电在内的 86 大门类 13 000 多个规格的产品群,并出口到世界 160 多个国家和地区。2002年,实现全球营业额 723 亿元,实现海外营业额 10 亿美元。

海尔集团坚持全面实施国际化战略,已建立起一个具有国际竞争力的全球设计网络、制造网络、营销与服务网络。现有设计中心 18 个,工业园 10 个(其中国外 2 个,分别位于美国和巴基斯坦;国内 8 个,其中 5 个在青岛,合肥、大连、武汉各有 1 个,海外工厂 13 个)。营销网点 58 800 个,服务网点 11 976 个。在国内市场,海尔冰箱、冷柜、空调、洗衣机 4 大主导产品的市场份额均达到 30% 左右。在海外市场,海尔产品已进入欧洲 15 家大连锁店的 12 家,美国 10 家大连锁店的 9 家。在美国和欧洲国家初步实现了设计、生产、销售"三位一体"的本土化目标。海外 13 个工厂全线运营。

海尔在海外的美誉日渐扩大:据全球权威消费市场调查与分析机构 EUROMONITOR 最新调查结果显示,海尔集团目前在全球白色电器制造商中排名第五,海尔冰箱在全球冰箱品牌市场占有率排序中跃居第一。2002 年 12 月 26 日出版的美国《远东经济评论》公布亚太最佳企业排名,海尔位居中国最佳企业第一名。2003 年 1 月,英国《金融时报》发布了 2002年全球最受尊敬企业名单,海尔雄踞中国最受尊敬企业第一名。

海尔的发展主题是创新、速度。海尔的目标是进入世界500强，成为世界名牌。

走进海尔，给人的第一印象是文化广场，方正高大的14层中心大楼周围是一片开阔的花园式广场，由乾泉环绕，喻指公司思方行圆的文化以及自强不息、厚德载物的精神内涵。乾泉之上是一艘启帆的船，海尔公司的吉祥物海尔兄弟正团结协作驾船预发。海尔集团是将无言的建筑作为文化建设和形象宣传重要部分的。在海尔的园区，醒目处张贴着有海尔精神"敬业报国，追求卓越"和海尔作风"迅速反应，马上行动"的标语。

在海尔集团办公大楼的楼顶，朝它的内侧俯视，6条长幅从顶部直贯到底，成为一道别致的风景线。6条长幅几乎条条是讲创新。比如，"创新的本质就是创造性的破坏，破坏所有阻碍创造有价值订单的枷锁""创新的目标就是创造有价值的订单""创新的途径就是创造性地模仿和借鉴"，海尔文化不仅有这些标新立异且又鲜活的提法，而且还让海尔文化作为一种精神在每个海尔人身上闪光。海尔人要做到"把别人视为绝对办不到的事办成""把别人认为非常简单的事持之以恒地坚持下去"。在海尔，自动加班加点已成为员工的自觉行动，凡人小事无不体现。人们只要踏进海尔的门，就会感到一种彬彬有礼、紧张和谐、健康向上的气氛。向门卫打听某个部门，门卫礼貌地伸出标准手势进行指导。司机接送客人，规定好时间，一分钟不误，司机带着白手套，站在车门旁，将客人迎上车，关好车门后转身到驾驶室。无论是办公楼内还是生产车间，地面、门窗干净得发亮，机器设备一尘不染。员工清一色淡蓝海尔服，见面轻声示意，工作岗位上的员工聚精会神。

海尔的文化和理念，通过各种生动活泼的方式，进入每个海尔员工心中。在海尔园区里，员工们胸牌上写意地画着一张微笑的脸。"我是海尔，我微笑"这样的标语随处可见。在海尔，人们最强烈的感受是海尔员工对企业文化的认同感，是物质文化、制度文化和精神文化辐射的智慧光芒。

在海尔，员工人手一本巴掌大的《海尔企业文化手册》，总共30页，不足5 000字，精致得特别，精致得可爱，这就是海尔文化的"圣经"。全书共分3部分，内容主要有海尔精神、海尔理念、海尔战略、管理制度、道德规范等。从当年创中国冰箱的金牌，到今天努力跻身世界500强，海尔人靠它振奋精神，战胜自我，永远创业，创新进取。仔细读一读这本充满着时代内涵的海尔"全书"，可以体味到东方文化的亲情与和睦，也能体味出其中融进的西方先进管理经验与思想。

一、砸出来的质量意识

1984年是海尔集团的前身——青岛电冰箱总厂否极泰来的年头。这一年，先是接连换了3任厂长，企业仍每况愈下，直至亏损147万元，资不抵债。工人拿不到工资，人心涣散。到年底，上级主管部门派35岁的张瑞敏来任厂长。

到厂不久，张瑞敏从一封用户来信中发现，近期生产的冰箱存在质量问题，经检查，仓库里还有这样的冰箱76台。张瑞敏召集全体职工查看这76台冰箱，确认了各台的生产人员后，提来一把重磅大锤，要求谁生产的谁来砸。职工们流着泪把76台冰箱砸掉了，张瑞敏和总工程师杨绵绵承担责任，扣了自己的工资。这一天，张瑞敏宣讲了一个观念：有缺陷的产品就是废品！优秀的产品是由优秀的员工创造出来的。

对于当时的企业来讲，树立起这个观念等于跳过了生死线。因为在20世纪80年代，我们许多行业的产品还分一等品、二等品、三等品和等外品，只要生产出来，就能出厂。正是因为在质量上留有"后路"的这样一个观念和习惯，使职工丧失了追求高质量高标准的意识。这一锤，砸醒了全体员工，彻底摧毁了员工们"产品有点质量问题没有什么大不了的"思想意识，砸掉了"二等品"观念，树立起海尔人"重质量，创名牌"的新观念："要么不干，要干就干最好的。""只要市场上有比海尔冰箱更好的产品，我们就一定要超过它。""质量是企业的生命线。"围绕创名牌的理念，在生产工艺上，海尔人对产品提出了"高标准，精细化，零缺陷"的口号。冰箱从进入装配线伊始，就立即罩上布套，以避免灰尘或相互碰撞；在车间里没有"不良品率"，带有任何微小缺陷的冰箱，不仅报废，并且公布操作者姓名，以示警惕。由于这一口号的推行，每一台冰箱都成为完美无缺的精品。在国际上，产品相继获得美国 UL、德国 VDE、加拿大 CAS、澳大利亚 SAA、中东 SAA 等10余项国际认证，在德国超级市场上，海尔冰箱比德国同类产品价格高出100马克。

"高标准，精细化，零缺陷"不仅仅体现在生产制造环节，而且同样体现在服务环节。张瑞敏总裁要求他的每一个海尔人真正有一种"急顾客所急，想顾客所想"的精神，率先提出并严格执行海尔的星级服务标准，即一个结果：顾客满意。2个理念：带走用户的烦恼——烦恼到零，留下海尔的真诚——真诚到永远。3个控制：服务投诉率小于十万分之一，服务遗漏率小于十万分之一，服务不满意率小于十万分之一。4个不漏：一个不漏地记录用户反映的问题，一个不漏地处理用户反映的问题，一个不漏地将处理结果反映到设计生产部门，一个不漏地进行跟踪服务和信息搜集。

在内蒙古，一位用户家中失火，刚刚购买的海尔冰箱被烧坏，打电报向海尔求援时，这位用户由于焦急竟忘了写姓名和详细地址，海尔凭借完整的计算机服务网络迅速从用户档案中查找清楚，并派专人、专车奔赴塞外高原，穿过当地人都很少走的雨后沼泽之路，仅用4天时间赶到，并修好了冰箱。在广东潮州，用户陈志义写给海尔的求购信不到7天，一台崭新的玛格丽特洗衣机从青岛空运到广州，再从广州经海丰转运，途中因租用的车辆手续不全被扣，海尔营销人员毛宗良在38 ℃的烈日高温下背起75千克重的洗衣机，步行2千米按时抵达用户住地，及时进行了安装调试。

二、独创的 OEC 管理模式

张瑞敏提出过这样一个理论：企业就像置于斜坡上的圆球，要向上发展，需要动力，动力来源于差距；要防止向下滑坡，需要止动力，止动力来源于企业的基础管理。以这一理念为依据，海尔集团创造出"OEC 管理"即海尔模式。OEC 是英文 Overall Every Control and Clear 的缩写，意为全方位地对每天、每人、每事进行清理控制，其核心思想就是："事事有人管，人人都管事，管事凭效果，管人凭考核。"用一句话来概括就是："日事日毕，日清日高。"

理论是抽象和枯燥的，但现场人的活动却是生动和形象的。走进海尔电冰箱股份有限公司，你会发现一个惹人注目的现象：每条道路、每块花坛草坪旁都挂着"负责人××检查人××"并注明日期的牌子。这现象到了车间就更普遍了，电梯、消防器材、每台设备甚至每块窗玻璃上都张贴或悬挂着同样的纸牌。在车间入口处和作业区显眼的地方，印着一对特别显眼的绿色大脚印，这就是海尔现场管理的"6S 大脚印"。站在"6S 脚印"往前方一看，视线正对着高悬的一块大牌子，上面写着"整理、整顿、清扫、清洁、素养、安全"几个大字，这就是

"6S"的内容。"6S 脚印"旨在提醒上下岗的员工,其责任区是否按"6S"要求做了,符不符合"6S"标准。每日班后,班长都站在此处,总结当日"6S"及其他工作指标的完成情况。班前会班长站在脚印上讲评昨日"6S"工作和当日要求,并且要将昨日"6S"较差员工站在脚印上检讨自己的工作。在总装车间,另一块新颖醒目的牌子上写着班组每个员工的名字,名字底下都贴着绿色或黄色的圆圈。质量部部长周云杰介绍:这是海尔在工作上实行的"绿色工作认证"。名字下面的绿色说明这个工位处于正常状态,而黄色圆圈则说明工作有偏差,要尽快纠偏。如果员工名字下边出现了红色圆圈,说明工作质量离标准差距很大,要下岗整顿,收入当然也受到影响。据介绍,自实行绿色工作认证以来,还没有一个员工的名字下面出现红色。

在海尔,你随时都可以听到"日清"这个词,无论是工人还是科室干部,都把"日清"挂在嘴上。工人持有"3E 卡"(即英文 Everyone,Everyday,Everything),每个员工干完了当天的工作后,必须填写这张卡片,填完之后,他的收入就跟这张卡片直接挂钩。这张日清卡,把整个的工作大目标落实到每个人头上,每个人对自己每日的工作都有明确的了解。每个车间都设有"车间日清栏",每天的质量、劳动纪律、工艺、文明生产、设备物耗的情况在栏内一览无遗,一清二楚,质量状况在日清单上每 2 个小时公布 1 次。不仅如此,海尔还把以往生产过程中出现过的所有问题,整理分析汇编成册。针对每一个缺陷,明确规定了自、互、专检 3 个环节应负的责任价值。质检员检查发现缺陷后,当场撕价值券,由责任人签收,每个缺陷扣多少分全都印在质量手册上。对此,海尔的员工们也经历了从不适应到适应的过程。有这样一个小故事:1992 年 11 月 23 日,一位总装质检员在检查冰箱装配质量时发现一台冰箱温控器螺丝没有固定到位,就按缺陷性质和责任价值撕了价值券,引起被查的工人对质检员出言不逊,并拒签价值券,当质检员要按拒签处罚时,遭到了这位工人一拳。最终厂方对这位工人通报批评并将其降为临时工。制度就这样坚持下来。后来,工人们发现,虽然每天出现问题马上要受到处罚,并要立刻整改,但到月底一算,在质量方面的收入反而比以往增加了,因为制度的坚持使质量指标提高了。所以张瑞敏说:"重要的是一丝不苟的坚持,坚持不懈才能使一种制度从强制到最后成为员工的自觉追求。"

三、赛马出人才的用人理念

海尔集团在发现和使用人才方面的理念是:"人人是人才""赛马不相马"。在这一理念的基础上,海尔集团建立了一整套完善的人才培养、使用制度。这是一个有利于每个人最大限度地发挥自己特长的机制,使每个人都能在这个企业里找到适合于发展自己价值的位置。海尔坚持实行管理人员公开招聘。每月由人事部门公布一次空岗情况和招聘条件,鼓励厂内外有志者根据自己的能力、特长选择岗位参加竞聘,经过严格的笔试、面试,使人尽其才,才尽其用。这样,一批好学上进、有实践经验的一线工人走上了管理岗位,一批年轻的大学毕业生经过基层锻炼走上了领导岗位。

竞争上来的年轻管理人员,普遍有一种自豪感、紧迫感。技术开发中心主任、31 岁的马国军 10 多年来为企业取得了 200 来项专利,在新产品开发中发挥了很大作用。他举例说,每当他提出或设计出一种新包装图样,不过两三天,从海尔发出的卡车上,就满载着这种包装的产品,几十万、几十万地走向全国,甚至世界市场,你说我那时是什么心情!在海尔集团的各个部门,都能听到年轻人这样感慨:跟我们同届同学相比,我的见识大得多,干事情的层次高得多,当然,也累得多。

四、紧贴顾客,创造需求

"市场唯一不变的法则就是永远在变。""只有淡季的思想,没有淡季的市场。""否定自我,创造市场。"

比如上海市场,在北京很好销的冰箱上海人不喜欢,其原因一是上海家庭住宅面积小,二是上海人习惯上喜欢精致小巧的家电产品,而北方型冰箱占地面积大,显得笨重。于是海尔专门为上海市场设计了一种瘦长型冰箱,命名为"小王子",一下子轰动了上海,非常畅销。

如何对待淡季呢? 海尔最成功的例子是洗衣机。每年5—8月是洗衣机销量的淡季。夏天人们出汗多,不是不需要用洗衣机洗衣服,而是现售的洗衣机容量太大,多数为5千克型,换下一件衬衣扔到功能为5千克的洗衣机里,要浪费很多水,所以手搓一搓就算了。针对这一点,他们开发了一个"小小神童",1.5千克容量,3个水位,最小水位洗两双袜子。这种洗衣机开发出来,开拓了一个淡季洗衣机市场。从一家濒临破产的小企业,成长为享有世界声誉的企业集团,海尔的产品行销五洲,海尔的员工来自世界各地。是什么让海尔冲险破隘、创造出一个个骄人业绩? 是什么把不同地域、不同民族的3万海尔员工,聚合在蓝色的海尔旗下,忘我工作,协力进取? 是博大精深、创新不止的海尔文化,成为海尔人创造奇迹的强大动力。

讨论题

1. 海尔人对产品和服务提出的口号是什么? 他们是如何做的?

2. "OEC"管理模式是什么?

3. "6S"的含义是什么? 有什么作用?

4. 海尔的人才观是什么? 怎样起作用?

5. 海尔人如何创造市场?

6. 海尔的企业文化是如何形成的?

课堂游戏

不能踏出报纸外

1. 活动目的:

让学员认识到团队合作的重要作用,让学员在游戏中培养团队合作精神。

2. 形式:

10人1组,共20人。

3. 时间:

30分钟。

4. 材料:

全开的报纸若干。

5.适用对象：

全体学员。

6.场地：

不限。

7.操作程序：

(1)将学员分成2组,每组10人。

(2)培训师在距离4米的地上铺2张全开的报纸,请2组成员站在各自小组的报纸上,要求无论用任何方式都可以,就是不可以把脚踏在报纸之外的地上。

(3)2组都完成后,培训师请各组将报纸对折后,请各组成员再站在报纸上。各组若有成员被挤出报纸外,则该组将被淘汰不得再参加下一回合。

(4)通过把报纸对折,缩小面积,不断将被挤出的成员淘汰,直到最后只剩下1个人。

(5)请所有学员围坐成一圈,讨论刚才的游戏过程有哪些收获并分享心得。

8.活动评价：

(1)在游戏过程中,你学到了什么?

(2)在以后的工作中,你将如何与你团队的其他成员相互配合?

实训项目

调查与访问——企业管理系统

【实训目标】

1.让学生结合实际,加深对管理系统的感性认识与理解。

2.初步培养认知,自觉养成现代管理者素质的能力。

【内容与要求】

1.由学生自愿组成小组,每组8~10人。

2.利用课余时间,选择1个中小企业进行调查与访问。

3.调查访问之前,拟订调查访问提纲,具体可参考下列问题：

(1)该企业管理系统的构成状况。

(2)重点访问1位管理者,了解他的职位、工作职能、岗位所需的管理技能及管理方法等情况。

4.在班上组织1次现场交流与讨论。

管理的演进与发展

⏣知识目标

1. 了解古代人类管理思想的精华和西方管理思想的发展过程。
2. 掌握不同管理发展阶段主要学派的基本观点。
3. 掌握未来管理发展的基本趋势。

⏣能力目标

1. 在现实生活中,能借鉴和运用古代人类管理思想的精华。
2. 能运用西方管理理论来分析和解决企业中的管理问题。

🎭 **管理寓言故事**

秀才买柴

有一个秀才去买柴,他对卖柴的人说:"荷薪者过来!"卖柴的人听不懂"荷薪者"(担柴的人)3个字,但是听得懂"过来"2个字,于是把柴担到秀才前面。

秀才问他:"其价如何?"卖柴的人听不太懂这句话,但是听得懂"价"这个字,于是就告诉秀才价钱。

秀才接着说:"外实而内虚,烟多而焰少,请损之。"(你的木柴外表是干的,里头却是湿的,燃烧起来,会浓烟多而火焰小,请减些价钱吧。)卖柴的人因为听不懂秀才的话,于是担着柴就走了。

管理者平时最好用简单的语言、易懂的言辞来传达信息,而且对于说话的对象、时机要有所掌握,有时,过分的修饰反而达不到想要完成的目的。

学习任务 1 早期管理思想

管理是一项历史悠久的人类社会活动,从原始人类的集体狩猎到氏族公社的集体劳作与分配,从早期的战争到国家的出现,从埃及金字塔、巴比伦古城的建造到中国万里长城的修筑……人类历史上的种种集体活动,无一不是人类所进行的管理实践活动,从中也可以看出管理思想的发展轨迹。

2.1.1 中国古代管理思想

中国的文化源远流长,我们的祖先有着丰富的管理实践经验,积累了十分丰富的管理思想,并因此在人类管理思想和学说的浩瀚烟海中占有极为重要的地位。特别是在春秋战国时期,我国形成了百家争鸣的局面,诸子百家所探讨的问题正是管理问题。综观中国古代诸家的管理思想及理论,最具代表性的有儒家、道家、法家、兵家、商家等。

1)以"仁"为核心的儒家管理思想

儒家学派的主要代表人物为孔子和孟子。

孔子儒家管理思想的核心内容是仁、礼、中庸。"仁"是居于整个儒家理论体系中的一个核心概念,"仁者,爱人"(《论语·颜渊》),孔子用仁把所有的公共管理规则统率起来,"为政以德,譬如北辰,居其所而众星拱之。"(《论述·为政》)如何去实践"仁"呢?孔子强调在内为仁、在外为礼,内心的道德操守和外在的行为规范相统一就达到了仁的境界。而中庸则是一种管理思想、方法,讲究不偏不倚、适量守度,其基本精神是通过折中调和的手段,达到消除管理矛盾,避免管理冲突,稳定管理秩序的目的。这是管理的极高境界,所以孔子说:"中庸之为德也,其至矣乎! 民鲜久矣。"(《论语·雍也》)

孔子也很重视人的作用。首先讲人本,强调人是万事之本,所以说"为政在人""其人存,则其政举;其人亡,则其政息。"(《中庸》)其次讲察人,"视其所以,观其所由,察其所安。"(《论语·为政》)要看一个人到底是什么样子,要看他行为指向什么目的,这个目的背后的动机是什么,他现在的生活和心理状态如何。通过这 3 点,就可以清楚地掌握一个人的品性。再次讲用人,在用人上要有战略眼光,用人所长而不是求全责备。

孟子则发展了孔子以"仁"为核心的管理思想。主张行"王道",施"仁政"。提出贤能政治与"定于一"原则。他认为应使"贤者在位,能者在职"。提出"以和为贵",要把仁心"推己及人",要保持人与人之间和谐的关系,以达到群体的安定协调。此外,孟子增加了"义"的伦理思想,把"义"与"仁"并列起来,称为"仁义",从而鼓励人们"舍生而取义"。

2)以"无为"为最高原则的道家管理思想

道家学派创始人老子的思想体系中包含着丰富、精妙的管理智慧。老子学说的精髓和本质,就是倡导一种"无为而治,道法自然"的思想。"道"即是法则、规律,《老子》把道作为宇宙的本原,认为万事万物都是由道派生出来的,人循道便也要无为。"自然",并非客观世界的大自然,也非具体存在的东西,而是引申为一种自然而然的状态。所谓"道法自然"是指任何事物都有其自然的状态,人的行动必须顺应自然,必须符合自然规律,而不是主观随意地蛮干。"自然"就是道,就是规律,就是法则。

3)以"法治"为基础的法家管理思想

法家思想最主要的代表人物是韩非子,他提出了一套完整的法、术、势的理论。他认为,要治理好国家,必须法与术相结合。"人主之大物,非法则术也。"(《难三》)"君无术则蔽于上,臣无法则乱于下。"(《定法》)"法"即规章制度;"术"指君王驾驭臣子的技巧和计谋;"势"则指权势、权威。

从总体上讲,韩非子的法、术、势实际上就是告诉领导者:要管好一个组织必须制定严明的规章制度、清晰和强有力的奖罚措施。同时,一定要树立自己的权威,牢牢地把核心权力控制在自己的手中,并且要善于利用环境去造势,然后因势利导,去管人做事从而实现自己的宏图大业。

4)强调谋划的《孙子兵法》思想

虽然《孙子兵法》是一部以讲述战争规律为主的兵书,但是其内在的思想和理念却极具发展力,对各个领域都有借鉴价值。其主要的思想内容包括:一是在战略上强调以谋略去战胜敌人,即"上兵伐谋"(《谋攻篇》)。《计篇》中明确提出计谋的内容主要是"五事":道、天、地、将、法。二是强调要能因地制宜地进行部署,安排战斗。《虚实篇》中说:"水因地而制流,故兵因敌而制胜。故兵无常势,水无常形;能因敌变化而取者,谓之神。"三是强调对内外部信息的全面把握。"知彼知己,百战不殆。"(《谋攻》)"知天知地,胜乃无穷。"(《地形篇》)四是在具体的战术技巧上,主张出其不意,攻其不备,避实就虚。《兵势篇》中说:"凡战者,以正合,以奇胜。故善出奇者,无穷如天地,不竭如江河。"

5)善于经营的商家管理思想

春秋战国时期,我国商业经济空前发展,一批具有较高学术文化素养的知识分子(如管仲、弦高、子贡、计然、范蠡、白圭、吕不韦等)进入商业领域从事经商活动,并用自己的学识整理相关经商致富之学,从而催生了商家学派学说理论的形成。对后世影响较大的有范蠡、白圭等。

(1)范蠡的经营思想

范蠡,春秋楚国宛(今河南南阳)人,春秋末著名的政治家、谋士和实业家,曾三次经商成巨富,又三散家财,乃中国儒商之鼻祖。

相传范蠡曾师从计然,并运用计然之策取得成功,如用积著之理研究商品过多或短缺的情况,说出物价涨跌的道理。"积著之理,务完物,无息币。以物相贸,易腐败而食之货勿留,无敢居贵。论其有余不足,则知贵贱。贵上极则反贱,贱下极则反贵。贵出如粪土,贱取如珠玉。财币欲其行如流水。"(《史记·货殖列传》)积著,就是积微成著。此段话的意思是要保证商品的流通,不使停滞。时鲜的货物不能保存,不能抬高价格,要利用因供求关系的变化而引起的物价涨落,不失时机地进行贱买贵卖,使商品和货币保持正常的运转,以获取厚利。

范蠡还运用农业丰歉循环论,调节物资,进行"待乏贸易",即让货等人,不要让人等货,要准备别人所没有的或想不到的,这样才能在市场上占据制高点,占据优势。"夏则资皮,冬则资絺(细麻布),旱则资舟,水则资车,以待乏也。"(《史记·货殖列传》)实际上,"待乏"原则阐明了经商时要运用和把握客观规律,预计需求变化并做出反应。

(2)白圭的"治生之学"

白圭,战国时期魏国的著名商人,《汉书》中说白圭是经营贸易发展生产的理论鼻祖、最早的经商理论大师,被誉为"天下言治生者祖"。

白圭提出了一套经商致富的原则——"治生之术",即"乐观时变",基本原则为:"乐观时变",就是要善于预测行情并根据这种预测进行决策。在准确预测并掌握市场行情的基础上,他采取"人弃我取,人取我与"的选择方法,即:在别人觉得多而抛售时,他就大量地买进;等别人缺少货物需要买进时,他就大量抛出。这样低进高出,必能从中取利,积累财富。白圭还强调商人要有丰富的知识,同时具备"智""勇""仁""强"等素质。

2.1.2　国外古代管理思想

与中国一样,世界其他民族,特别是各大文明发祥地都有着令人叹为观止的管理奇迹,在这些奇迹中蕴含了丰富的管理思想。其中,最具代表性的是古埃及、古巴比伦王国、古希腊的管理思想。

1）古埃及的管理思想

古埃及建立起以法老为最高统治者的中央集权的专制政权,制定了土地制度、税收制度和档案制度,设立了宰相职务掌管全国的司法、行政事务。古埃及在工程管理中也表现了非凡的管理能力和组织能力,他们在兴修水利、建造金字塔的过程中,精心计划、安排、组织和控制,成为人类历史上的壮举。

2）古巴比伦王国的管理思想

巴比伦重新统一两河流域以后,建立了古巴比伦王国,国王汉谟拉比建立起强大的中央集权国家,任命各种官吏,管理城市和各地区的行政、税收和水利灌溉。古巴比伦王国拥有较为成熟的管理形式,这在《汉谟拉比法典》——人类历史上第一部成文法典中得到了充分体现。它一共有282条,内容涉及社会及商业管理的许多方面,如出售、契约、合伙、协议、票据、借贷、租赁等。

3）古希腊的管理思想

古希腊留下了丰富的管理思想,学者色诺芬(Xenophon,约公元前430年—公元前350年)在《经济论》一书中提出管理的中心任务是加强人的管理这一重要思想。他还对劳动分工做了如下论述:"在制鞋工场中,一个人只以缝鞋底为业,另一个人进行剪裁,还有一个人制造鞋帮,再由一个人专门把各种部件组装起来。"这里遵循的原则是:一个从事高度专业化工作的人一定能把工作做得最好。古希腊思想家苏格拉底、柏拉图、亚里士多德等人的很多管理思想也对后人产生了很大影响。

除此之外,古罗马及古代印度在社会实践中均体现了丰富的管理思想。

2.1.3　近代西方管理思想的发展

在中世纪,统治当局的黑暗及宗教势力的迫害给西方社会的发展施加了极大的压力,管理思想的发展也受到一定的压抑。18世纪60年代,西方国家开始进行工业革命,这场革命使以手工业为基础的资本主义工场向采用机器的工厂制度过渡。工业革命带来了生产技术和生产关系的重大变革,使生产力有了较大的发展,随之而来的是管理思想的革命。下面简要介绍这一时期的主要代表人物及其管理思想。

1）亚当·斯密(Adam Smith,1723—1790年)

亚当·斯密是英国古典政治经济学的杰出代表,在1776年发表的《国富论》中,他系统地阐述了"经济人"的观点和劳动分工的思想。

（1）"经济人"的观点

亚当·斯密认为:每个人的活动都受"利己心"的支配,人人追求个人私利,而这种追求客观上也会促进整个社会共同利益的发展。企业家的目的是获得最大限度的利润,工人的目的是获得最大限度的工资收入,企业家和工人追求的都是金钱,所以经济因素是管理中刺激人积极性的唯一因素。

（2）强调劳动分工对劳动生产力提高的重要性

在书中,亚当·斯密以制针为例详细说明了劳动分工的作用。根据斯密的描述,如果一名工人没有受过专门的训练,恐怕一天也造不出一枚针来。而如果把制针分为若干工作程序,每一程序都成为一项专门工作,一个人抽铁丝,一个人拉直,一个人切截,一个人磨尖铁针的一端,一个磨另一端,以便装上圆头,有了劳动分工,同数量的劳动者就能完成比过去多得多的工作量。斯密认为,劳动分工之所以能大大提高生产效率,主要有 3 个原因:一是劳动者的技巧因业专而日进;二是免除了由一种工作转换为另一种工作所需要的时间;三是许多简化劳动和缩减劳动的机械的发明,使一个人能够做许多人的工作。

2）**小詹姆斯·瓦特**（James Watt,1769—1819 年）**和马修·鲁滨孙·博尔顿**（Matthew Robinson Boulton,1770—1842 年）

小詹姆斯·瓦特是发明家詹姆斯·瓦特的儿子,马修·鲁滨孙·博尔顿则是制造商兼詹姆斯·瓦特合伙人马修·博尔顿的儿子,两人共同从他们的父亲手中接过索和工厂（Soho Manufactory）的管理权,在工厂中实行了一系列的管理措施:进行充分的市场调研,为生产提供依据;依据工作流程有顺序地安装机器;制定工艺程序和机器作业标准;实行产品部件标准化;建立详尽的生产统计记录;按成果支付工人工资;制订培训工人与管理人员的计划等。

3）**罗伯特·欧文**（Robert Owen,1771—1858 年）

罗伯特·欧文是英国空想社会主义的代表人物,同时也是 19 世纪初期最有成就的实业家之一。欧文的管理思想主要体现在人事管理方面的理论与实践上,他首次提出了关心人的哲学,并在担任新拉纳克工厂经理期间进行了全面试验,试图在企业建立一种全新的人际关系。欧文比较早地注意到企业中人的重要性,被誉为"人事管理之父"。

4）**查尔斯·巴贝奇**（CharLes Babbage,1792—1871 年）

查尔斯·巴贝奇是英国著名数学家、机械学家,是工业革命后期对管理思想贡献最大的人。对管理思想所做出的巨大贡献,使他被称为科学管理思想和定量管理思想的鼻祖。其主要贡献为:

①进一步发展了亚当·斯密关于劳动分工的原理。他更全面细致地分析了劳动分工能提高劳动效率的原因:节省了学习所需要的时间;节省了学习过程中所耗费的材料;节约了从一道工序转到另一道工序所耗费的时间;节省了更换工具所耗费的时间;重复同种操作,技术熟练,工作速率加快;注意力集中于单一作业,便于改进工具和机器;经常做某一项工作,肌肉得到了锻炼,不易疲劳。

②提倡劳资协作,提出固定工资加利润分享制度。

③管理中的机械原理。他发明了计数机器,专门计算生产作业中各种数据,如计算工人的工作量、原材料消耗、工具的有效利用等。

5)**安德鲁·尤尔**(Andrew Ure,1778—1857 年)**与夏尔·迪潘**(Charles Dupin,1784—1873 年)

安德鲁·尤尔是英国格拉斯哥大学教授,是第一个从理论和技术上在大学培训技术和管理人员的教育者。在他的建议下,格拉斯哥大学 1839 年专门建立了一所向工人传授科学知识的学院。在当时的条件下,安德鲁·尤尔认为企业管理的本质,是用机械科学代替手工技巧,用训练有素的企业职工代替经验技巧型的手工艺人。要达到这一目的,安德鲁·尤尔强调,管理人员必须对生产做出安排,使生产过程相互衔接,实现整个工厂的协调一致。他认为,在每一个工厂都有 3 个系统,即机械系统、道德系统和商业系统。机械系统指的是生产技术和过程,道德系统指的是人员状况,商业系统指的是销售和筹集资金功能。这 3 个系统要形成有机配合的 3 种原则,指导企业的运行。

夏尔·迪潘是法国学者,他在 1816—1818 年访问英国,详细考察了英国的工厂制度和管理体系,并同安德鲁·尤尔有着广泛的交流,研究了安德鲁·尤尔在培养管理人才方面的贡献。回法国巴黎不久,他被聘任为公立艺术和职业学校的数学和经济学教授。在任教期间,他写了《在大不列颠的旅行》一书,这本书关注的内容是:"对工人的福利、教育和美德的关心……"迪潘强调:"工场和工厂的管理者应该借助于几何学和应用机械学,对节省工人劳力的所有方法进行专门的研究。对于一个成为别人领导者的人来说,体力工作只占有第二位的重要性,使他处于高位的是他的智力。"在迪潘的管理教育中,已经涉及工时研究和分工协作问题。

美国管理史学家丹尼尔·A. 雷恩博士(Daniel A. Wren)在《管理思想的演变》中对安德鲁·尤尔和夏尔·迪潘的贡献是这样评价的:"迪潘的工作受到了尤尔的影响,迪潘又对亨利·法约尔具有影响,后者是又一位在思想上引导现代管理理论形成的先驱。"

学习任务 2　古典管理理论

古典管理理论形成于 19 世纪末 20 世纪初。经过产业革命后,先进资本主义国家的生产力发展已达到一定的高度,科学技术也有了较大的发展,但是对企业的管理仍处于传统阶段,经验和主观臆断盛行,缺乏科学依据。随着资本主义由自由向垄断过渡,传统的经验管理越来越不适应管理实践的需要。为了适应生产力发展的需要,改善管理的粗放化和低水平,许多学者及企业人士努力探索新的管理模式和方法,并逐步形成了相应的理论,管理进入一个新的时代,即古典管理理论时期。古典管理理论占主导地位的阶段大体上是从 19 世纪末到 20 世纪 40 年代,主要包括泰罗的科学管理理论、法约尔的一般管理理论和韦伯的行政组织体系理论。

2.2.1　泰罗的科学管理理论

弗雷德里克·温斯洛·泰罗(Frederick Winslow Taylor,1856—1915 年),1878 年进入费

城米德维尔钢铁厂当机械工人,一直到 1897 年,泰罗先后担任过车间管理员、小组长、工长、技师、制图主任和总工程师,并利用业余时间学习,获得了斯蒂文斯技术学院的机械工程学位。泰罗在米德维尔钢铁厂工作期间,不断从事关于管理和技术的试验,系统地研究和分析了工人的操作方法和劳动所花费的时间。1898—1901 年,泰罗受雇于伯利恒钢铁公司继续从事管理咨询工作。1901 年以后,泰罗用大量时间从事写作、演讲,宣传他的一套管理理论。1911 年,泰罗发表其代表作《科学管理原理》,此书被认为是管理理论发展史上的一个重要里程碑。以下是科学管理的主要内容:

1)科学管理的中心总问题是提高劳动生产率

泰罗毕生致力于研究如何提高效率,包括管理人员和工人的工作效率等。泰罗认为,科学管理的根本在于提高劳动生产率,因为科学管理如同节省劳动的机器一样,其目的是提高每一单位劳动力的产量。他认为,企业提高劳动生产率的潜力非常大,在当时条件下,每个工人的能力在工作中只发挥出 1/3。

2)工作定额原理

泰罗认为,为了发掘工人们劳动生产率的潜力,就要制定出有科学依据的工作量定额。要通过工时和动作研究,制定出有科学依据的工人的工作定额,确定一个工人"合理的日工作量"。

相关知识

搬生铁块实验

搬生铁块实验是 1898 年在伯利恒钢铁公司货场进行的。实验前,这里工人的标准工资是每天 1.15 美元,每个工人平均一天搬运 12.5 吨铁块。实验开始时,泰罗首先使用了 3~4 天时间观察和研究了其中的 75 名工人,从中挑选了 4 人,在对这 4 个人的历史、性格、习惯和工作抱负做了系统的调查之后,最后确定了一个叫施密特的人作为实验对象。泰罗研究了劳动负荷、动作时间和调节方法,把劳动的时间和休息的时间很好地搭配起来。他实地测算了从车上或地上搬起铁块的时间,带着铁块在平地上行走的时间,堆放好铁块的时间,空手返回原地的时间等,都加以精确地计算。然后开始训练施密特,告诉他何时搬运,何时休息,用什么样的动作最省力。按照泰罗的方法,施密特一天完成了 47.5 吨的工作量,而且因为劳动休息调节得当,人也不很累,并拿到了一天 1.85 美元的工资。

3)要为工作挑选"第一流的工人"

所谓"第一流的工人",需要具备两个条件:一是该工人的能力最适合他所从事的工作;二是该工人从内心愿意从事这项工作。管理者要根据人的不同能力和天赋,把他们分配到相适宜的工作岗位上,对于那些不适合工作岗位的人,要尽力培训他们,使之成为第一流的工人。

4）标准化原理

为了提高劳动生产率,还必须让工人掌握标准化的操作方法,使用标准化的工具、机器和材料,并使操作环境标准化。泰罗认为,必须用科学的方法对工人的生产操作、工具的使用、劳动与休息时间的搭配,以至机器的安排和作业环境的布置进行分析,消除各种不合理因素,形成最好的方法。他认为这才是企业管理人员的首要职责。

5）实行有差别的计件工资制

泰罗认为,过去实行的计时工资和利润分享制都不能从根本上解决工人"磨洋工"的现象,要解决这一问题,要在标准定额的基础上实行有差别的计件工资制,即按照工人是否完成其定额而采取高低不同的工资率。完成定额的,可按工资标准的 125% 计算工资;完不成定额的,可按工资标准的 80% 计算工资。

6）计划职能同执行职能相分离

泰罗主张,明确划分计划职能与执行职能。其中,计划职能主要包括:由专门的计划部门来从事调查研究,为定额和操作方法提供科学依据;制定科学的定额和标准化的操作方法及工具;拟订计划并发布指示和命令;比较"标准"和"实际情况",进行有效的控制。至于执行职能则由现场的工人执行,即按照计划部门制定的操作方法和指示,使用规定的标准工具,从事实际的操作,不得自由改变。同时,泰罗主张实行职能管理,即将管理的工作予以细分,使所有的管理者只承担一种管理职能。

7）在管理控制上实行例外原则

泰罗等认为,规模较大的企业组织的管理,必须应用例外原则,即企业的高级管理人员把例行的一般日常事务授权给下级管理人员去处理,自己只保留对例外事项的决定权和监督权,如企业的发展战略、重要人事任免等。

8）工人和雇主两方面必须进行一场"精神革命"

泰罗认为,只有使劳资双方变对立为互相协作,共同为提高劳动生产率而努力,才是科学管理理论的真谛。为此,劳资双方必须开展一场"心理革命",认识到提高效率对双方都有利,应该相互协作,为提高劳动生产率而共同努力。对雇主来说,关心的是成本的降低;而工人关心的则是工资的提高。所以,泰罗认为这就是从事协调与合作的基础。

泰罗在管理理论方面做了许多富有开拓性的工作,使管理从经验上升为科学。其科学管理理论对管理学的产生与发展起了巨大的推动作用,为后来西方管理理论的发展奠定了基础。由于泰罗杰出的贡献,他被后人尊为"科学管理之父"。不过,泰罗把人看成单纯追求金钱的"经济人",仅重视技术因素,而不重视人的社会因素。并且,由于泰罗自身的经历使其对管理较高层次的研究相对较少,使得科学管理理论又有很大的局限性。

2.2.2 泰罗科学管理理论的评价

1）泰罗科学管理的主要贡献

①泰罗在历史上第一次使管理从经验上升为科学。泰罗科学管理的最大贡献在于他所提倡的在管理中运用科学方法和他本人的科学实践精神。科学管理的精髓是用精确的调查研究和科学知识来代替个人的判断、意见和经验，强调的是一种与传统的经验方法相区别的科学方法。

②追求效率的优化思想和调查研究的科学方法。泰罗理论的核心是寻求最佳工作方法，追求最高生产效率。他和他的同事创造和发展了一系列有助于提高生产效率的技术和方法，如时间与动作研究技术和差别计件工资制等。这些技术和方法不仅是过去，而且也是近代合理组织生产的基础。

泰罗的科学管理和传统管理相比，一个是科学地制定操作规程和改进管理，另一个是拼体力和时间；一个是金钱刺激，另一个是饥饿政策。从这几点看，比起传统管理，科学管理有了很大的进步。

2）泰罗科学管理的缺陷

①将人看成是赚钱的机器（"经济人"）。泰罗认为，工人的主要动机是经济，工人最关心的是提高自己的金钱收入，即坚持"经济人"假设。泰罗还认为，工人只有单独劳动才能好好干，集体的鼓励通常是无效的。泰罗在伯利恒钢铁公司工作时，规定不准工人 4 人以上在一起工作，经过工长的特别允许除外，但不得超过 1 周。泰罗认为工人是很笨拙的、对作业的科学化完全是无知的。工人的一举一动只能严格按照管理者的批示去做，只能服从命令和接受工资。泰罗曾说："现在我们需要最佳的搬运铁块的工人，最好他蠢得和冷漠得像公牛一样，这样他才会受到有智慧人的训练。"

②管理侧重于技术因素。泰罗的科学管理仅重视技术的因素，不重视人群社会的因素。他所主张的专业分工，管理与执行分离、作业科学化和严格的监督等，加剧了劳资之间及管理人员和工人之间的矛盾。由于强调采用科学的、合理的、最快的方法，工人的分工越来越细，操作越来越简单，控制越来越严密，管理越来越专横，越来越强调服从。

③侧重于低层的管理。泰罗的科学管理仅仅解决了个别具体工作的作业效率问题，对于企业如何进行整体性的经营和管理则没有涉及。属于企业中、下层次的管理，对非制造业适用性不强。

2.2.3 法约尔的一般管理思想

亨利·法约尔（Henry Fayol，1841—1925）出生于法国的一个富裕家庭，大学毕业后进入一家采矿冶金公司工作，逐渐由工程师升任至总经理。1918 年，他退休后积极创办了法国管理研究中心。他以其长期的管理实践总结出一般管理理论,于1916年出版了自己的代表作《工业管理与一般管理》。法约尔的一般管理理论有以下主要内容:

1)关于经营与管理

法约尔认为,经营和管理是两个不同的概念,企业的经营有6项活动,而管理仅为这6项活动中的一项。这6项活动包括:

①技术活动,如生产、制造、加工。

②商业活动,如购买、销售和交换。

③财务活动,如资本的筹集和使用。

④安全活动,如保护财产和人员安全。

⑤会计活动,如存货、资产、负债、成本。

⑥管理活动,包括计划、组织、指挥、协调和控制。

2)管理的14项原则

法约尔在总结自己长期管理经验的基础上,提出了管理的14项原则。

(1)劳动分工

劳动分工可以提高劳动生产率,是组织进步和发展的必然手段。分工适用于从工人到管理人员的一切组织成员。

(2)权力与责任

权力与责任好比一对孪生兄弟,凡行使权力的地方,就有责任,两者必须相等。管理者必须被授予一定的权力,即指挥和要求别人服从的权力。同时,要明确他们的职责,职责是权力的必然结果和必要补充。

(3)纪律

纪律是对组织规定的遵从及服从,即遵守组织的各项规章制度。纪律为管理所必需,没有纪律任何组织都难以维系。同时,纪律应尽可能地严明公正。

(4)统一指挥

无论什么时候,一个下属只能接受一个领导者的命令。

(5)统一领导

凡具有同一目标的活动,只能有一个领导人和一套计划。

(6)个人利益服从集体利益

集体目标包含个人目标,任何个人都不应该把个人利益放在组织整体利益之上,主管人员要对此进行公正的协调。同时,又要以身作则,使两者保持一致。

(7)报酬应当公平合理

分配报酬必须公平,应使个人和组织都获得最大可能的满足。

(8)集权

集权与分权是相对的,任何组织权力的集中和分散程度应根据管理者的性格、下级人员的素质以及组织的情况而定,不能千篇一律。

（9）等级链

从最高层次到最低层次的各级管理人员应该建立明确的权力等级结构，保证上下沟通的灵敏。

（10）秩序

一切工作应按部就班地进行，如原料的存放、车间的布置以及人员的安排都应当有秩序，人或物都应有自己的位置。

（11）公平

每一个管理者对下属人员都必须善意和公正。

（12）人员的稳定

要有秩序地安排人员并补充人力资源。

（13）首创精神

鼓励所有的人员在工作中发挥主动性和首创精神。

（14）集体精神

在组织内部要形成和谐与团结的气氛。

法约尔特别强调指出，以上14条原则在管理工作中不是死板和绝对的，关键是尺度问题，应当注意各种可变因素的影响。因此，这些原则是灵活的，但其本质在于懂得如何运用它们。这是一门很难掌握的艺术，它要求智慧、经验和判断。

3）强调管理教育的必要性

法约尔认为，人的管理能力可以通过教育来获得，可以也应该像技术能力一样，首先在学校里，然后在车间等实践场所得到。他视管理为一门科学，提出在学校设置这门课程，并在社会各个领域宣传、普及和传授管理知识。

法约尔关于管理过程和管理组织理论的开创性研究，特别是其中关于管理职能的划分以及管理原则的描述，对后来的管理理论研究具有非常深远的影响。他是一位概括和阐述一般管理理论的先驱者，是一位伟大的管理教育家，后人称他的理论为一般管理理论。

2.2.4　韦伯的行政组织理论

马克斯·韦伯（Max Weber，1864—1920年），德国著名的社会活动家，在经济学、社会学、政治学、宗教学等方面均有很深的造诣，且著作颇丰。韦伯对管理学最大的贡献在于他的行政组织理论，在管理思想史上被誉为组织管理之父，其代表作有《经济与社会》《社会组织与经济组织理论》《经济史》等。其行政组织理论的主要内容如下：

1）揭示了组织与权威的关系并划分了权威的类型

韦伯认为，任何组织必须以某种权威为基础，才能实现目标，只有权威才能变混乱为秩序，但不同组织赖以建立的权威是不同的。韦伯认为，古往今来，有3种类型的权威：一是传统权威,它是以历史沿袭下来的先例、习惯等为基础形成的;二是超凡权威,它是以对个别人的品格、信仰或超人智慧的崇拜为基础的;三是理性—合法权威,它以对法律确立的职位权力的服从为基础。韦伯认为,只有建立在理性—合法权威基础上的组织才是最理想的组织,这种组织在精确性、稳定性、纪律性和有效性等方面,都比其他组织优越。

2)理想的行政组织的特点

韦伯认为,理想的行政组织即官僚制,它具有以下特点:

(1)合理的分工——专门化

明确划分每一个组织成员的职责权限并以法规的形式严格固定这种分工,是官僚制的重要特征之一。官僚制组织中,作业是根据工作类型和目的进行划分的,具有很清楚的职责范围,各个成员将接受组织分配的活动任务,并按分工原则专精于自己岗位职责的工作。

(2)层级节制的权力体系——等级制

官僚制组织是一个等级实体,具有等级与权力一致的特征。在这个等级实体中,所有职位都按权力等级组织起来,形成一个指挥统一的指挥链条,沿自上而下的等级链,由最高层级的组织指挥控制下一层级的组织直至最基层的组织,从而形成层级节制的权力体系。

(3)依照规程办事的运作机制——规则化

官僚制组织的运行,包括成员间的活动与关系都受到严格的规则和程序的限制。通过这些规则和程序,每位成员都了解自己所必须履行的岗位职责和权限,这样可以保证整个组织管理工作的一致性和明确性。而且,这些规则和程序是根据合理合法的原则制定的,它们具有稳定性,可以保证官僚制组织的合理性、合法性、稳定性和连续性。

(4)组织管理非人格化

官僚制组织中,管理工作是以规则、程序、条例和各种正式文件等来规范人的行为的,公务活动和私人生活是截然分开的,不得掺杂个人的感情、偏好等非理性的因素。即使是组织成员之间的公务关系也只存在对事的关系而非对人的关系,人们在处理公务时只应考虑合法性、合理性以及有效性,而不应考虑任何私情关系。

(5)完善的档案制度

官僚制组织中,职务的执行建立在文书之上,一切重要的命令和决定都应形成正式的文件下达,并且要记录在案,用毕要归档。在他看来,以文件形式下达决定和命令,有利于下级组织及其成员明确所下达的任务、要求及相应的权责。同时,对上级来讲,也便于加强必要的控制,有利于组织有效地实现其目标。

(6)适应专门化职务需要的专业培训机制

官僚制组织是建立在高度分工和专业化基础上的,为有效处理纷繁复杂的事务并解决各种各样的问题,组织必须由大量的专业管理人员及各种业务方面的专家和技术人员所组成。而随着社会的进步和科学技术的发展,官僚制组织必须为其成员提供各种必需的专业培训,以便增强其处理各种事务和解决问题的能力,进而提高其服务的数量和质量,从根本上提高组织的效率。

（7）合理合法的人事行政制度

合理合法的人事行政制度即管理人员专业化,按期取得固定薪金;通过考试,选任管理人员;组织内有明文规定的升迁制度,等等。

泰罗、法约尔、韦伯等人的管理理论构成了西方古典管理理论的全貌,此后一些管理学者对古典管理理论进行了传播和进一步研究并加以系统化,其中做出了较为突出贡献的是英国管理学者厄威克和美国管理学者古利克。厄威克的主要著作有《管理的要素》《组织的科学原则》等,他提出了自认为适用于一切组织的8条原则:目标原则、人员与组织结构相适应原则、单头领导原则、专业参谋和一般参谋共存原则、授权原则、责权相符原则、明确性原则、控制幅度原则。古利克的主要著作有《组织理论评论》《管理原则》及他与厄威克合著的《管理科学论文集》（也译为《行政科学论文集》）。他把与古典管理理论有关的管理职能的理论加以系统化而提出了著名的 POSDCORB 管理七职能论,即计划、组织、人事、指挥、协调、报告和预算。

古典管理理论把管理的研究和实践带入了一个崭新的天地,尽管从今天来看,其中的一些观点不免带有片面性和局限性,但它为后来管理学的蓬勃发展提供了理论和方法的基础,也大大推动了管理实践的进步。

学习任务3 行为科学理论

以科学管理理论为代表的古典管理理论的广泛传播和实际应用,大大提高了效率,但这些理论多着重于对生产过程、组织控制方面的研究,较多地强调科学性、精密性、纪律性,而对人的因素注意得相对较少,只把人当作机器的附属品,从而引起了工人的强烈不满。20世纪20年代,不少学者从生物学、心理学、社会学等方面对人的工作动机、情绪、行为与工作之间的关系进行研究,以及按照人的心理发展规律去激发人们的积极性和创造性。这是继古典管理理论之后管理学发展的一个重要阶段,即行为科学理论。行为科学理论基本上可以分为两个时期:早期主要是指人际关系学说,后期是在1949年美国芝加哥大学讨论会上正式定名为"行为科学"之后的发展。下面重点介绍早期的行为科学理论——人际关系理论。

2.3.1 早期的行为科学理论——人际关系理论

1）梅奥简介

乔治·艾尔顿·梅奥（George Elton Mayo,1880—1949年）出生于澳大利亚,1899年在阿得雷德大学取得逻辑学和哲学的硕士学位后,在昆士兰大学教授逻辑学和哲学。后来赴苏格兰学习医学,参与精神病理学的研究,后移居美国。从1926年起,他应聘于哈佛大学,任工业研究副教授,随后带队参加了霍桑试验。梅奥的代表作是《工业文明的人类问题》。在这本书中,他总结了亲身参与并指导的霍桑试验及其他几个试验的初步成果,阐述了他的人际关系理论的主要思想。

2)霍桑试验

(1)早期研究(1924—1927年):照明试验

1924年,美国科学院全国科学研究委员会决定在美国西方电气公司下属的霍桑工厂进行研究,以确定照明同工人工作效率之间的精确关系。霍桑工厂是美国电报电话公司的设备制造和供应部门,专营电话机和其他设备,当时有工人2.5万人。

在照明试验开始时,研究小组指定两组女工,分别在两个照明度相同的房间中从事相同的工作。其中一个组是对照组,在照明度与工作环境方面没有什么变化。另一组由6个工人组成的小组,是试验组,将照明度做各种变化,但不管照明度情况怎样,对照组和试验组的生产都是上升的。研究工作者感到迷惑不解,于是就以下列各项因素进行试验:工资报酬、休息时间、工作日和工作周的长度,以及其他可能提高工作效率的各项因素,但都无法证明这些因素与生产率有必然的联系。在整个试验期间,每个工人每周的平均产量从2 400个继电器增加到3 000个。

(2)实验的第二个阶段(1927—1932年):福利试验

1927—1932年,以梅奥为首的哈佛大学实验小组进行了一系列实验。

这次实验是对继电器装配室进行实验,目的是研究工作条件中各种因素的变化对工作效率的影响。实验室有5名女工,实验者同时也是监督者。通过改进工作条件、减少工作时间和增加休息时间、加薪刺激。结果,产量一直上升。后来,取消休息时间,增加工作时间,产量仍维持在高水平上。由此发现,生产效率改变的主要原因不是作业条件,而是职工的情绪。而情绪是由车间的环境,即车间的人际关系决定的。因此,实验小组开始注意研究工作态度与组织气氛对工作效率的影响,进入第三个阶段的实验。

(3)实验的第三个阶段(1928—1931年):谈话试验

这一阶段仍由哈佛实验小组负责,主要通过访谈计划和观察研究来确定员工的情绪以及员工对工作、工作环境、监工、公司的态度等,研究人员用3年的时间同2.1万多人进行面谈。开始是有针对性地谈话,后来转为无针对性地、自由地谈话,监工与员工建立一种比较温和的人际关系。研究发现,影响生产效率最重要的因素是工作中建立起来的人际关系。研究还发现,每个工人工作效率的高低,不仅取决于其自身的情况,还受到他所在小组同事的影响。

(4)实验的第四个阶段(1931—1932年):群体试验

研究小组决定选择接线板接线工作室进行研究。该室有9位接线工、3位焊接工和2位检查员。研究小组对他们生产效率和行为持续观察和研究了6个月后,有了许多重要发现。

以集体计件工资制刺激,形成"快手"对"慢手"的压力以提高效率。公司给他们规定的标准是焊合7 312个节点,但他们完成的只有6 000~6 600个节点。试验发现,工人既不会为超定额而充当"快手"，也不会因完不成定额而成"慢手"，当他们达到他们自认为是"过得去"的产量时就会自动松懈下来。其原因是，生产小组无形中达成默契的行为规范，即工作不要做得太多，否则就是"害人精"；工作不要做得太少，否则就是"懒惰鬼"；不应当告诉监工任何会损害同伴的事，否则就是"告密者"；不应当企图对别人保持距离或多管闲事，不应当过分喧嚷，自以为是和热心领导等等。其根本原因有3点：一是怕标准再度提高；二是怕失业；三是为保护速度慢的同伴。这一阶段的试验，还发现了"霍桑效应"，即对于新环境的好奇和兴趣，足以导致较佳的成绩，至少在初始阶段是如此。

通过4个阶段历时几年的霍桑试验，梅奥等人认识到，人们的生产效率不仅要受到生理方面、物理方面等因素的影响，更重要的是受到社会环境、社会心理等方面的影响，这个结论的获得是相当有意义的，这对"科学管理"只重视物质条件，忽视社会环境、社会心理对工人的影响来说，是一个重大的修正。

2.3.2　梅奥的人际关系理论的主要内容

根据霍桑试验，梅奥于1933年出版了《工业文明中人的问题》一书，提出了与古典管理理论不同的新观点，主要归纳为以下几个方面：

①工人是"社会人"。从亚当·斯密到古典管理理论的学者们都把人视为经济人，认为金钱是刺激工人积极性的唯一动力。梅奥认为，工人是社会人，是复杂社会系统的成员，他们不仅只单纯追求金钱收入，更重要的是他们有社会和心理方面的需求。

②企业中存在非正式组织。非正式组织是企业职工在共同劳动过程中，由于共同的爱好、情感、价值观以及其他某些因素而形成的群体。它不仅存在于工人中间，也存在于管理人员、技术人员之中。非正式组织与正式组织相互依存，有其特殊的规范，影响群体成员的行为，从而对生产率有很大的影响。

③新型领导在于通过"满足度"的增加来提高职工的士气，从而达到提高生产率的效果。梅奥认为，生产率的高低取决于职工的士气，即工作的积极性、主动性与协作精神等，而士气的高低依赖于职工对社会因素特别是其与周围人关系的满意度高低。新型的领导方法在于通过职工心理需求的满足来达到提高劳动生产率的目的。

人际关系学说第一次把管理研究的重点从物的因素转到了人的因素上来，开辟了一个新的研究领域，为现代行为科学的发展奠定了基础。

学习任务4 现代管理理论的发展

第二次世界大战结束后，科学技术和工业生产空前迅速发展，企业的规模进一步扩大，生产过程的连续化和自动化程度大大提高，技术更新的周期越来越短，市场竞争异常激烈，这就对企业管理提出了更多、更高、更新的要求，而这也促进了管理科学的发展。同时,一些来自心理学、社会学、经济学、数学、统计学、人类学、心理学、法学、计算机科学等各学科的学者们也从各自不同的背景、角度,以不同的方法对管理问题进行了研究,从而带来了管理理论的空前繁荣,形成了众多的管理理论学派。对此现象,管理学家哈罗德·孔茨将其称为"管理理论丛林"。现代管理理论主要有管理科学学派、系统管理学派、经验主义学派、决策理论学派、权变理论学派和行为科学学派等。各主要学派的主要代表人物及其观点见表 2.1。

表 2.1　管理理论丛林

主要学派	主要代表人物	代表作	主要观点
管理过程学派	哈罗德·孔茨西里尔·奥唐奈	《管理学》(2 人合著)	①管理是在组织中通过别人或与别人一起完成工作的过程;②管理的职能与程序是有共性的;③管理职能具有普遍性;④通过对管理过程的研究分析,可以总结出一些基本的、有规律性的东西,即管理理论与原理,并用它来指导管理实践。
社会系统学派	切斯特·巴纳德	《经理人员的职能》	①任何组织都是一个协作系统,是社会系统的一部分,应用社会学的观点来分析和研究管理问题;②正式组织包含 3 个要素:协作意愿、共同目标和信息沟通;③经理或管理人员基本的职能有:设定并解释组织目标、协调组织成员的行动、建立并维持一个信息联系系统。
系统管理学派	弗莱蒙特·卡斯特詹姆斯·罗森茨韦克理查德·约翰逊	《系统理论与管理》(3 人合著),《组织与管理——系统方法与权变方法》(前 2 人合著)	①企业是由人、物资、机器和其他资源在一定的目标下组成的一体化系统,它的成长和发展同时受到这些组成要素的影响;②企业是一个由许多子系统组成的、开放的社会技术系统;③运用系统观点来考察管理的基本职能,可以提高组织的整体效率。
经验主义学派	彼得·德鲁克	《管理的实践》《有效的管理者》	①管理应侧重于实际应用,而不是纯粹的理论研究,强调从企业管理的实际经验而不是从一般原理出发来进行研究,强调用比较的方法来研究和概括管理经验;②管理学就是研究管理经验,认为通过对管理人员在个别情况下成功和失败的经验教训的研究,会使人们懂得在将来相应的情况下如何运用有效的方法来解决管理问题。
决策理论学派	赫伯特·西蒙	《管理行为》《管理决策新科学》	①管理就是决策,决策贯穿于管理的全过程;②决策是一个复杂的过程;③决策分为程序化决策和非程序化决策;④决策应遵循满意准则。

续表

主要学派	主要代表人物	代表作	主要观点
权变理论学派	卢桑斯,琼·伍德沃德,劳伦斯与洛希	《管理导论:一种权变学说》《工业组织理论与实践》《组织和环境》(劳伦斯与洛希合著)	没有一成不变的、普遍适用的、最佳的管理方式,必须根据组织内外环境自变量、管理思想及管理技术等因变量之间的函数关系,灵活地采取相应的管理措施,管理方式要适合工作性质、成员素质等。
管理科学学派	埃尔伍德·伯法 布莱克特	《现代生产管理》(伯法)	①管理就是用数学模型及其符号表示计划、组织、控制、决策等合乎逻辑的程序,并求出最优解,以达到目标;②决策中应尽量减少个人情感成分,尽量以数量方法客观描述。

下面对其中4个影响较大的学派做简要介绍。

2.4.1 社会系统学派

社会系统学派的代表人物是美国著名的管理学家切斯特·巴纳德。1938年,他发表了《经理人的职能》一书。在这本著作中,他对组织和管理理论的一系列基本问题都提出了与传统组织和管理理论完全不同的观点。由于他把各类组织都作为协作的社会系统来研究,后人把由他开创的管理理论体系称作社会系统学派。管理学界几乎一致认为:巴纳德关于组织理论的探讨,至今无人超越,西方管理学界称他是现代管理理论的奠基人。

巴纳德关于组织的主要观点有:

①任何组织都是一个协作系统,是社会系统的一部分,应用社会学的观点来分析和研究管理问题。这个协作系统能否存在取决于3个条件:协作的效果,即能否顺利完成协作目标;协作的效率,即在达到目标过程中是否使协作的成员损失最小而心理满足较高;协作目标能否适应协作环境。

②巴纳德认为正式组织存在需要3个条件:有共同目标;有协作意愿,每一成员都能自觉自愿地为组织目标的实现做出贡献;信息沟通,即组织内部有一个能够彼此沟通的信息联系系统。

③经理人员的作用就是在一个正式组织中充当系统运转的中心,并对组织成员的活动进行协调,指导组织的运转,实现组织的目标。根据组织的要素,巴纳德认为,经理人员的主要职能有3个方面:设定并解释组织目标;善于协调组织成员的行动,使组织成员能够提供为实现组织目标所不可缺少的贡献;建立并维持一个信息联系系统。

2.4.2　系统管理学派

系统管理理论被认为是 20 世纪最伟大的成就之一,是人类认识史上的一次飞跃。这一理论是由弗莱蒙特·卡斯特、詹姆斯·罗森茨韦克、理查德·约翰逊等美国管理学家在一般系统论的基础上建立起来的。这一学派的理论要点主要有:

①企业是由人、物资、机器和其他资源在一定的目标下组成的一体化系统。企业的成长和发展同时受到这些组成要素的影响,在这些要素的相互关系中,人是主体,其他要素则是被动的。

②企业是一个由许多子系统组成的、开放的社会技术系统。企业是社会这个大系统中的一个子系统,它受到周围环境(顾客、竞争者、供货者、政府等)的影响,同时影响环境。它只有在与环境的相互影响中才能达到动态平衡。在企业内部又包含着若干子系统,如技术子系统、社会心理子系统、组织结构子系统、外界因素子系统、经营子系统、生产子系统等。这些子系统还可以继续分为更小的子系统。

③运用系统观点来考察管理的基本职能,可以提高组织的整体效率,使管理人员不至于只重视某些与自己有关的特殊职能而忽视了大目标,也不至于忽视自己在组织中的地位与作用。如果运用系统观点来考察管理的基本职能,可以把企业看成是一个投入—产出系统,投入的是物资、劳动力和各种信息,产出的是各种产品(或服务)。

2.4.3　决策理论学派

决策理论学派是在第二次世界大战之后发展起来的,以社会系统论为基础,吸收了行为科学和系统论的观点,运用电子计算机技术和统筹学的方法而发展起来的一个管理学派。其主要代表人物有赫伯特·西蒙、詹姆斯·马奇,核心理论是赫伯特·西蒙提出的决策理论,主要观点如下:

①管理就是决策,决策贯穿于管理的全过程。西蒙认为,组织中经理人员的重要职能就是做决策,任何作业开始之前都要先做决策,制订计划就是决策,组织、领导和控制也都离不开决策。

②决策是一个复杂的过程。决策过程包括 4 个阶段:找出制定决策的根据,即收集情报阶段;找到可能的行动方案,即拟订计划阶段;在诸行动方案中进行抉择,即选定计划阶段;对已选择的方案及其实施进行评价,即评价计划阶段。这 4 个阶段中的每一个阶段本身就是一个复杂的决策过程。

③在决策标准上,用"令人满意"的准则代替"最优化"准则。以往的管理学家往往把人看成是以"绝对的理性"为指导,按最优化准则行动的理性人。西蒙认为,完全合乎理性是难以做到的,管理中不可能按照最优化准则来进行决策。首先,未来含有很多的不确定性,信息不完全,人们不可能对未来无所不知;其次,人们不可能拟订出全部方案,这既不现实,有时也是不必要的;第三,即使用了最先进的计算机分析手段,也不可能对各种可能结果形成

一个完全而一贯的优先顺序。

④决策分为程序化决策和非程序化决策。所谓程序化决策,就是那些带有常规性、反复性的例行决策,可以制定出一套例行程序来处理的决策。所谓非程序化决策,则是指对那些过去尚未发生过,或其确切的性质和结构尚捉摸不定,或很复杂,或其作用十分重要而需要用现裁现做的方式加以处理的决策。但是这两类决策很难绝对分清楚,它们之间没有明显的分界线,只是像光谱一样的连续统一体。此外,不同类型的决策需要不同的决策技术。

2.4.4 权变管理理论学派

1962年,美国当代著名心理学家和管理专家弗雷德·菲德勒提出的"权变领导理论"开创了西方领导学理论的一个新阶段,使以往盛行的领导形态学理论研究转向了领导动态学研究的新轨道,对以后的管理思想发展产生了重要影响。他本人被西方管理学界称为"权变管理的创始人"。

权变管理理论学派的主要代表人物弗雷德·卢桑斯在1973年发表了《权变管理理论:走出丛林的道路》的文章,1976年又出版了《管理导论:一种权变学说》。他系统地介绍了权变管理理论,提出了用权变理论可以统一各种管理理论的观点。

权变管理理论的核心观点是:世界上不存在一成不变的、普遍适用的、最佳的管理方式,环境变量与管理变量之间存在函数关系,必须考虑有关环境的变数同相应的管理观念和技术之间的关系,使采用的管理观念和技术能有效地达到目标。

权变管理理论的最大特点:一是强调根据不同的具体条件,采取相应的组织结构、领导方式、管理机制;二是把一个组织看作是社会系统中的分系统,要求组织各方面的活动都要适应外部环境的要求。

本单元小结

管理是一项历史悠久的人类社会实践活动,古代各国人民在管理实践活动中积累了丰富的管理思想,如古代中国的用人思想、系统管理思想和经营管理思想等,古埃及、古巴比伦和古希腊也都有着丰富的管理思想。在管理理论产生之前,近代西方有众多的企业界和理论界人士开始自觉研究管理问题,他们的研究成果构成了管理理论的前奏,为管理理论的诞生奠定了基础。这其中有亚当·斯密、小詹姆斯·瓦特、马修·鲁滨孙、博尔顿、罗伯特·欧文、查尔斯·巴贝奇、安德鲁·尤尔、夏尔·迪潘等人。

19世纪末20世纪初,随着资本主义工业的快速发展,管理科学应运而生。一般认为,管理科学至今历经古典管理理论、行为科学理论和现代管理理论3个发展阶段。在古典管理理论阶段,占主导地位的有泰罗的科学管理理论、法约尔的一般管理理论和韦伯的行政组织理论。行为科学理论分为早期的人际关系学说和后期的行为科学阶段,现代管理理论呈现出学派众多、蓬勃发展的势头,被管理学家孔茨喻为"管理理论的丛林"。这一时期主要的学派有管理过程学派、社会系统学派、系统管理学派、决策理论学派、经验主义学派、权变理论学派和管理科学学派。

学习思考题

1. 中国古代有哪些管理思想？这些管理思想对今天的企业管理有何意义？
2. 在近代西方管理思想的发展过程中，你比较赞同哪些人的观点？为什么？
3. 泰罗的科学管理理论有哪些主要观点？有哪些可以用于现代的管理实践？
4. 你认为法约尔对管理学的最大贡献是什么？
5. 你认为行为科学理论对今天的人力资源管理有哪些启示？
6. 管理理论丛林是否可以实现统一？你认为是否有统一的必要？
7. 简述权变理论。
8. 简述霍桑试验的内容。

案例 1

管理理论真能解决实际问题吗？

海伦、汉克、乔、萨利 4 个人都是美国西南金属制品公司的管理人员。海伦和乔负责产品销售，汉克和萨利负责生产。他们刚参加过在大学举办的为期两天的管理培训学习班。在培训班里，主要学习了权变理论、社会系统理论和一些有关职工激励方面的内容。他们对所学的理论有不同的看法，现正展开激烈的争论。

乔首先说："我认为社会系统理论对于像我们这样的公司是很有用的。例如，如果生产工人偷工减料或做手脚，或原材料价格上涨的话，就会影响到我们的产品销售。系统理论中讲的环境影响与我们公司的情况很相似。我的意思是，在目前这种经济环境中，一个公司会受到环境的极大影响。在油价暴涨时期，我们当时还能控制自己的公司。现在呢？我们要想在销售方面每前进一步，都要经过艰苦的战斗。这方面的艰苦，你们大概都深有体会吧？"

萨利插话说："你的意思我已经知道了。我们的确有过艰苦的时期，但是我不认为这与社会系统理论之间有什么必然的内在联系。我们曾在这种经济系统中受到过伤害。当然，你可以认为这与系统理论是一致的。但是我并不认为我们就有采用社会系统理论的必要。我的意思是，如果每个东西都是一个系统的话，而所有的系统都能对某一个系统产生影响的话，我们又怎么能预见到这些影响带来的后果呢？所以，我认为权变理论更适用于我们。如果你说事物都是相互依存的话，系统理论又能帮我们什么忙呢？"

海伦对他们这样的讨论表示有不同的看法。她说："对社会系统理论我还没有很好地考虑。但是，我认为权变理论对我们是很有用的。虽然我们以前也经常采用权变理论，但是我却没有认识到自己是在运用权变理论。例如，我有一些家庭主妇顾客，听到她们经常讨论关于孩子和如何度过周末之类的问题，从她们的谈话中我就知道她们要采购什么东西了。顾客也不希望我们逼他们去买他们不需要的东西。我认为，如果我们花上一两个小时与他们自由交谈的话，那肯定会扩大我们的销售量。但是，我也碰到一些截然不同的顾客，他们一定要我向他们推荐产品，要我替他们在购货中做主。这些人也经常到我这里来走走，但不是闲谈,而是做生意。因此,你们可以看到,我每天都在运用权变理论来对付不同的顾客。为了适应形势,我经常改变销售方式和风格,许多销售人员也都是这样做的。"

汉克显得有点激动,他插话说:"我不懂这些被大肆宣传的理论是什么东西。但是,关于社会系统理论和权变理论问题,我同意萨利的观点。教授们都把自己的理论吹得天花乱坠,他们的理论听起来很好,但是他们的理论却无助于我们的实际管理。对于培训班上讲的激励要素问题我也不同意。我认为泰罗在很久以前就对激励问题有了正确的论述。要激励工人,就是要根据他们所做的工作付给他们报酬。如果工人什么也没有做,则就用不着支付任何报酬。你们和我一样清楚,人们只是为钱工作,钱就是最好的激励。"

讨论题

1. 你偏向哪一个人的意见?他们的观点有什么不同之处?
2. 如果你是海伦,你如何使萨利相信和接受系统理论?

案例2

赵助理的难题

利达公司是一家经营绩效良好的企业,在前几年有过骄人的业绩。但近几年来,公司的赢利水平不断下降,一个中等规模的企业,赢利水平甚至不如本地一家小型企业。公司上下对此颇感迷惑,人心浮动,企业面临着严峻的考验。一天,公司总经理把总经理助理赵立实叫到办公室。总经理首先跟他简单地讨论了公司目前的经营状况,明显地表示了对这一现状的担忧。接着,总经理交给小赵一个特殊任务:集中一段时间,深入调查一下造成企业目前赢利水平下降的主要原因是什么,并提出对策建议。

小赵来到这个企业工作时间不长。他过去曾系统地学习过管理理论,对古典管理理论与现代管理理论都有较深的研究。他对总经理交办的这个任务高度重视,决心运用所学的管理理论分析与解决企业实际问题。

小赵首先将目光投向市场,在激烈竞争的今天,市场是决定企业赢利水平的最主要因素。在调查过程中,小赵了解到,本公司为开拓市场,建立了本地本行业最庞大的营销队伍,而且每年的营销预算都高于同行业其他企业,建立了与本地几家最大企业旗鼓相当的市场份额。他觉得营销环节问题不大。接着,他调查了本企业产品开发与价格情况。他了解到,本企业有很强的技术力量,有一支高水平的科技开发队伍。本企业的产品不比同行的产品差,而且价格合理。他也感到困惑,这怎么会造成赢利水平下降呢?

他又深入车间了解一线生产情况。生产线运行正常,员工们工作也比较认真。当然,也发现有些员工积极性不是很高,工作节奏较慢。车间主任抱怨道:"去年每个人都涨了一级工资。咱厂在本地工厂中是工资最高的,可是这些工人的积极性一点也没提高。"关于严格管理,他说道:"其实咱厂管理是很严格的,有那么多的管理规章制度。我本人管理是非常严格的,对于那些迟到早退、生产不合格品、材料浪费的工人从不客气,都狠狠地进行批评。可是这些现象就是屡禁不止,生产率就是上不去,有的工人好像是在同厂里作对。我是没办法了。"小赵还了解到,公司的管理机构庞大,管理费用高,产品生产成本也普遍高于同行,据说原材料进价也偏高……

调查的情况千头万绪,小赵决心运用管理理论进行分析,并提出有效的对策,以出色地完成总经理交办的任务。但他似乎觉得在运用泰罗的经济刺激手段与现代行为科学原理之间还有一些冲突,或需要进一步理顺的地方。

讨论题

1.造成该公司赢利水平下降的原因有哪些? 最主要的原因是什么?

2.你认为解决该公司问题,应用泰罗的科学管理原理还应用行为科学理论? 哪个更为重要?

3.请你对赵助理制定解决该公司问题对策方案提出建议。

课堂游戏

寻找变化

1.活动目的:

通过游戏来展示如果一个人缺乏观察力会怎样,并且告诉他们如何在整个游戏中提高观察力。

2.人数:

不限。

3.时间:

10 分钟。

4.步骤:

(1)让队员们结对儿。

(2)每人仔细观看自己的搭档 1 分钟。

(3)1 分钟后,彼此转过脸去,再不能看自己的搭档。

(4)每人做 7 处以上的外观改变,改变可以是细微的,也可以一目了然。

(5)让搭档们再次相互观察,依次说出对方都做了哪些改变。

5.讨论问题:

(1)多少人能准确说出搭档所做的一切改变?

(2)为什么大多数队员不能马上说出所有的改变?

(3)如何将这个游戏和我们的实际工作联系起来?

实训项目

管理理论在企业中的运用情况调查

【实训目标】

1.增强对各种管理理论的感性认识。

2.培养对企业的管理思想的分析能力。

【内容与要求】

1.选择本地一家中等以上规模、效益较好的企业,通过实地调查,结合网络和报刊搜集其相关资料。

2.分析该企业在经营管理过程中运用了哪些管理理论,其中哪些方面做得比较好。

3.结合调查情况,在班级组织一次关于管理理论与管理思想的讨论。

4.每位学生都要参与调查,在讨论过程中积极发言,谈体会,放开思路,自由畅想。

单元 3

计 划

⊙ 知识目标

1. 理解计划、决策和目标管理的含义。
2. 了解计划和决策的类型。
3. 掌握计划的程序和编制的方法。
4. 掌握决策的方法和目标管理的应用原则。

⊙ 能力目标

1. 能运用各种方法编制计划。
2. 能运用计划、决策及目标管理的理论知识分析企业现实问题。

量力而行

时值青黄不接的初夏,一只饥肠辘辘的老鼠掉进了一个米缸里。他自然不会错过这个难得的机会,吃了个大饱,然后便倒头大睡。不知不觉中,这只老鼠美美地过了一段日子。有时他也想,跳出去算了,以免被主人发现招来杀身之祸。可是看到眼前这么多的大米,又有些舍不得了,如果现在跳出去,恐怕这一生再也找不到这种机会了。直到有一天米缸快要见底了,它才发现,自己离缸口的高度已经难以逾越了,它面临的只有死路一条——要么被主人打死,要么饿死在缸里。老鼠的生命高度就是它能跳出缸的高度,这个高度恰恰就掌握在老鼠自己的手里。

这只老鼠错就错在没有认清当时的形势,制定了错误的目标,最终害死了自己。目标的建立必须切合实际,必须是经过努力能够实现的,如果错误地估计了自己的实力,反而不能达到目标。企业做大做强的前提是生存。企业制定目标须量力而行,适者生存。

学习任务1 计划工作概述

3.1.1 计划的含义及重要性

1)计划的含义

俗话说:"凡事预则立,不预则废。"预者即计划也。

计划就是在调查研究和总结经验的基础上预测未来,并对未来行动做出的规划和安排。计划工作的内容包括对组织活动环境的分析与预测、组织活动方向、内容与方式的选择与决策,以及将决策落到实处的具体方案的编制等环节。

计划正确与否,对企业经营的成败具有决定性作用。从这个意义上来说,计划是企业管理的首要职能。

一个最优计划实际是要清楚地确定和描述"5W1H"的内容:

What——做什么? 目标与内容。

Why——为什么做? 原因。

Who——谁来做? 人员。

When——何时做? 时间。

Where——何地做? 地点。

How——怎样做？方法、手段。

2）计划工作的重要性

如果说管理是一种有目的的活动，那么，这活动就是从计划开始，并用计划来保证其实现的。企业中，计划是一切生产经营活动的纲领，是企业一切管理活动的灵魂。企业中每一个管理者，从经理、厂长、科室职能人员到车间主任、工长、班组长，都在行使着计划的职能。只是由于职位不同、部门不同，所做计划的范围和内容不同而已。计划的重要性表现在以下几个方面：

（1）计划提供了行动的方向

计划首先要确定目标，往后的一切工作或行动，都应以有助于该目标的达到为依据。换言之，计划提供了所有行动的方向和行动准则，这样才能使各项工作及行动都能互相配合，合理地利用人力、物力、财力和时间，并使之实现最优组合，以最少的消耗取得最佳的效果，最终有效地达成组织的目标。

（2）计划可预测将来的机会与风险

在制订一个计划时，其中一项不可缺少的工作是预测将来可能出现的趋势，分析这些趋势对于企业营运有什么影响，从而抓住机遇，避免（回避）风险。

（3）计划提供控制及衡量成绩的标准

在制订计划时，先要有明确的目标，将计划工作付诸实施时，负责控制的人员便可根据该目标来评定各人的工作是否有偏差。若发生偏差时，便立刻决定应采取的适当修正行动，以免造成大错。此外，在工作完成时，也可以用这个目标来判别工作成果是否已经达到目标的要求，从而能够客观地评价各人工作成绩的优劣，以利赏罚。

（4）计划管理是企业现代化生产的客观要求

现代企业拥有比较复杂的技术装备，生产的机械化、自动化、集约化水平日益提高，技术和组织工作复杂，分工精细，协作紧密，综合性强，涉及面广，生产过程中任何环节一点小故障都有可能影响一系列工作的顺利进行。因此，需要有高度的组织性，才能统一、协调、有序地完成任务，这就必须加强计划管理。

3.1.2　计划的类型

计划的种类很多，为便于研究和指导实际工作，有必要按各种标准对计划加以分门别类。

1）按计划的时间分类

按计划的时间可以将计划分为长期计划、中期计划和短期计划。

（1）长期计划

长期计划又称远景计划或远景规划。长期计划是为实现组织的长期目标服务的，其计划期限一般在 3 年以上，甚至 5 年或 10 年。长期计划主要是确定和预测组织在未来发展中的一种打算,其目的是帮助高层管理人员确定、指挥和协调有关的重要活动。因此,长期计划对组织来说具有战略性、纲领性的指导意义,它需要有较强的预见性。

（2）中期计划

中期计划一般是指 1 年以上 3 年以下（也有的指 5 年以下）的计划。它是根据长远计划提出的战略目标和要求,并结合计划期内的实际情况制订的计划。中期计划来自长期计划,只是比长期计划更为具体和详细,它主要起协调长期计划和短期计划之间关系的作用。

（3）短期计划

短期计划通常称为行动计划。其时间跨度可以是 1 年（年度计划）、1 季（季度计划）、1 月（月度计划）,甚至更短。企业中的年度计划还要具体细分为组织以上各项活动的作业计划,保证它们在时间、数量、品种和质量上平衡衔接。

长期计划能够为中期、短期计划提供指导方针和分期目标。中、短期计划则是长期计划的具体化,尤其是短期计划,由于它是执行性计划,因此应尽可能详细具体。长期计划和短期计划密不可分,我们常用"长计划,短安排"来描述它们的相互关系,只有这样才能保证组织目标的实现和长期稳定的发展。

2）按计划制订和执行的层次分类

按计划制订和执行的层次,可以将计划分为战略计划、战术计划和作业计划。

（1）战略计划

战略计划是应用于组织全局的,是为组织设立总体目标和战略的计划,具有长期性与整体性等特点。高层管理者要对战略计划的制订和实施负责。战略计划的覆盖领域宽,涵盖组织的各个方面,实施时间长,一般要 5 年以上。

（2）战术计划

战术计划是为实施战略计划而制订的某一特定业务领域的计划,是以战略计划为依据,在战略计划指导下制订的,是战略计划的落实。战术计划由中层管理者制订和实施,是一种中期计划,一般以年为单位。

（3）作业计划

作业计划是规定组织内的基层部门如何工作的计划。它主要指导日常工作如何进行,覆盖领域窄、时间短,如月工作计划、周工作计划、日工作计划等。

3）按计划的内容分类

按计划的内容可以将计划分为综合计划和专项计划。

（1）综合计划

综合计划是指对组织活动所做出的整体安排,它往往涉及组织方方面面的事项,如社会经济发展计划、地区经济发展计划、企业发展计划等。在制订综合计划过程中一旦失误,往往导致国家、地区或企业蒙受严重损失。因此,制订综合计划切忌个人主观判断、急于求成、脱离实际的做法,要经过科学的调查分析,才能使计划较为妥当。

（2）专项计划

专项计划又称专题计划，是指为完成某一特定任务而拟订的计划，它往往是在综合计划指导之下的分支计划。例如，在企业总体发展计划指导下，各职能部门可制订出销售计划、生产计划、财务计划、人事计划等。这些专项计划的内容主要是涉及如何最有效地运用部门内的资源，以达到计划的目标，并求得部门的发展。

综合计划与专项计划之间的关系是整体与局部的关系。专项计划是综合计划中某些重要项目的特殊安排，专项计划必须以综合计划作为指导，避免同综合计划相脱节。

3.1.3 计划工作的原则

计划工作是一个指导性、科学性、预见性很强的管理活动，但同时又是一项复杂而困难的任务。为了发挥计划工作的职能，必须遵循以下原则：

1）有效性原则

计划是行动纲领，必须经得起客观检验。计划所提出的未来行动方案、建议和说明，必须要有依据，这些依据包括以往的统计资料、现实情况的调查，以及对未来情况的科学预测。为此，计划所提出的行动方案必须是必要的，一些可干可不干的事应尽量不予安排，一些脱离实际的设想也不要放入计划之中，以节约计划的费用，提高制订计划的效率。计划行动方案的可能性，不仅表现为将来计划的可操作性，而且贯彻后能保证组织目标的实现。总之，计划不能脱离实际，追求形式、应付差事、空洞无物、主观臆断或浮夸的计划是无法执行和实现的，自然也是无效的。

2）可行性原则

计划的可行性原则表现在：第一，要以计划的有效性为基础。第二，要有一个详细明确的计划，即计划应对行动的目的、采用的方法、相应的措施、时间的进度、规定的步骤、指标的内容等做出明确而合乎逻辑的说明。第三，计划所需要的条件是否满足。如果计划中有许多条件将来经过努力也无法满足，计划就要落空。第四，计划的表达应尽可能准确、简洁、明了，使大家易于理解、易于接受，并且不至于产生任何误解和不同的解释。第五，计划的可行性还表现为计划的易控，指明控制的要求、重点、方向。计划越是明确，控制也越有明确的方向，控制也会越有效。

3）全局性原则

计划作为整个组织在相当一个时期的行动蓝图，应力求做到对各因素的充分考虑和综合平衡，要从组织的整体或全局出发，对整个行动过程做出全面、完整的描述。作为组织领导者，在制订计划时要有全局观念，每个部门、每个职工都要从全局出发来计划自己的行动，这样才能使组织的整体计划与局部计划、长期计划与短期计划相互协调，保证组织目标的实现。

4)弹性原则

弹性原则是指制订计划时要有灵活性,即留有余地。例如,某项工程的施工进度计划应该要求按照计划时间完成施工任务,但在制订施工进度计划时却要考虑到可能出现雨季不能进行露天作业的情况,因此对完成任务时间的估计要留有余地。

计划是对未来行动的安排,而未来信息存在着不确定性和各种各样的变化。计划期限越长,未来的环境和结果离现在越远,它们的确定性也就越小。为了提高计划的准确性和稳定性,一方面要在计划时搜集尽可能多的有用信息,采用科学的预测方法,提高对未来状态进行预测的精度;另一方面,必须在制订计划时留有余地,使计划具有弹性,以便在将来情况发生变化时有回旋的余地,不至于让计划陷入无法执行的境地。

计划的弹性原则就是让计划具有一定的应变能力。但必须指出,弹性是有限度的,因为要保留弹性而危及计划的根本目标是不允许的。如果弹性无限,就失去了计划的意义,弹性保持在适度的范围内。

学习任务2 计划工作的程序和方法

3.2.1 计划工作的程序

制订一个完整的计划,需要按照一定的程序进行。具体来说,计划工作的程序包括以下几个步骤:

1)确定目标

目标可以说是组织的灵魂,组织的一切活动都是为了达到目标,计划中所拟订的一切行动方案,都是为了有效地达到目标而设的。因此,在制订计划时,先要做的工作是确定目标。

2)考虑计划的前提条件

制订计划是以环境为前提的,为此必须对环境做出正确的预测。但是,环境是复杂的,影响环境的因素很多,确定计划的前提是预测环境,对计划有重大影响的主要项目都做出预测。通常,制订企业的生产经营计划要进行经济形势、政府政策、销售、资源等方面的预测。

3)发掘可行方案

达到目标的途径是多方面的,完成一项任务往往有多种方法。如果我们把完成任务的各种方案(或途径)都发掘出来,便能从中选择最佳方案。如果只有一种方案,就无所谓选择。管理者发掘方案的才能与正确抉择的才能同样重要。然而要发掘多种可行方案,必须具有民主气氛。既要群策群力集恩广益,又要思路开阔、大胆创新。

4)评选最优方案

评选最优方案即从发掘出来的各种可行方案中选出其中一种,作为将来实施的正式方案。这就要比较各种方案的优劣,如分析各种方案所需要的资源是否在组织可控制的范围内,检查这些方案是否有违背政策的地方,与政策法规有没有抵触,可能遭遇的风险多少,所花的成本若干,时间要求等。经过这些分析,并将各种方案进行评比,按照一定的标准选出最优的方案。

5)事后评价

计划工作做到上一步时,大致上已完成,剩下的只是将计划如何拆成更具体的各项工作去做而已,将方案付诸实施,已属于行动阶段,就是组织与控制工作了。但计划是否完整,有没有缺点,这都须经过验证,才能获得答案。因此,比较完整的计划程序,还要加上事后对计划工作的评价,反思有关的资料,以备日后再做类似的计划时作为参考之用。

3.2.2 计划的方法

计划工作效率的高低和质量的好坏在很大程度上取决于所采用的方法和技术。以往人们通常采用定额核算、系数推导以及经验平衡等方法制订计划。现代组织面对着更加复杂和动荡的外部环境,未来的各种不确定因素也日益增多,这就要求采用现代数学工具和以计算机技术为基础的各种新的计划编制方法和技术。

1)滚动计划法

滚动计划法是一种定期修订未来计划的方法。这种方法是在每次编制计划时,按照"近细远粗"的原则制订一定时期内的计划,然后按照计划的执行情况和环境变化,将计划期间向未来延伸一段时间,使计划不断向前滚动、延伸,故称滚动计划法。

滚动计划法是一种动态编制计划的方法。它不像静态分析那样,等计划全部执行完了之后再重新编制下一个时期的计划,而是在每次编制或调整计划时,都将计划按时间顺序向前推进一个计划期,即向前滚动一次。依据此方法,编制较远时期的计划时,只是概括性的,以便以后根据计划因素的变化而调整和修正。而编制较近时期的计划时,要求则比较详细和具体。

2)量本利分析法

量本利分析法也叫盈亏平衡分析法,是依据与计划方案相关的产品产销量、成本与盈利之间的相互关系,来分析计划方案对企业经营盈亏产生的影响,从而评价和选择计划方案的方法。企业生产产品,从成本(费用)和产销量的关系角度,将成本划分为不随产量变动的"固定成本"和随产量变化成正比变化的"变动成本"两类;企业产品的"销售收入"与产品

"销售量"成正比关系。因此,它们相互之间就构成量本利分析模型,如图3.1所示。

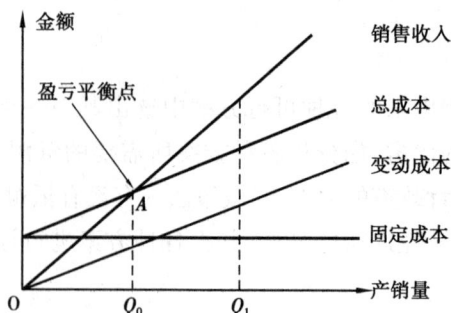

图3.1 量本利关系图

从图3.1可以看出,销售收入线和总成本线有一相交点,在相交点上销售收入与总成本相等,利润为零。则将此点(A点)称为盈亏平衡点,或保本点。

设总成本为C,固定成本为F,单位产品变动成本为V,销售量为Q,销售收入为S,单价为P,则:

$$C = F + VQ$$
$$S = PQ$$

假设盈亏平衡点的销售量为Q_0,则:

$$PQ_0 = F + VQ_0$$
$$Q_0 = \frac{F}{P - V}$$

由此可见,当企业的销售量大于Q_0时,企业盈利;当企业的销售量小于Q_0时,企业亏损。运用量本利分析法可以从以下几个主要方面进行决策:

(1)用以判断产品产销量的亏损或盈利区域,进行决策

【例1】 某企业欲新建一生产线生产一种新产品,年需固定费用10万元,单位产品变动费用为40元,产品单价预计为80元。该产品市场畅销,企业生产多少都可以销售出去,但该生产线的生产能力仅为年产2 000台,如按此方案建立生产线,企业是盈利还是亏损?方案是否可取?

【解】

首先计算盈亏平衡点的产量Q_0。

$$Q_0 = \frac{F}{P - V} = \frac{100\ 000}{80 - 40} = 2\ 500(台)$$

由计算可知,企业生产该产品2 500台盈亏平衡。但所设计的生产线年设计能力仅为2 000台,显然如按此方案建生产线,即使达到了设计能力2 000台,企业也要亏损。因此,此方案不可取。

达到设计能力2 000台时,企业的亏损额为:

销售收入 - 总成本 = 80 × 2 000 - (100 000 + 40 × 2 000) = -20 000(元)

(2)用以确定实现目标利润的产销量,进行决策

【例2】 某企业生产某产品,年固定费用为20万元,单位产品变动费用为30元,单位

产品价格为 50 元,企业欲实现年利润 5 万元,试决策企业生产该某产品的产量。

【解】

企业的利润应该是产品销售额与总成本的差额,即目标利润 $I = S - C$

$$I = PQ_1 - (F + VQ_1)$$

则:

$$Q_1 = \frac{I + F}{P - V}$$

即生产产量:$Q_1 = \dfrac{50\ 000 + 200\ 000}{50 - 30} = 12\ 500$(件)

经计算知,欲实现 5 万元的目标利润,需生产该种产品 12 500 件。

(3)用以确定企业目标利润的最低单价,进行决策

【例3】　某企业生产某产品,通过市场调查与预测,一年可销售该产品 8 000 件,生产该产品年固定费用 10 000 元,该产品单位变动费用为 10 元,企业欲实现年利润 10 000 元,试决策该产品的最低销售单价。

【解】

由目标利润的计算关系式:

$$I = PQ_1 - (F + VQ_1)$$

可知:$P = \dfrac{1 + F + VQ_1}{Q_1}$

即最低销售单价:$P = \dfrac{10\ 000 + 10\ 000 + 10 \times 8\ 000}{8\ 000} = 12.5$(元)

经计算知,该企业要实现年利润 10 000 元,产品最低销售单价就确定为12.5元。

(4)用以判明企业的经营安全状态,进行决策

所谓经营安全率,是指现实或新方案的销售量减去盈亏平衡点销售量的差与现实或新方案的销售量的比值。即由图 3.1 可知:

$$经营安全率 = \frac{Q_1 - Q_0}{Q_1}$$

经营安全率是反映企业经营状况的综合性指标,它可以说明企业经营的安全程度。经营安全率越接近 1,企业经营越安全;反之,越接近于零,企业经营越不安全。一般我们可根据表 3.1 的经验数据来判断企业的经营状况。

表 3.1

经营安全率	经营安全状况
30% 以上	安全
25% ~30%	比较安全
15% ~24%	不太好
10% ~14%	要警惕
10% 以下	危险

3) 线 性 规 划 法

在研究产量和利润关系时,往往会遇到一些因素的限制,需要根据限制的因素,综合考虑,求得最优方案,也就是要用线性规划的方法来优选,即产品产量订多少时能使利润最大。

线性规划法是在满足既定的约束条件,按某一衡量标准来寻求最优方案的一种计划技术。正确地运用这一技术,对合理分配、全面安排物力、财力、人力等资源,使企业获得最大经济收益有着很好的效果。

正确地运用线性规划技术,在建立模型之前,必须对所研究的问题进行分析,并符合下述要求:

①线性规划的目标函数和约束条件方程应是线性函数,即数学表达式中的变量必须是一次项。

②决策变量应是连续分布的,其值可是整数、分数或小数,但当出现小数时不得采取四舍五入进位的方法。

③目标函数应是单一的,如决策问题是多目标的,就要设法使其成为单一目标。

④线性规划模型应是确定型的,其中,所有参数或系数值都应是已知的。

⑤决策变量不应是负值。

下面通过一个假设的例子来说明线性规划的基本结构和模型建立的基本步骤。

【例4】 某企业计划生产 A,B 两种产品,单位产品的台时消耗定额和电力消耗定额,以及每件产品的利润值,见表3.2。求 A,B 产品各生产多少时利润最大。

表3.2

资源 产品	设备能力/台时	电力消耗/千瓦时	单件利润/(元·件$^{-1}$)
A 产品	50	40	60
B 产品	100	40	80
资源限制	600 台时/月	400 千瓦时/月	

【解】

(1)确定变量

设 A 产品为 X_1 件,B 产品为 X_2 件。

(2)确定目标函数

计划目标要求获得利润最大。产品 A 可能获得的利润应是 $60X_1$,产品 B 可能获得的利润应是 $80X_2$,因此 $60X_1 + 80X_2$ 应是这两种产品的总利润。现在要求通过合理安排 A 和 B 产品的产量,使得总利润值最大,故目标函数最大利润值为:

$$\max P = 60X_1 + 80X_2$$

(3)列出约束条件

约束条件是实现目标函数的限制因素。在我们的例子中就是设备能力每月不得超过

600 台时,电力月耗不得超过 400 千瓦时。按本例约束条件,可列出下列两个约束方程式:

①$50X_1 + 100X_2 \leq 600$(设备能力限制)

②$40X_1 + 40X_2 \leq 400$(电力限制)

(4)决策变量非负值

因为产品是实际存在的,A 和 B 应是正值,所以:

$$X_1, X_2 \geq 0$$

(5)建立模型,即:

极大值:$\max P = 60X_1 + 80X_2$

满足于:

①$50X_1 + 100X_2 \leq 600$

②$40X_1 + 40X_2 \leq 400$

③$X_1, X_2 \geq 0$

(6)模型求解

模型求解可用多种方法,这里介绍图解法。它是先确定线性规划模型的可行解区域,而后再从中求出最优解。

设横坐标为 X_1,纵坐标为 X_2,由于产量不能为负数,故图解范围在第一象限。在图上要绘出 AC 和 BD 两条直线,要使得:直线 AC,满足 $50X_1 + 100X_2 \leq 600$,直线 BD 满足 $40X_1 + 40X_2 \leq 400$。这两条直线的画法,先把不定式变为等式,然后分别求出 AC 和 BD 的两个点。AC 的两个点,即设 $X_1 =$

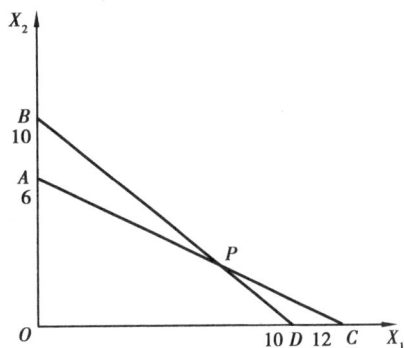

图 3.2

0,代入公式 $50X_1 + 100X_2 = 600$,则 $X_2 = 6$,若 $X_2 = 0$,则 $X_1 = 12$。BC 的两个点,即设 $X_1 = 0$,代入公式 $40X_1 + 40X_2 = 400$,则 $X_2 = 10$;若 $X_2 = 0$,则 $X_1 = 10$。画出坐标图,如图 3.2 所示。

图上 OAPD 为可行解区,可以找出各个点 X_1 和 X_2 的数值,代入 $\max P = 60X_1 + 80X_2$,利润最大值为最优解。经计算 P 点 $X_1 = 8$ 件,$X_2 = 2$ 件,即每月生产甲产品 8 件,乙产品 2 件为最优解,则利润为:$\max P = 8 \times 60 + 2 \times 80 = 640$ 元。其他 O,A,D 各点利润分别为 0 元、480 元、500 元,均为非最优解。

所以,当生产甲产品 8 件、乙产品 2 件时,企业利润最大,为 640 元。

4)网络计划法

网络计划技术是一种统筹安排工程项目和生产任务的现代化管理方法。我国常称之为统筹法。此法通过绘制网络图与网络计算,找出关键工序与关键路线,并利用时差不断地改善网络计划,求得工期、资源与成本的优化方案,并在方案实施过程中进行有效的控制,确保达到预定的计划目标。

网络计划法的基本要点如下:

(1)网络图的构成要素

网络图是网络法的基础,它是为完成某个预期目标,而按照这一目标的各项活动(各道工序)及其所需要时间的先后次序和衔接关系建立起来的整个计划图。

网络图由活动、事件、线路3个部分组成。这3个组成部分,是构成网络图的3要素。

①活动。它是指一项工作或一道工序。活动需要消耗一定的资源和时间,而有些工作不需要消耗资源,但要占用时间,这在网络图中也应作为一项活动。活动一般用箭线表示,箭线的上部标明工作的名称,箭线的下部标明所需的时间(以小时、天、周等表示)。箭头表示活动前进的方向,如图3.3所示。

在实际工作中,有些活动不需要消耗资源和时间,只表明一道工序和另一工序之间的相互依存和制约的关系,这种活动叫作虚活动,以虚箭线表示。

②事件。网络图中2个或2个以上的箭线的交点(节点)标志着前项活动的结束和后项活动的开始,这就称为事件。事件和活动不同,它是工作完成的瞬间,它不需要消耗时间和资源。事件用圆圈表示,并编上号码,任何活动可以用前后两个事件的编码来表示,如图3.4所示。

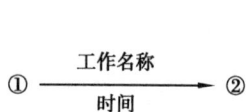

图3.3　活动要素示意图　　　　图3.4　事件要素示意图

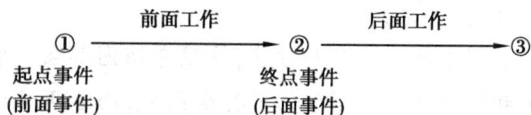

③线路。它是指从起点事件开始,顺着箭头方向,连续不断地到达终点事件为止的一条通道。一条线路上各工序的作业时间之和称为路长。在一个网络图中,有很多条线路,每条线路的路长不一。其中,最长的一条线路,就叫关键线路,或称主要矛盾线。

网络分析主要是找出生产(工程)中的关键路线,它对整个生产周期有着直接影响。

(2)网络图的绘制方法

要绘制一个网络图,必须对预定项目的3件事调查清楚。即一项产品包括的所有作业;各个作业之间的衔接关系;完成每个作业所需时间。根据这个要求,绘制网络图的步骤如下:

①划分作业项目。制造任何一个产品,都是由若干作业项目所组成的。画网络图,首先要把这些项目划分开来,把一个产品分解为若干个作业。

②分析和确定作业之间的相互关系。将划分的全部作业,分析和确定各个作业之间的工艺和组织的相互联系及相互制约的关系,以确定作业之间的先后顺序。

③并列作业明细表。根据各个作业的衔接顺序,由小到大编排节点的号码,确定作业的代号,列出工作周期的衔接关系。

④绘制网络图。根据作业明细表资料,就可以进行绘制初步的计划网络图。绘制网络图的规则如下:

第一,不允许出现循环线路。网络图是有向图,从左到右排列,不应有回路。

第二,事件号不能重复。网络图中的每一项活动都应有自己的节点编号,号码不能重复使用。

第三,箭头必须从一个节点开始,到另一个节点结束。前一箭线的活动(工序)必须完成,后一箭线的活动(工序)才能开始,箭线中间不能列出箭线。如图3.5所示,工序C必须在工序A和工序B完成之后才能开始,A和B为紧前工序,C为紧后工序。

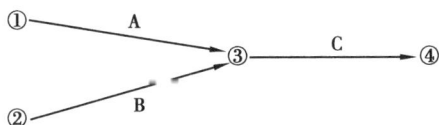

图 3.5　网络图

第四,遇到有几道工序平行作业和交叉作业时必须引进虚工序。虚工序是指作业时间为零的一项虚任务。

第五,两个节点之间只能画出一条线,但进入某一节点的线可以有很多。

第六,每个网络图至少有一个网络始点事件,不能出现没有先行作业或没有后续作业的中间事件。如在实际工作中发生了这种情况,应将没有先行(或后续)作业的节点同网络始点(或终点)事件连接起来。

⑤作业时间的计算。作业时间是编制网络计划的重要依据。主要有两种方法来制定作业时间。

一是工时定额法。按肯定可靠的工时编制作业时间。

二是三点估计法。在没有肯定可靠的工时定额时,只能用估计时间来确定,一般采用三点估计法,即先估计 3 种时间,然后求其平均值。可以用下列公式求得:

$$t_e = \frac{a + 4m + b}{b}$$

式中:a——最小的估计工时,称为最乐观或最先进时间;

b——最长的估计工时,称为最保守的时间;

m——a,b 两者之间的估计工时,称为最可能的时间;

t_e——作业时间。

这实际上还是一个估计值,用概率的观点来衡量估计,偏差是不可避免的,但这种方法还是有参考价值的。

⑥网络图的计算与关键路线分析。网络计划时间的计算,包括工作最早开始的可能和最迟开始的时间计算、时差计算,以及关键线路时间的计算。

A.结点最早开始时间。

结点最早开始时间是指从该点开始的各工序最早开始工作的可能时间,用符号 T_{ES} 表示。一个工序的最早开始时间等于该作业紧前那个工序的最早结束时间。若结点前面有几条箭线时,选其中最早开始时间与工序时间之和的最大值。计算结点的最早开始时间应从网络始点开始,自左向右,顺着箭线方向逐一计算,网络始点事项的最早开始时间一般为 0,即 $T_{ES}^1 = 0$。网络中间事项的开始时间计算公式如下:

$$T_{ES}^j = \max\{T_{ES}^i + T_E^{ij}\} \qquad (i < j)$$

式中:T_{ES}^j——箭头结点 j 的最早开始时间;

T_{ES}^i——箭尾结点 i 的最早开始时间;

T_E^{ij}——工序 $i \to j$ 的作业时间;

max——取大括号中各和数的最大值。

例如,某项活动有 7 个结点、9 道工序,各工序的作业时间和相互关系如图 3.6 所示。

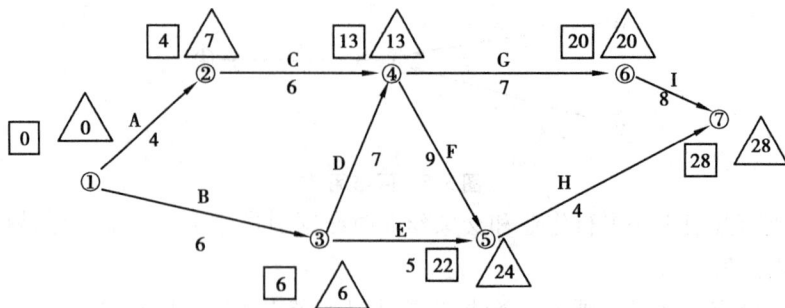

图 3.6 作业时间与相互关系示意图

$T_{ES}^1 = 0$

$T_{ES}^2 = \max(0 + 4) = 4$

$T_{ES}^3 = \max(0 + 6) = 6$

$T_{ES}^4 = \max\left[(4 + 6);(6 + 7)\right] = \max(10;13) = 13$

$T_{ES}^5 = \max\left[(13 + 9);(6 + 5)\right] = \max(22;11) = 22$

$T_{ES}^6 = \max(13 + 7) = 20$

$T_{ES}^7 = \max\left[(20 + 8);(22 + 4)\right] = \max(28;26) = 28$

将上列最早开始时间填入□内,写在上图图圈的左边。

B. 结点最迟开始时间。

结点最迟结束时间是指以该结点为结束的各项活动最迟必须完工的时间,用符号 T_{LF} 表示。计算时要从网络终点事项开始,逆箭线方向,从右到左,逐个点计算,直至网络始点事项。由于网络终点事项没有后续工序,因此网络终点事项的最迟结束时间也就是它的最早开始时间,即 $T_{LF}^j = T_{ES}^j$(j 为终点事项)。网络中间事项的最迟结束时间计算公式如下:

$$T_{LF}^i = \min\left\{T_{LF}^j - T_E^{ij}\right\} \qquad (i < j)$$

式中:T_{LF}^i——箭尾结点 i 的最迟结束时间;

T_{LF}^j——箭头结点 j 的最迟结束时间;

T_E^{ij}——工序 $i \rightarrow j$ 的作业时间;

min——取大括号中各差数的最小值。

以上图为例,各节点的最迟开始时间可计算如下:

$T_{LF}^7 = T_{ES}^7 = 28$

$T_{LF}^6 = \min(28 - 8) = 20$

$T_{LF}^5 = \min(28 - 4) = 24$

$T_{LF}^4 = \min\left[(20 - 7);(24 - 9)\right] = (13;15) = 13$

$T_{LF}^3 = \min\left[(24 - 5);(13 - 7)\right] = (19;6) = 6$

$T_{LF}^2 = \min(13 - 6) = 7$

$T_{LF}^1 = \min\left[(7 - 4);(6 - 6)\right] = (3;0) = 0$

将上列最迟结束时间填入△内,写在上图图圈的右边。

C. 工序总时差的计算。

工序总时差就是每项活动(工序)的最迟结束时间与最早开始时间的差数,也叫作机动时间或松动时间。时差计算公式如下:

$$S_{总}^{ij} = T_{LF}^{ij} - T_{ES}^{ij} = T_{LF}^{ij} - T_{ES}^{ij} - T_{E}^{ij}$$

式中:$S_{总}^{ij}$——工序 $i{\to}j$ 的时差;

T_{LF}^{ij}——工序 $i{\to}j$ 的最迟结束时间;

T_{ES}^{ij}——工序 $i{\to}j$ 的最早开始时间。

计算结果,如果 $S_{总}^{ij}>0$,表明这道工序有机动时间;如果 $S_{总}^{ij}=0$,说明这道工序是关键工序;如果 $S_{总}^{ij}<0$,表明这道工序的能力不能保证计划工期的要求,必须采取措施加以调整。

D. 关键路线的确定。

确定关键路线的方法有两种:一是最长路线方法。从开始点顺箭头方向到终点,有许多可行路线,其中需要时间最长的路线为关键路线。如图 3.6 中有 4 条路线,其中第三条路线为 $6+7+7+8=28$,这条路线为关键路线。二是时差法。计算每个作业的总时差,在网络图中,将总时差等于零的工序即关键工序连接起来(可用色线或粗线标出),这一路线就是关键路线。如图 3.6 中①→③→④→⑥→⑦为关键路线。

学习任务3　计划中的决策问题

现代管理理论认为,管理的核心在决策,经营的重点在决策。决策理论学派创始人西蒙教授的结论是:管理就是决策,决策是现代企业管理的重要职能。

3.3.1　决策的概念

有关决策的概念,不同的管理学派从不同的角度给出了不同的描述。综合起来,决策就是为实现一定目标,从各种实现目标的行动方案中,选择最优方案并付诸实施的活动过程。简单地说,决策就是针对问题和目标,分析问题、解决问题的一个管理过程。

在这一定义中,包括以下几个含义:

1)决策需要有问题和目标

目标是决策的依据,如果没有目标,方案选择就没有标准,不可能做出正确的决策。目标有时是一个,有时是相互关联的几个所形成的一组。不管是一个或一组,目标必须明确且尽可能量化。所需解决的问题也必须确定,并用简洁的语言加以描述。

2)决策需有可行方案

决策的前提条件是有 2 个以上的方案,即有所选择。这些方案是平行的,都能解决设想的问题或达到预定目标,并且可以定量或定性分析。

3）决策是一个方案的取舍过程

选择是决策的核心。决策面临的若干个可行方案，每个方案都具有独特的优点，也隐含着缺陷，有的方案还带有很大的风险。决策的过程就是对每个可行方案进行分析、评判，从中选出最好或较好的方案实施。

4）决策是一个过程

决策包括提出和分析问题、形成和选择方案、执行方案、评价方案等。因此，决策绝不仅仅是在方案选择时的"拍板"这一个阶段，参与决策制定的也绝不只是"拍板"的。

3.3.2 决策的特点与类型

1）决策的特点

（1）目标性

企业的每一项经营活动，都要预先明确此项活动要解决什么问题、达到什么目标，经营决策必定是为达到经营目标而拟订、选择经营方案以及实施方案的过程。因此，目标是决策的出发点，也是决策的归宿点。

（2）优选性

决策的实质是寻求达到目标的最优化途径的过程。因此，就有必要制定若干个可行方案，通过对各方案的评价，从中选择出满意的方案并付诸实施。若不追求优化，决策就失去了意义。

（3）系统性

决策是提出问题、分析问题、解决问题的系统分析过程。正因如此，经营决策必须在市场调查与预测分析的基础上，对企业内外环境状况全面认识的条件下，及时抓住机遇，面对环境变化，勇于承担风险而做出的抉择。

2）决策的类型

决策在组织中是具有普遍意义的活动，但决策活动因管理层次、管理部门不同而不同。一般可按不同的分类原则，把决策划分为下列几种，见表3.3。

表3.3　决策的类型

序　号	划分标准	决策类型
1	决策问题的性质和重要程度	战略决策、管理决策、业务决策
2	决策的重复程度	程序化决策、非程序化决策
3	决策问题的确定程度	确定型决策、风险型决策和非确定型决策
4	决策的时间	长期决策、中期决策和短期决策
5	决策目标的多少	单目标决策和多目标决策

（1）按照决策问题的性质和重要程度，可分为战略决策、管理决策和业务决策

①战略决策（Strategic Decision）。战略决策是指关系组织全局和重大经营问题的决策。换句话说，是有关组织全局性的、长期性的、关系到组织生存和发展的根本问题的决策。在企业中，这类决策一般包括投资方向和生产规模的确定、新产品开发、企业的技术改造、人力资源开发和横向联合等问题的决策。绝大部分战略决策是组织的高层领导做出。

②管理决策（Administrative Decision）。管理决策，是为实现组织战略决策的目标，而在人力、物力、财力和组织等方面所做出的决策。如企业的营销决策、生产决策、财务决策、提高质量与降低成本的决策等均属于管理决策的范畴。管理决策一般由中层管理人员完成。

③业务决策（Business Decision）。业务决策是指为提高生产效率和工作效率而进行的具体决策，是在日常作业中，为了更好地执行管理决策所做的具体决策，如存货控制、生产进度控制、成本费用控制等问题的决策。业务决策一般由中层或基层管理者做出。

需要指出的是，操作者和基层管理者参与战略决策、管理决策，未尝不是好办法。至少在决策完成后，不必到处宣传决策的重要性和正确性，使全体员工接受决策的结果。因此，让职工参与决策，实行民主化管理，是提高管理效率的有效途径。

（2）按照决策的重复程度，可分为程序化决策和非程序化决策

①程序化决策（Programmed Decision）。程序化决策是根据成文或不成文的政策、规定和程序来对经常发生的问题进行处理的决策。程序化决策可以将高层管理者从日常事务管理工作中解脱出来，集中精力解决不常发生的重大问题。

②非程序化决策（Unprogrammed Decision）。非程序化决策是指为解决偶然出现、一次性、无前例的问题所做的决策。如果所遇到的问题不能依据组织的规定和惯例解决，就要进行非程序化决策，如新产品推广、资产重组、危机管理等都属于非程序化决策。它往往凭直觉、知识和经验等解决。

由于采用程序化决策有利于提高组织效率，因此得到广泛应用。只要有可能，管理决策就应当程序化，即制定程序、规则和政策来指导各项工作。

（3）按照决策问题的确定程度，可分为确定型决策、风险型决策和非确定型决策

①确定型决策（Decision with Certain Factors）。确定型决策，是指影响决策的因素（自然状态）是明确的、肯定的，每一种方案只有一种结果，并且这种结果是可以预先确定的决策，如生产任务的分配、作业安排等经营决策等。事实上，在企业中，确定型决策并不多，特别是对高层管理者来说，这是一种理想化的决策活动。

②风险型决策（Decision under Risk）。风险型决策，是指决策存在着两种以上的影响因素（自然状态），未来将出现什么状况，决策者只能凭经验或统计资料来推断其概率，决策的最后结果受概率的影响，决策具有风险性。如企业技术引进决策、产品开发决策以及营销策略等，均属于风险型决策。

③非确定型决策（Decision with Uncertain Factors）。非确定型决策，是指虽然存在两种以上的影响因素（自然状态），但未来将出现什么状态，决策者难以确定其出现的概率，需要进行综合分析，做出决策。如研制全新产品，未来市场状况由于缺乏资料而无法估算每种状态出现的概率值，属于不确定型决策。非确定型决策也可采用数学公式帮助决策。

(4)依据决策参与者的数量,可分为个人决策和群体决策

①群体决策。群体决策适用于所有的决策活动,特别是适用于对企业有重大意义的关键性问题的决策,如企业的大政方针、战略目标、资产运作、高层人事变动,等等。

②个人决策。个人决策适用于日常性事务决策或程序化决策。个人决策的优点:可明显提高决策效率,但决策结果是否有效就很难说了。

群体决策和个人决策不仅反映了管理者的领导风格,在很大程度上也反映了组织的文化背景和组织制度。例如,与美国企业相比较,日本的企业决策更喜欢采用群体决策。从以上群体决策的优缺点和一些研究结果来看,群体决策在决策的质量、创造性和接受程度上优于个人决策,但在决策的效率上,个人决策优于群体决策。

(5)按照决策的时间,可分为长期决策、中期决策和短期决策

长期决策不仅是指决策过程的时间长,主要是指决策结果给组织带来的影响时间长;短期决策是指决策的时间和结果所影响企业的时间最短;中期决策则居于两者之间。

此外,决策还可以根据决策目标的多少,划分为单目标决策和多目标决策;也可以根据管理职能的不同,将企业决策划分为生产决策、销售决策、财务决策和人力资源开发决策等。

3.3.3 决策的程序

决策是发现问题、分析问题与解决问题的工作过程。为保证决策的科学性、合理性,它必须遵循科学的决策程序来进行。决策的程序一般包括以下 5 个步骤:

1)识别和界定问题

它是通过收集、处理和分析信息,找到组织当前存在的需要解决的问题。对找出的问题要进行全面的分析,以确定问题的性质、严重程度、产生的原因、发展趋势、解决的迫切程度和条件等,尤其是要弄清产生问题的根本原因。只有明确了问题产生的根本原因,才能从本质上说明问题,才可能有针对性地确定决策目标,并制定解决问题的方案。

2)拟订备选行动方案

拟订两个以上的备选方案是构成一项决策的基本条件。在这个阶段,需要收集更多的信息,分析更多的数据。在此基础上,对问题拟订几个解决的方案,并分析方案的优缺点。在这一过程中,组织成员广泛、深入地参与是十分重要的。计划的好坏是由拟订的备选解决方案质量的高低决定的。备选方案越好,就越有可能得到好的解决方法。

3)方案评价与优选

方案评价与优选是整个决策过程的关键,确定合理的评价与选择标准至关重要。为此,有必要对多个备选方案进行可行性论证、评价、比较、筛选,突出技术的先进性、经济的合理性以及实践的可行性。在此基础上,按照评价标准综合评价,将雷同的方案合并,重点保留可行性强并能够实现决策目标的方案,并从中选择出较为满意的优选方案。

4) 实施方案

即制订行动计划并全面实施该计划。管理者应该在确定问题和制订计划的阶段就吸收执行计划的人参与,这样有利于确保计划迅速、有效地实施。

5) 评价效果

在实施过程中,要建立信息反馈系统,记载计划实施过程中的实施效果与计划的预期目标进行比较,找到存在的差距,必要时应对原来的计划进行调整,使计划更具有可行性。

上述步骤构成一个完整的决策过程,各步骤之间是相互衔接、紧密配合的一个整体。

3.3.4　决策方法

决策的方法很多,总的说来有两大类:主观决策法(或称定性决策法)和计量决策法。

1) 主观决策法

主观决策法是运用心理学、社会学、组织学等有关知识,发挥专家、学者和员工的集体智慧,凭借决策者的经验以及对问题的分析判断能力,在尽可能做定量分析的基础上做出决策。主观决策法是通过决策者的主观作用来分析决策和影响决策方案的。常用的主观决策法有:

(1)集体意见法

集体意见法是指决策者根据决策的问题和目标,召集组织中的有关人员进行座谈和讨论,对决策问题,充分发挥自己的看法和意见,然后由决策者根据大家的意见,进行分析并研究,从中找出决策方案的一种方法。

(2)头脑风暴法

头脑风暴法是将专家们集中在一起,利用头脑的思维碰撞,产生创造性解决方案的方法。它利用一种思想产生的过程,鼓励提出多种方案的设计思想,同时禁止对各种方案进行任何批评。

(3)德尔菲法

德尔菲法是由美国兰德公司在20世纪40年代提出来的,这种方法是成立专家组,将决策问题的有关资料给各位专家,请求专家发表自己的看法与意见,然后将专家的意见集中、归纳,再将整理好后的资料反馈给专家,进一步征询意见,如此反复多次,得出较为集中的结果。

主观决策法主观成分强,论证不够严谨,在进行决策时,要注意将主观决策法和计量决策法结合起来使用,相互补充,才能提高决策的准确性,增强决策的灵活性与适应性。

2) 计量决策法

计量决策法是建立在数学工具基础上的决策方法,具体有很多,如针对确定型决策的量本利分析法、线性规划法;风险型决策的决策树分析法;非确定型决策的乐观法、悲观法、最小最大后悔值方法、折中法、乐观系数准则等。下面分别介绍运用于风险型决策的决策树分析法及用于非确定型决策的5种方法。

(1)决策树分析方法

①决策树及其构成。

决策树是风险型决策分析的重要工具,利用树枝状图形列出决策方案、自然状态及其概率以及条件损益,然后计算各个备远方案的期望损益值,供决策者择优取舍的一种决策方法。

构成决策树的要素有5个:

一是决策结点或决策点。以"□"表示,用来表示决策的结果。

二是自然状态结点。以"○"表示,用来表示各种自然状态所能获得效益的机会。

三是方案枝。由决策点引出的若干枝条,每一枝条代表一个方案,其终点为自然状态结点。

四是状态枝。由状态结点引出的若干枝条,每一枝条代表一种自然状态,在状态枝的上方是自然状态出现的概率值。状态枝也叫概率枝。

五是状态末端。以"△"表示,用来表示不同状态下的损益值。

这样,以方块和圆圈为结点,并以直线连接而成的树形网状图就是决策树,如图3.7所示。

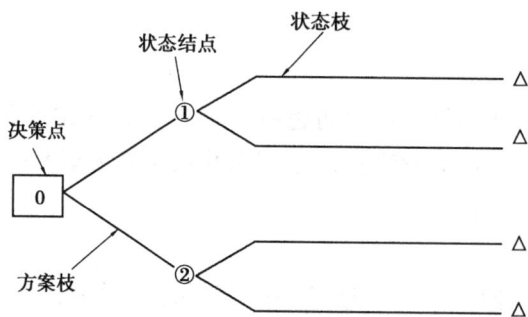

图3.7 决策树示意图

②用决策树法进行决策的步骤。

利用决策树进行决策的实施步骤如下:

第一步:绘制决策树图。首先由决策点开始,由左向右展开,引出方案枝,有几个方案就引出几个方案枝,并在每条方案枝上注明可行方案的内容,如大、中、小批量生产等。然后在方案枝后面接自然状态点,从自然状态点引申出状态枝,把可能的概率写在状态枝上方,如此顺次进行,直到最后的状态枝为止。最后,在最终的状态校末端标注条件损益值。

第二步:计算期望值。期望值的计算同画决策树相反,从右往左按逆向顺序进行计算,把结果填在自然状态结点上。若遇有投资额时,将投资额写在方案枝下方,并在计算期望值时应减去投资额。

计算期望值的公式如下:

$$E_j = \left[\sum P_i \times X_{ij} \right] \times N - I_j$$

式中:E_j——第 j 方案的期望值;

$\quad P_i$——第 i 种自然状态出现的概率;

$\quad X_{ij}$——第 j 方案在第 i 种状态下的期望值;

$\quad N$——方案执行的年限;

$\quad I_j$——第 j 方案的投资额。

第三步:比较不同方案的期望值,选出合理的决策方案。在比较各方案的期望值时,如果方案实施有费用发生,则应将状态结点值减去方案费用再进行比较。凡是期望值小的方案枝一律剪掉(用"‖"表示剪掉)、最终只剩下一条贯穿始终的方案枝,其期望值最大,并将这最大的期望值标注在决策点上,这个方案就是决策方案。

【例5】 某厂为了生产某种新产品,考虑了两个方案:一是建大厂,需投资300万元,建成大厂后,如销路好,可获利润100万元;如销路差,则要亏损20万元。另一个方案是建小厂,需投资180万元,建成后如销路好可获利润40万元,如销路差可获利润30万元。两个厂的使用期限都是10年。根据市场预测,这种产品在今后10年内销路好的概率是0.7,销路差的概率是0.3,应该采取何种方案?

【解】

第一步:绘制决策树,如图3.8所示。

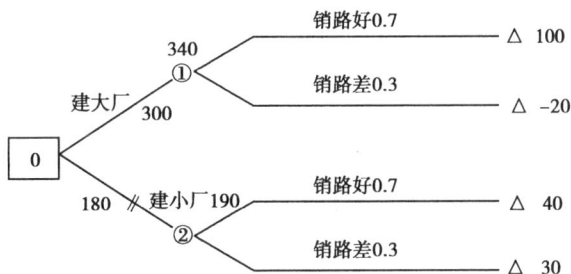

图3.8 决策树

第二步:分别计算两个方案的期望值。

建大厂的期望损益值,即①点的期望值 $E_1 = [0.7 \times 100 + 0.3 \times (-20)] \times 10 - 300 = 340$(万元)

建小厂的期望损益值,即②点的期望值 $E_2 = [0.7 \times 40 + 0.3 \times 30] \times 10 - 180 = 190$(万元)

将计算出的期望值,分别标于状态结点①,②上。

第三步:比较两个方案期望值大小,剪枝决策。

建大厂的期望净收益340万元 > 建小厂的期望净收益190万元。

因此,应剪去期望净收益小的建小厂方案。决策方案为建大厂,期望净收益为340万元。

（2）非确定型决策的分析方法

进行非确定型决策,有5大准则可以选择。

①乐观准则（大中取大法）。

在这一原则下,决策者大胆进取、敢于冒险,对非确定型决策问题总是持乐观态度,决策时总是认为会发生最好的结果,然后从各种最好的结果中选择更好的一种。

它的决策过程是:先找出各方案在不同情况下的最大损益值,再在这些损益值中选择损益值最大的方案为决策方案。依据这种决策原则,在情况好时,能确保获得最大收益。但当状况不理想时,其收益就大为减少,甚至可能出现亏损,因此要冒较大的风险。

【例6】 某企业准备向市场推出二代产品,但由于资料的缺乏,难以对企业该产品今后的市场占有率变化情况做出精确预测,只能大致估计为提高、维持、降低3种情况。该企业为这种二代产品拟订了甲、乙、丙3种方案,3种方案在不同情况下的损益值见表3.4,请替该企业做出决策。

表3.4　某企业3种方案比较

自然状态 损益值 方　案	市场占有率提高	市场占有率维持	市场占有率降低
甲	850	450	−300
乙	650	500	−150
丙	400	280	−50

根据乐观准则的决策过程:

【解】

首先,找出甲、乙、丙方案在3种自然状态下各自的最大损益值分别为850,650,400。

其次,求三方案最大损益值中的最大值 $\max(850,650,400)=850$

850所对应的方案是方案甲,那么方案甲就是决策方案,把它选作决策方案是因为该方案能带来最大的损益值850。

②悲观准则（小中取大法）。

应用这一决策原则的决策者对损失的反应比较敏感,不求大利,唯求无险,不求有功,但求无过。

这类决策者在进行非确定型决策时,往往依据小中取大法,即在计算出备选方案的期望值后,先找出各方案的最小损益值,再从这些最小损益值中选择最大损益值对应的方案为决策方案。

【例7】 我们仍以例6中的资料来说明悲观准则。

【解】

首先,找出甲、乙、丙方案在3种自然状态下各自的最小损益值分别为 −300, −150, −50。

其次,求三方案最小损益值中的最大值 $\max(-300,-150,-50)=-50$

−50所对应的方案是方案丙,那么方案丙就是决策方案,把它选作决策方案是因为在该决策原则下方案可能带来最大的损益值。

③后悔值准则(最小后悔值原则)。

这类决策者既不愿冒大风险,也不愿循规蹈矩,在决策时,往往以各个方案的机会损失大小作为判别方案优劣的依据。所谓机会损失也称后悔值,是以由于没有采取与以后实际状态相符的决策方案所造成的收益差额来衡量的。

【例8】　请根据例6中的资料,用后悔值准则做出决策。

【解】

第一步:求后悔值。将每种自然状态下的最大损益值作为该状态下最理想的损益值,它与各方案在该状态下的损益值之差就是后悔值。如在市场占有率提高状态下的最大损益值为850,则相应状态下甲、乙、丙3种方案的后悔值分别为:$850-850=0,850-650=200,850-400=450$。

同理,求出另两种状态下的后悔值,形成后悔值矩阵,见表3.5。

表 3.5　后悔值矩阵表

损益值 ＼ 自然状态 ＼ 方案	市场占有率提高	市场占有率维持	市场占有率降低	最大后悔值
甲	0	50	250	250
乙	200	0	100	200
丙	450	220	0	450
最小后悔值				200

第二步:比较每个方案在各种自然状态下的后悔值大小,并找出各方案的最大后悔值(如表3.5)。

第三步:比较、找出各方案最大后悔值中的最小后悔值。

$$\min(250,200,450)=200$$

最后,后悔值200所对应的方案为丙方案,所以可选取丙方案作为决策方案。

④折中准则。

这一准则的指导思想是既不完全乐观,也不完全悲观,采取折中态度。决策者事先根据经验估计一个乐观系数 $\alpha(0\leq\alpha\leq1)$,然后按以下公式综合测定各方案期望值:

各方案期望值 = 该方案最大损益值 $\times\alpha$ + 该方案最小损益值 $\times(1-\alpha)$

【例9】　仍以例6中的资料来说明折中准则,取 $\alpha=0.6$,请做出决策。

【解】

第一步:根据乐观系数,计算各方案期望值。

甲方案期望值 $=850\times0.6+(-300)\times(1-0.6)=390$

乙方案期望值 $=650\times0.6+(-150)\times(1-0.6)=330$

丙方案期望值 $=400\times0.6+(-50)\times(1-0.6)=210$

第二步:比较各方案期望值大小,找出其中最大值,其对应方案即为决策方案。

$$\max(390,330,210)=390$$

因此,390对应的甲方案为决策方案。

⑤等概率准则。

此准则认为,由于非确定型决策对各种自然状态出现的概率难以确定,因此我们就应视各状态发生的概率相同,然后求各方案的期望值,具有最大期望值的方案就是决策方案。

【例 10】 仍以例 6 的资料为例。

【解】

第一步:假定市场占有率提高、维持、降低 3 种状态出现的概率相等,则 $P_1 = P_2 = P_3 = 1/3$。计算 3 个方案的期望值如下:

$$E_甲 = 1/3 \times (850 + 450 - 300) \approx 333.3$$
$$E_乙 = 1/3 \times (650 + 500 - 150) \approx 333.3$$
$$E_丙 = 1/3 \times (400 + 280 - 50) = 210$$

第二步:比较 3 个方案期望值的大小,最大期望值对应的方案即为决策方案。

甲、乙方案的期望值均为 333.3 且最大,则甲、乙方案均可作为决策方案。

非确定型决策该采取哪种方法,关键在于决策所持的态度。由于各自的价值观不同,对同一个问题,在决策时可依据不同的原则选取不同的决策方案。也可将以上 5 种方法综合运用,在此基础上进行分析和决策。

学习任务4 目标管理

3.4.1 目标管理概述

1)目标管理的含义

目标管理(Management by Objectives,MBO)概念是管理专家彼得·德鲁克 1954 年在其名著《管理实践》中最先提出的,其后他又提出"目标管理和自我控制"的主张。德鲁克认为,并不是有了工作才有目标,而是相反,有了目标才能确定每个人的工作,所以"企业的使命和任务,必须转化为目标"。如果一个领域没有目标,这个领域的工作必然被忽视。因此,管理者应该通过目标对下级进行管理,当组织最高层管理者确定了组织目标后,必须对其进行有效分解,转变成各个部门以及各个人的分目标,管理者根据分目标的完成情况对下级进行考核、评价和奖惩。

目标管理提出以后,便在美国迅速流传。时值第二次世界大战后西方经济由恢复转向迅速发展的时期,企业急需采用新的方法调动员工积极性以提高竞争能力,目标管理的出现可谓应运而生,遂被世界各国广泛应用,我国于 20 世纪 80 年代引进这一管理方法。

(1)目标管理的概念

概括地说,目标管理是以目标为导向,以人为中心,以成果为标准,而使组织和个人取得最佳业绩的现代管理方法。

目标管理强调组织中的上级和下级一起协商,根据组织的使命确定一定时期内组织的总目标,由此决定上、下级的责任和分目标,并把这些目标作为组织经营、评估和奖励每个单位和个人贡献的标准。

(2)目标管理的实质

目标管理作为一种被广泛使用的现代管理方法,其实质是:以目标作为各项管理活动的指南;以目标来形成组织的向心力和综合力;以目标来激励和调动广大组织成员的积极性;以目标的实现程度来评价组织和个人工作的好坏和贡献。

2)目标管理的特点

在实际运用过程中,目标管理的具体形式多种多样,但其基本内容是一样的。其指导思想是以 Y 理论为基础,即认为在目标明确的条件下,人们能够对自己负责。具体方法是泰勒科学管理的进一步发展,它与传统管理方式相比有鲜明的特点,可概括为:

(1)重视人的因素

德鲁克认为,传统管理学派是以工作为中心,忽视了人的作用;行为科学学派过于强调人,忽视了人与工作的结合。目标管理把以工作为中心和以人为中心的管理方法统一起来,让职工参与组织目标的制定,使其了解工作的意义,对工作产生兴趣,实行"自我控制",既强调工作成果,又重视人的作用。它是一种参与的、民主式的管理制度,也是一种把个人需求与组织目标结合起来的管理制度。在这种制度下,上级与下级的关系是平等、尊重、依赖、支持,下级在承诺目标和被授权之后是自觉、自主和自治的。

(2)强调"自我控制"

德鲁克认为,员工是愿意负责的,是愿意在工作中发挥自己的聪明才智和创造性的。目标管理的主旨在于,用"自我控制的管理"代替"压制性的管理",淡化监督检查,强调启发员工责任感,实行"自我控制"。这种自我控制可以成为更强烈的动力,推动他们尽自己最大的力量把工作做好,而不仅仅是"过得去"就行了。

(3)建立目标锁链与目标体系

目标管理通过专门设计的过程,将组织的整体目标逐级分解,转换为各单位、各员工的分目标。从组织目标到经营单位目标,再到部门目标,最后到个人目标。在目标分解过程中,权、责、利三者已经明确,而且相互对称。这些目标方向一致,环环相扣,相互配合,形成协调统一的目标体系。只有每个人员完成了自己的分目标,整个组织的总目标才有完成的希望。

(4)重视成果的评定

目标管理以制定目标为起点,以目标完成情况的考核为终结。工作成果是评定目标完成程度的标准,也是人事考核和奖评的依据,成为评价管理工作绩效的唯一标志。至于完成目标的具体过程、途径和方法,上级并不过多干预。所以,在目标管理制度下,监督的成分很少,而控制目标实现的能力却很强。

3）目标管理的重要意义

目标管理是一种比较实用的管理方法,美国最大的500家公司中大约有40%采用了目标管理,日本企业运用目标管理的比例则更高。目标管理主要有以下优点:

①通过目标管理,组织各级主管及成员都明确了组织的总目标、组织的结构体系、组织的分工与合作及各自的任务。由于各项工作都有明确的目标和方向,从而避免了管理工作的盲目性、随意性,避免了形式主义和做无用功,并可使管理者摆脱被动局面。

②目标管理有利于调动员工的积极性。当目标成为组织的每个层次、每个部门和每个成员自己未来时期内欲达到的一种结果,且实现的可能性相当大时,目标就成为组织成员的内在激励。特别是当这种结果实现时,组织还有相应的报酬,目标的激励效用就更大。

③目标管理方式的实施可以切切实实地提高组织管理的效率。目标管理方式比计划管理方式在推进组织工作进展、保证组织最终目标完成方面更胜一筹。因为目标管理是一种结果式管理,不仅是一种计划的活动式工作。这种管理迫使组织的每个层次、每个部门及每个成员首先考虑目标的实现,尽力完成目标。在目标管理方式中,一旦分解目标确定,且不规定各个层次、各个部门及各个组织成员完成各自目标的方式、手段,反而给了大家在完成目标方面一个创新的空间,这就有效地提高了组织管理的效率。

④目标管理有助于实现有效控制。目标管理解决了控制工作中的难点和控制手段,使控制工作落到实处。一方面,目标管理更多强调员工自我控制,这种"自我控制"使得员工会努力完成工作。另一方面,一个组织如果有一套明确的可考核的目标体系,那么其本身就是进行监督控制的最好依据。

⑤目标管理强调参与,有助于形成全体员工的团结合作精神和相互凝聚力。

🧠相关知识

哈罗德·孔茨教授认为目标管理尽管有许多优点,但它也存在若干缺陷。这些缺陷大多数是由于运用目标管理概念不当引起的,其中之一是对目标管理的理念阐明不够。管理人员必须向下属人员解释目标管理是什么,它如何发挥作用,为什么要实行目标管理,在评估绩效时起什么作用以及最重要的是参与目标管理的人员能够得到什么好处。这个理念是建立在自我控制和自我指导概念基础上的。

另外,经常出现的问题是对目标制定者指导不够。管理人员必须知道公司的目标是什么,以及他们自己的活动如何适应这些目标。管理人员也需要知道计划的前提条件和了解公司的主要政策。

在留有适当余地的情况下制定可考核的目标是困难的。参与目标管理规划的人有时认为,过于注重经济效果会对人产生压力,可能引发不良行为。为了减少选择不道德手段去达到结果的可能性,最高层管理人员必须认可不合理的目标,明确行为期望,并对良好的道德行为不仅要高度重视,而且要给予奖励,对不道德的行为,就要给予惩罚。

此外,强调短期目标会对组织的长远利益造成损害。同时,缺乏灵活性会使管理人员在环境所迫必须改变现有目标时犹豫不决。

其他危险包括：人们可能过分使用定量目标，而且在不宜用数字来表示目标的一些领域也企图利用数字，或者对一些最终成果难以用数字表示的重要目标降级处理。

尽管目标管理在某些情况下有这些困难和危险，但实际上，这种系统所强调的目标制定工作，早已成为计划和管理工作中不可缺少的一个重要组成部分。

3.4.2　目标管理的过程

由于各个组织活动的性质不同，目标管理的步骤可以不完全相同。我们将目标管理的基本过程分为以下几步：

1）确立目标

实行目标管理，关键要确立一套完整的目标体系，并将目标逐级展开。在这个过程中，首先要设立组织的总体目标，这一步主要由高层管理者决定。其次，要将目标展开，也就是将组织目标自上而下，层层分解，最终落实到每个责任人的过程。目标展开既是目标的落实过程，又是目标体系的形成过程。在目标确立的过程中，组织的各部门、各层次之间围绕组织总目标的设定及具体目标的分解要进行意见沟通和商讨，以保证目标的有效性。

2）制订执行计划

当总体目标和分目标都确立后，各部门、各层次的管理者要与员工商定通过什么途径和方法来达到目标，为此必须尽快制订相应的执行计划。执行计划实际上就是告诉组织成员应该去做什么事情、什么时候做、怎样去做的具体行动方案。

3）实施计划

目标和执行计划一旦确定，所有的组织成员就必须按照计划实施具体的操作。在执行的过程中，员工必须清楚每天的任务是什么，自己的进度是否有悖于整体目标，他们是否严格按照计划在工作。在这个过程中，因为有了详细的执行计划和目标体系，管理者就不必时时去监督下属工作。员工主要依靠自我控制，按照计划自觉完成任务。

当然，为保证目标的顺利实现，在实施阶段要着重抓好以下两个方面的工作：

（1）权力下放和自我控制

在实施过程中，上级要尽可能下放权限，给下级以自由处理的余地。上下级之间需达成谅解，允许个人按照自己的意志自由地做出判断和采取行动。在权限下放的同时，也要强调下级的执行责任和报告义务。下级在实施过程中，一方面，要对照自己的目标检查行动。另一方面，要依靠自己的判断来充分行使下放给自己的权限，努力达到目标，这就是自我控制。

（2）实施过程的检查和控制

目标实施如果没有检查，就会变成放任自流，检查可以促进各部门和个人认真地实现目标。目标实施过程中的检查一般实行下级自查报告和上级巡视指导相结合。要使下级明确报告工作的义务,定期自查并向上级报告,报告内容包括目标实施进展状况、自己所做的主要工作、遇到的问题、希望得到的帮助,等等。

上级要加强对目标实施过程的控制和管理,必须经常与下级进行意见交流。上级可在巡视检查中向下级就工作的方法等进行实质性的询问,提出问题,鼓励下级主动地、创造性地钻研问题,以积极进取的态度解决问题。对于下级在工作中无权处理而请求上级给予帮助的问题则应及时给予适当的启发和指示。当然,上级的检查应尽量不干扰下级的自我控制。

4)成果评价

目标管理的最后阶段,是成果评价,以确认成果和考核业绩,并与个人利益与待遇结合起来。成果评价是对这一次整个目标管理过程的总结,也是为下一次目标管理的工作进行的铺垫和准备。

成果的评价一般实行自我评价和上级评价相结合,共同协商确认效果。

相关知识

罗宾斯认为,典型的目标管理过程包括以下 8 个步骤:
①制定组织的全局目标和战略。
②在事业部门和职能部门之间分解目标。
③部门管理者与其下属单位的管理者共同设立他们的具体目标。
④单位管理者与该单位全体成员共同设定每个人的具体目标。
⑤在管理者与雇员之间就如何实现目标的具体行动计划达成协议。
⑥实施行动计划。
⑦定期检查实现目标的进展情况,并提供反馈情况。
⑧目标的成功实现基于绩效奖励的强化。

3.4.3 目标管理的实施原则

目标管理是现代企业管理模式中比较流行、比较实用的管理方式之一。但是要做好目标管理并非一般人想象的那么简单,必须遵循以下几个原则:

1)目标制定必须科学合理

目标管理能不能产生理想的效果、取得预期的成效,首先就取决于目标的制定。科学合理的目标是目标管理的前提和基础,脱离了实际的工作目标,轻则影响工作进程和成效,重则使目标管理失去实际意义,影响企业发展大局。好的目标必须是切合实际的,通过努力可以实现的。而且好的目标必须具有关联性、阶段性,并兼顾结果和过程,还需要数据采集系统、差距检查与分析、及时激励制度的支撑。

2) 督促检查必须贯穿始终

目标管理,关键在管理。在目标管理的过程中,丝毫的懈怠和放任目流都可能贻害巨大。作为管理者,必须随时跟踪每一个目标的进展,发现问题及时协商、及时处理、及时采取正确的补救措施,确保目标运行方向正确、进展顺利。

3) 成本控制必须严肃认真

目标管理以目标的达成为最终目的,考核评估也是重结果轻过程。这很容易让目标责任人重视目标的实现,轻视成本的核算,特别是当目标运行遇到困难,可能影响目标的适时实现时,责任人往往会采取一些应急的手段或方法,这必然导致实现目标的成本不断上升。作为管理者,在督促检查的过程当中,必须对运行成本作严格控制,既要保证目标的顺利实现,又要把成本控制在合理的范围内。因为,任何目标的实现都不是不计成本的。

4) 考核评估必须执行到位

任何一个目标的达成、项目的完成,都必须有一个严格的考核评估。考核、评估、验收工作必须选择执行力很强的人员进行,必须严格按照目标管理方案或项目管理目标,逐项进行考核并做出结论。对目标完成度高、成效显著、成绩突出的团队或个人按章奖励;对失误多、成本高、影响整体工作的团队或个人按章处罚,真正达到表彰先进、鞭策落后的目的。

5) 目标管理要逐步推行、长期坚持

推行目标管理有许多相关配套工作,如提高员工的素质,健全各种责任制,做好其他管理的基础工作,制定一系列的相关政策。这些都是企业的长期任务,因此,目标管理只能逐步推行,而且要长期坚持,不断完善,才能达到良好的效果。

6) 推行目标管理要注重信息管理

目标管理体系中,信息的管理扮演着举足轻重的角色,确定目标需要获取大量的信息为依据;展开目标需要加工、处理信息;实施目标的过程就是信息传递与转换的过程。信息工作是目标管理得以正常运转的基础。

🕮 本单元小结

计划就是在调查研究和总结经验的基础上预测未来,并对未来行动做出的规划和安排。计划工作的内容包括对组织活动环境的分析与预测、组织活动方向、内容与方式的选择与决策,以及将决策落到实处的具体方案的编制等环节。计划工作必须遵循一定的原则,并按照相应的程序进行。按照不同的标准,可以将计划分为多种类型。计划的编制方法有多种,主要有滚动计划法、线性规划法、量本利分析法及网络计划法等。

计划工作离不开决策,决策就是为实现一定目标,从各种实现目标的行动方案中,选择

最优方案并付诸实施的活动过程。决策的方法包括主观决策法(或称定性决策法)和计量决策法。

目标管理是以目标为导向,以人为中心,以成果为标准,使组织和个人取得最佳业绩的现代管理方法。其实质是:以目标作为各项管理活动的指南;以目标形成组织的向心力和综合力;以目标激励和调动广大组织成员的积极性;以目标的实现程度来评价组织和个人工作的好坏和贡献。目标管理已成为现代企业管理模式中比较流行、比较实用的管理方式之一。要做好目标管理,必须遵循相应的原则,包括:目标制定必须科学合理,督促检查必须贯穿始终,成本控制必须严肃认真,考核评估必须执行到位,要逐步推行、长期坚持以及要注重信息管理。

🧠学习思考题

1. 什么是计划? 计划有哪些类型?

2. 计划工作的原则有哪些?

3. 应该如何编制企业计划?

4. 决策的类型有哪些?

5. 什么是目标管理? 它有什么重要运用价值?

6. 目标管理在运用过程中应注意哪些问题?

7. 计算题:

(1)某企业经销一种产品,产品的单位变动费用为50元,售价100元,每年固定费用90万元,问:此企业盈亏平衡点的产量为多少? 如果企业现有的生产能力为2.4万件,问每年能获利多少? 为满足市场对产品的需要,扩大生产,拟购置一条自动线,每年需增加固定费用20万元,但可节约单位变动费用10元。与此同时,产品售价可降低10%,请问新的盈亏平衡点的产量为多少?

(2)某企业生产A和B两种产品,生产时,要受甲、乙两种设备有效台时的约束,已知A产品每件获利40元,B产品每件获利30元,设备的有效台时及产品的台时定额如下表所示。该企业应生产A产品和B产品各多少件,才是最优的产品组合?

单位:台时

产品 设备	A	B	有效台时
甲	5	6	440
乙	3	2	240

(3)某公司计划未来3年生产某种产品,需要确定产品批量,现有3种方案可供选择,相应资料如下表所示。请为该公司做出决策,选定一种方案。

单位：万元

条件损益\n方案	畅　销	销量一般	滞　销	投资额
	0.2	0.5	0.3	—
1. 大批量生产	40	30	−10	10
2. 中批量生产	30	20	8	8
3. 小批量生产	20	18	14	6

（4）某企业准备搞一条自动化生产线，对于该项目完工及投产情况只能作大致估计，可能提前投产、按期完工和推迟1年投产。由于施工队伍素质和投产条件有许多是不能控制的，因此无法确定出投产时期状况的概率。现有4种建设方案，在提前、按期和拖后3种状态下，各方案可能带来的损益值如下表所示。试分别应用乐观准则、悲观准则、后悔值准则、折中准则（乐观系数取0.7）和等概率准则为该企业做出决策。

单位：台时

自然状态\n方案	项目投产时期状态		
	提　前	按　期	拖　后
新建	850	550	−450
扩建	780	710	−300
改建	650	470	0
技改	520	485	120

案例 1

康派克公司的决策

1986年，康派克公司宣布投产一种新型的个人用计算机，德斯普洛（Despro）386。这种新型机是以英特尔80386芯片为基础的，因此，它比国际商用机器公司AT计算机所使用的芯片的速度快很多。1986年，推销这种新型计算机的决策是冒着很大风险的，并且决策是根据不全面的信息而做出的。而且这一决策又偏离康派克公司的先前策略，而那种策略实践证明是成功的。在过去，康派克公司制造使用国际商用机器公司软件的计算机，遵循国际商用机器公司的标准。

但是，由于康派克公司推出德斯普洛386，超过公司巨人国际商用机器公司，处于领先地位，康派克公司在1987年想要推销根据80386技术制造的计算机。

那么，康派克公司有什么难处呢？一方面，康派克公司可能超过它的主要竞争对手处于领先地位，获得市场的很大份额。另一方面，国际商用机器公司的新产品可能具有某些专利特点，而这些特点最后可能使德斯普洛386无法和国际商用机器公司的计算机相匹敌。此外，个人用计算机的成败在很大程度上又取决于计算机的软件（程序）。在没有弄清楚康派克公司确实能和国际商用机器公司的计算机并驾齐驱之前,软件制作者可能不愿意投入他们的力量。

讨论题

1.决策是否合理?有无局限性?

2.若你是康派克总裁,你如何决策?

案例2

目标管理法与企业发展

山东国华实业集团总公司,位于举世闻名的牡丹之乡——菏泽。它创建于1977年,现拥有干部职工3 200名,技术员360名。工业占地面积16万平方米,农牧综合开发占地1 000亩,固定资产8 080万元,流动资金4 800万元,年产值2.5亿元,利税2 000万元,创汇2 000万美元。有地毯、裘皮、制革、布料时装、剪绒、工艺、羽绒、织布、洗毛、农牧、西洋参种植、建筑等16个下属企业,是山东省较大的综合性外向型企业集团。

山东国华实业集团总公司,能在短短的20多年间,从一个镇办小厂,一跃发展成为集贸工农业于一体的大型跨国经营集团公司,这和集团公司的重视管理是分不开的。为了搞好企业集团的管理,他们采取了目标管理法,其要点如下:

首先,按照系统工程原理,精简优化组织机构,明确各级人员的权利、义务、责任。在企业经营中,公司精简机构和人员,使脱产干部控制在最低水平,并实行岗位责任制,使各类人员的经济利益与完成任务状况连在一起,保证了各项工作的顺利开展,使企业事事有人负责。

其次,依据目标管理方法,制定企业网络管理模式,使管理过程控制在预定范围内。公司领导每年度都要确定企业年度经营目标,并将目标层层分解,逐级落实到车间、班组、个人,以个人目标保班组目标。以班组目标保车间目标,以车间目标保全厂目标,以全厂目标保公司目标,最终实现集团公司的经营管理目标。

第三,运用网络管理技术。集团公司下属的皮革厂,在实现目标的过程中,厂长赵玉清亲自制定企业网络管理模式,从原料进厂到产品出厂,从质量管理到技术标准控制,从人员安排到资金调度,全部用网络图反映出来,使企业生产经营过程一目了然,环环按预定轨道运转。皮革厂首先从全面质量管理入手,使产品质量达到全国一流水平。狠抓产品设计和市场开拓,使皮鞋产品设计力求符合消费潮流,款式新颖大方,并坚持高的产品质量水平和质量保证,使企业经营安全率不断提高。在市场开拓方面,不断扩大原欧、美、亚20多个国家和地区出口市场的产品销售量,同时在全国各大中城市广泛开设销售网点,不断扩展国内市场。

通过推行目标管理,由山东国华公司裘皮服装企业的生产经营业务得到了迅速发展和提高。该公司的优质产品得到了世界和国内同行的认可,在世界裘皮服装行业的外贸出口系统中,也赢得了良好的声誉,企业的经济效益也连续多年稳定增长。

讨论题

1.你认为山东国华公司在推行目标管理中可能会遇到些什么问题?

2.你认为皮革厂厂长赵玉清应该亲自参加并推动本企业的目标管理吗?

3.你对山东国华公司的目标管理还有些什么建议?

课堂游戏

蹲式拔河

1.活动目的:

队员们以有趣的形式对抗;让队员们能够自然地进行身体接触和配合,消除害羞和忸怩感。

2.时间:

15~20分钟。

3.人数:

不限。

4.步骤:

(1)把绳子拉直后放在地上。

(2)让所有队员按大小个儿排成一列,然后从队列一端开始,彼此结对儿。

(3)每对搭档分立绳子两侧。

(4)彼此转身,背对自己的搭档。

(5)每对搭档都俯身半蹲,胳膊穿过两腿之间,和对方双手相互扣住,此时绳子恰好在他们之间。

(6)一听到你吹口哨,他们便用力把对方拉过绳子——就像拔河游戏。

(7)将第一轮比赛的获胜队员作为二次参赛者,互相结对。重复这种游戏,直到产生总冠军为止。

(8)让所有队员找回第一个搭档,站到游戏开始时的最初位置。这次用力推对方,直到自己向后跨过绳子。重复该过程,直到产生总冠军。

(9)最后做拔河游戏。让大家重新站到刚开始的最初位置,每对搭档都俯身半蹲,向后伸胳膊抓住背后两个队员的手(一只手握自己的搭档,另一只手握搭档旁边的人)。最先把对方拉过线的那组队员获胜。

5.讨论问题:

(1)你们在游戏过程中碰到了什么问题? 如何对问题进行拆分? 每个人的任务是什么?

(2)如何将这个游戏和我们的实际工作联系起来?

6.安全提示:

(1)背部有毛病的人不能参加游戏?

(2)确保队员们动作要柔和,不要粗暴。

实训项目

企业计划的制订

【实训目标】

1.了解计划职能在企业中的作用。

2.培养学生在企业管理中对计划职能的运用能力。

【内容与要求】

1.学生分组(每组6~8人)。

2.选择本地一家中小型企业,调查其基本运行状况,并分析其未来发展形势。

3.为该企业制订一份中长期发展计划。

4.每位学生都要参与调查并编制计划。

单元 4

组　织

⊕ 知识目标

1. 理解组织与组织工作的含义、组织工作的原理。
2. 掌握组织结构类型及其特点。
3. 掌握管理层次和管理幅度的关系。
4. 掌握职权的种类及应用。

⊕ 能力目标

1. 正确认识组织的概念及组织结构类型。
2. 应用组织知识和组织设计方法对实际生活和工作中发生的案例进行分析。
3. 应用组织知识对企业组织进行观察，并提出改进意见。

管理寓言故事

牙齿的旅行

有一个在医院里实习的牙科医生,因为是第一次给病人拔牙,所以非常紧张。当他用镊子刚把一颗龋齿拔下来时,不料手一哆嗦,没有夹住,牙齿便掉进了病人的喉咙里。

"先生,非常抱歉。"这个牙科医生说,"你的病已不在我的职责范围内,你去找一下喉科医生。"

当这个病人捂着嘴巴,来到耳鼻喉科室时,他的牙齿已被其咽下肚了。

喉科医生给他做了检查。"非常抱歉",医生说,"你的病已不在我的职责范围内,你应该去找胃病专家。"

胃病专家用 X 光为病人检查后,说:"非常抱歉,牙齿已到你的肠子里了,你应该去找肠病专家。"

肠病专家同样做了 X 光检查后,说:"非常抱歉,牙齿已不在你的肠子里了,它肯定到了更深的地方,你应该去找肛门科专家。"

最后,病人趴在肛门科医生的检查台上,医生用内窥镜检查了一番,然后吃惊地叫道:"啊,天啊!你这里长了颗牙齿,赶紧去找牙科医生!"

细化企业部门并没有错,但如果只知道设立很多的部门,而没有有效的协调机制,就会出现相互推卸责任的现象。这是一个企业,特别是大企业最容易出现的致命弱点。

学习任务1 认识组织职能

4.1.1 组织的含义

组织有两种含义:一种是一般意义上的组织,泛指各种各样的社团、企事业单位,它是人们进行合作活动的必要条件。

另一种是特指管理学上组织的含义,即按照一定的目的和程序组成的一种权责结构(或角色结构),也是我们所要讲的组织,其中有 4 个重要概念:

①职权。职权是指经由一定的正式程序所赋予某项职位的一种权力。居其位者,可以承担指挥、监督、控制,以及惩罚、裁决等工作。

②职责。职责是指某项职位应该完成某项任务的责任。

③负责。这是反映上下级之间的一种关系。下级有向上级报告自己工作绩效的义务或责任,上级有对下级的工作进行必要的指导责任。

④组织系统图。这是反映组织内各机构、岗位上下左右相互关系的一种图表。

我们在理解组织含义时，还可从组织是系统的角度从以下4个方面来理解：

①组织有一个共同目标和宗旨。任何组织都是为目标而存在的，不论这种目标是明确的还是模糊的，目标总是组织存在的前提。没有目标，也就没有组织存在的必要性。组织通过连续更新宗旨或目标保持其延续性。对于工商企业而言，它的目标就是经济效益。

②组织是实现目标的工具。组织目标是否能够实现，就要看组织内各要素之间的协调、配合程度，其中很重要的一个方面就是要看组织结构是否合理有效。

③人员与职务。人既是组织中的管理人员，又是组织中的被管理人员，建立良好的人际关系，是建立组织系统的基本条件和要求。明确每个人在系统中所处的位置以及相应的职务，便可形成一定的职务结构。

④组织包括不同层次的分工协作。组织为达到目标和效率，就必须分工协作，如层次分工、部门分工、责权分工，还需要进行协作，把组织上下左右联系起来，形成一个有机的整体。良好的人事管理对实现有效协调非常重要。

4.1.2　组织工作

组织工作是指为了实现组织的共同目标而确定组织内各要素及其相互关系的活动过程，即设计一种组织结构，并使之运转的过程。

组织工作是管理的重要职能。一家工商企业、一个非营利性机构或者一个公共机关，都要把总体的任务分配给各个成员、各个部门去承担，建立起它们之间相互分工而又相互合作的关系，这种关系就形成了一种框架或结构。组织工作的目的，就是要建立这样一种产生有效的分工合作关系的结构。

巴纳德认为，组织不是集团，而是相互协作的关系，是人们相互作用的系统。正式组织是人们自觉地、有意识、有目的地加以协调的两个或两个以上人的活动或力量的系统。作为过程，组织是在一定的时间和空间内向各个成员分配工作，统一各种行为的动态活动；作为结构，组织是把动态活动中有效合作的相互关系相对静止而形成的静态模式。

从动态的观念来看，组织工作是一个过程，这主要是指组织工作是维持与变革组织结构、并使组织发挥作用、完成组织目标的过程。这一过程是由一系列的具体步骤所构成的。按照组织工作的逻辑步骤，组织工作首先必须明确实现组织目标所必需的各种活动，并对之进行分类，这关系到组织中的职位或岗位设计问题；组织工作的第二个步骤是将组织所必需的各种活动进行组合，以形成可以管理的部门或单位，对组织活动和组合方式的不同分类，就形成了各种不同的组织结构类型；将各部门或单位所必需的职权授予各个管理者，这就是组织工作中的职权配置；为组织中的职位配置适当的人员，这就是管理中的人员配备工作或人力资源管理工作。最后，组织工作还必须从纵横两个方面对组织结构进行协调和整合，使组织成为一个精干高效的有机整体。

通过组织工作建立起来的组织结构不是一成不变的，而是随着组织内、外要素的变化而变化的。由于任何组织都是社会系统中的一个子系统，它在不断地与外部环境进行着各种交换,这种交换一般都会影响组织目标,这时依据计划工作中的改变航道原理,必须根据环境条件的变化,不断地修正目标。目标的变化自然又会影响随同目标而产生的组织结构,为使组织结构能切实起到促进组织目标实现的作用,就必须对组织结构做出适应性的调整。此外,即使组织的内、外要素的变化对组织目标影响不大,当原有的组织结构已不能高效地适应实现目标的要求时,也需要进行组织结构的调整和变革。所以我们说组织工作具有动态的特点。

4.1.3 组织工作的基本原理

设计和建立合理的组织结构,根据组织由外部要素的变化适时地调整组织结构,其目的都是更有效地实现组织目标。进行有效的组织工作应遵循以下基本原理:

1)目标统一性原理

目标统一性原理是指组织结构的设计和组织形式的选择必须有利于组织目标的实现。任何一个组织,都是由它的特定的目标决定的,组织中的每一部分应该都与既定的组织目标有关系,否则,它就没有存在的意义。例如,医院的目标是治病救人,它的组织机构及其形式,如内科、外科、妇科、儿科、门诊科室、药房、供应科、财务科等,就是围绕实现医院的目标而设置的。同样的道理,每一机构又有自己的分目标来支持总目标的实现,则这些分目标就又成为机构进一步细分的依据。为此,目标层层分解,机构层层建立下去,直至每一个人都了解自己在总目标的实现中应完成的任务,这样建立起来的组织机构才是一个有机整体,为保证组织目标的实现奠定组织基础。

这一原理还要求在组织设计中以事为中心,因事设机构、设职务,做到人与事高度配合,避免出现因人设事、因人设职的现象。

2)分工与协作相结合原理

分工是按照提高管理专业化程度和工作效率的要求,把组织的总目标分解成各部门、各组织成员的具体的目标与任务,使各部门、各组织成员明确其在组织中应承担的职责和拥有的职权。通过分目标、分任务的实现,从而最终实现组织的总体目标。由总目标分解成的各分目标之间必然存在着有机联系,因此,在各部门之间、各组织成员之间也就必然存在协作的必要。通过组织各方面的协调与配合,确保组织以最低的成本、最高的效率实现组织的总目标。

3)集权与分权相结合原理

集权与分权相结合的领导体制,能确保组织的灵活性和适应性。如果权力过度集中,高层管理者事无巨细都要过问,这不仅会使高层管理者陷于繁杂的事务性工作中,忽视有关组织战略性、方向性重大问题的思考与决策,而且长期如此,必然助长官僚主义作风的形成,挫伤基层管理者的积极性与创造性。适度的集权与分权相结合,可减轻高层管理者的负担,使其集中精力抓大事,使基层管理者有职、有权、有责,发挥他们的聪明才智,保证组织高效率地运转。在具体组织工作中,哪些权力应该集中,哪些权力应该实行分权,并没有统一的模式,这要根据组织的具体性质,结合一定的经验和组织所处的内外环境等共同确定。

4)权责一致性原理

在进行组织结构设计时,既要明确规定每一管理层次和每个部门的职责范围,又要赋予完成相应职责所必需的管理权限,职责与职权必须协调一致。如果只有职责,而没有职权或者职权过小,则会挫伤职责承担者的积极性、主动性,实际上也不可能很好地承担这一职责。相反,如果只有职权,而没有职责或者职责过小,则会导致职权拥有者滥用权力、瞎指挥,产生官僚主义作风。因此,科学的组织结构应该是权责一致,且与职位相适宜。

5)管理宽度原理

管理宽度原理可以表述为:主管人员有效地监督、指挥其直接下属的人数是有限的。因为管理宽度的限度取决于多方面的因素,如工作类型、主管人员以及下属的能力等,所以,管理宽度是因组织、因人而异的。由于管理宽度的大小影响和决定着组织的管理层次,以及主管人员的数量等一些重要的组织问题,因此,每一个主管人员都应根据影响自身管理宽度的因素来慎重地确定自己的理想宽度。

6)统一指挥原理

统一指挥原理可以表述为:组织的各级机构以及个人必须服从一个上级的命令和指挥,只有这样,才能保证命令和指挥的统一,避免多头领导和多头指挥,使组织最高管理部门的决策得以贯彻执行。根据这一原理,上级指示从上到下逐级下达,不许发生越级指挥的现象,下级只接受一个上级的领导,只向一个上级汇报并向他负责,这样,上下级之间就形成了一个"指挥链"。在这个指挥链上,上级既能了解下属的情况,下属也容易领会上级的意图。因此,按照统一指挥的原理去办,指挥和命令如果能组织安排得当,就可做到政令畅通,提高管理工作的有效性,而那些由于"多头领导"和"政出多门"所造成的混乱就可以避免。

统一指挥的原理在实践中可能会出现一些麻烦,例如缺乏横向联系和必要的灵活性等。为弥补这一缺陷,在应用中往往还规定主管人员有必要的临时处置、事后汇报的权力,其依据的原则是我们曾讲述过的"等级链"。这个原则规定,根据统一指挥的原理,上级可授权下级相互进行直接的联系,但必须将行动结果报告各方的上级,这样才不至于削弱而且还有助于统一指挥的实施。

7)精干高效原理

精干高效原理可以表述为:在服从由组织目标所决定的业务活动需要的前提下,力求减少管理层次,精简管理机构和人员,充分发挥组织成员的积极性,提高管理效率,更好地实现组织目标。一个组织只有机构精简,队伍精干,工作效率才会提高。如果组织层次繁多,机构臃肿,人浮于事,则势必导致浪费人力,滋长官僚主义,使得办事拖拉,效率低下。

8）稳定性与适应性相结合原理

稳定性与适应性相结合原理可以表述为：组织机构及其形式既要有相对的稳定性，如前所述，任何组织都是一个开放的社会子系统，在其活动过程中，都与外部环境发生一定的相互联系和相互影响，并连续不断地接受外来的"投入"而转换为"产出"。一般来说，组织要进行实现目标的有效活动，就要求必须维持一种相对平衡的状态，组织越稳定，效率也就越高。组织结构的大小调整和各部门职权范围的每次重新划分，都会给组织的正常运行带来有害的影响。因此，组织结构不宜频繁调整，应保持相对稳定。但是，不仅组织本身是在不断运动的，而且组织赖以生存的大环境也是在不断变化的。当组织结构相对地呈现僵化状态，组织内部效率低下，而且无法适应外部的变化或危及生存时，组织的调整与变革就是不可避免的了。因为只有调整和变革，才会给组织重新带来效率和活力。

9）均衡性原理

均衡性原理可以表述为：同一级机构、人员之间在工作量、职责、职权等方面应大致平衡，不宜偏多或偏少。苦乐不均、忙闲不均等都会影响工作效率和人员的积极性。

学习任务2 组织结构设计

在小规模的组织里，分工简单，尚未形成较完整的严密的组织结构，管理活动主要凭主管者个人的经验。到21世纪初，组织结构才作为一个重要的管理问题受到人们的重视，关于组织结构的设计就成为人们研究的焦点。

任何一个组织结构都存在3个相互联系的问题：管理层次的划分、部门的划分及职权的划分。

所谓组织结构的设计，就是把为实现组织目标而需要完成的工作，不断划分为若干性质不同的业务工作，然后再把这些工作"组合"成若干部门，并确定各部门的职责与职权。总之，组织结构的设计就是对组织内的层次、部门和职权进行合理地划分。

4.2.1 管理层次的划分和管理宽度

1）管理层次的产生

当生产力十分低下，社会分工极其简单的时候，基本的生产劳动是个体的，计划、组织、实施、执行直至成果的享受，可能都是一个人。所谓的管理者，也就是劳动者自己。随着生产力的进一步发展，人们的活动也复杂起来。劳动的方式逐渐由个体向群体发展，一项工作往往需要几个人一起做，并有分工协作，这就出现了人与人之间的关系问题，出现了管理者与被管理者。一开始,管理者与被管理者关系比较简单,管理者领导较多的人尚能有效地实现目标。但随着生产力的发展,科技的进步,以及经济的增长,组织规模越来越大,管理者与被管理者的关系随之复杂化。为处理这些错综复杂的关系,管理者需要花费大量的时间和精力,而对于一个主管者来讲,其能力、精力和时间都是有限的。例如,现代心理学研究定量地证明:对于大多数人来说,同时思考两个以上问题时,思维效率将大大降低。因此,主管者要想有效地领导下属,就必须考虑究竟能直接有效地管辖多少下属的问题,即管理宽度问题。

管理宽度又称"管理跨度"或"管理幅度",指的是一名主管人员有效地监督、管理其直接下属的人数。这个人数是有限的,当超过这个限度时,管理的效率就会随之下降。因此,主管人员要想有效地领导下属,就必须认真考虑究竟能直接管辖多少下属的问题,即管理宽度问题。

管理层次是指组织内部从最高一级管理者到最低一级被管理者之间的各个组织等级。从形式上看,管理层次只是组织结构的层次数量,但其实质反映出组织内部的纵向分工情况,因为各个管理层次担负着不同的管理职能,随着管理层次的出现必然产生层次之间的联系与协调。在一个组织中,管理层次过多是不利的,因为层次越多,在管理上增加的人力、物力和财力也就越多;同时,层次越多,上下级之间的关系越复杂,相互沟通就越困难;再次,层次过多,还会使计划和控制工作复杂化,决策意见更难以集中。因此,在组织内部设置的管理层次应尽量少一些。

当主管人员管理下属的人数超过了管理宽度时,就必须增加一个管理层次。这样,可以通过委派工作给下一级主管人员以减轻上层主管人员的负担。如此下去,便形成了有层次的结构。但是,上级主管人员减轻这部分负担的同时,也带来了监督下一级主管人员怎样执行的工作负担,而监督也需要时间和精力。所以,增加管理层次节约出来的时间,一定要大于用于监督的时间,这是衡量增加一个管理层次是否合理的重要标准。

2)管理宽度和管理层次的关系

管理层次与管理宽度有关。较大的宽度意味着较少的层次,较小的宽度意味着较多的层次。这样,按照管理宽度的大小及管理层次的多少,就可以形成两种结构:扁平结构和直式结构。所谓扁平结构,就是管理层次少而管理宽度大的结构;而直式结构的情况则相反。扁平结构与直式结构各有利弊:

①扁平结构有利于缩短上下级距离,密切上下级关系,信息纵向流通快,管理费用低,而且由于管理幅度较大,被管理者有较大的自主性、积极性、满足感,同时也有利于更好地选择和培训下层人员;但由于不能严密地监督下级,上下级协调较差,管理宽度的加大,也加重了同级间相互沟通联络的困难。

②直式结构具有管理严密、分工明确、上下级易于协调的特点。但层次越多,带来的问题也越多。这是因为层次越多,需要从事管理的人员迅速增加,彼此之间的协调工作也急剧增加,互相扯皮的事情会层出不穷。管理层次增多之后,在管理层次上所花费的设备和开支,所浪费的精力和时间也自然增加。管理层次的增加,会使上下级的意见沟通和交流受

阻,最高层主管人员所要求实现的目标,所制订的政策和计划,不是下层不完全了解,就是层层传达到基层之后变了样。管理层次增多后,上层管理者对下层的控制变得困难,易造成一个单位整体性的破裂。同时,由于管理严密,从而影响下级人员的主动性和创造性。因此,一般来说,为了达到有效,应尽可能地减少管理层次。

3)影响管理宽度的因素

根据许多管理学家所进行的大量的实证研究,影响管理宽度的因素概括起来主要有以下几个:

(1)主管人员与其下属双方的素质和能力

凡受过良好训练的下属,不仅所需的监督比较少,而且不必时时事事都向上级请示汇报,这样就可以减少与其主管接触的次数,从而增大管理宽度。同样的道理,素质和能力均较强的主管人员能够在不降低效率的前提下,比在相同层次、担负类似工作的其他主管人员管辖较多的人员而不会感到过分紧张。

(2)面对问题的种类

主管人员若经常面临的是较复杂、困难的问题或涉及方向性、战略性的问题,则直接管辖的人数不宜过多。反之,若主管人员大量面临的是日常事务,已有规定的程序和解决方法,则管辖的人数可以较多一些。

(3)工作任务的协调

工作任务相似及工作中需协调的频次较少,则宽度可加大,组织层次也可减少。

(4)授权

因为适当和充分的授权可以减少主管人员与下属之间接触的次数和密度,节约主管人员的时间和精力,同时可以锻炼下属的工作能力,提高其积极性,所以,在这种情况下,管辖的人数可适当增加。不授权、授权不足、授权不当或授权不明确,都需主管人员进行大量的指导和监督,效率不会高,因而宽度也不会大。

(5)计划的完善程度

事前有良好的计划,使工作人员都能明了各自的目标和任务,可减少主管人员指导及纠正偏差的时间,那么管辖的人数就可以多一些;反之,则不然。

(6)组织沟通渠道的状况

组织沟通渠道畅通,信息传递迅速、准确,所运用的控制技术比较有效,对下属的考核制度比较健全,在这种情况下,管理宽度可考虑加大一些。此外,工作对象的复杂性、下属人员的空间分布,以及组织的稳定程度等因素也影响着管理宽度。

4.2.2 部门的划分

要提高工作效率,必须对整个组织的工作进行充分细致地分析,并进行明确的分类。在此基础上进行科学的综合,就形成了我们通常所指的部门。部门是指组织中主管人员为完成规定的任务有权管辖的一个特定的领域。"部门"(Department)这个术语在不同的组织有不同的称呼,企业组织称为分公司、部和处,军队用师、团、营、连,政府单位则称部、局、处、科等。

部门划分的目的,在于确定组织中各项任务的分配与责任的归属,以求分工合理、职责分明,有效地达到组织的目标。

大量的实证研究表明,部门划分的标志与方法具有普遍适用性,划分的方法主要有:

1)按人数划分

单纯地按人数多少来划分部门可以说是一种最原始、最简单的划分方法。军队中的师、团、营、连即是用此方法划分的。这种按人数划分部门的方法是抽取一定数量的人在主管人员的指挥下去执行一定的任务。一般来讲,这种划分方法的特点是仅仅考虑人力,因此在现代高度专业化的社会中有逐渐被淘汰的趋势。但在现代社会的某些场合,尤其是在基层的部门划分中仍然适用。

2)按时间划分

这种方法多见于组织的基层。它是在正常的工作日不能满足工作需要时所采用的一种划分部门的方法。例如许多工业企业按早、中、晚三班制进行生产活动,那么部门设置就应是 3 个。此外,交通、邮电、医院等组织也采用这种轮班制的方法来进行部门的划分。这种划分方法给管理带来的主要问题是监督、效率以及中晚班的费用比较高。

3)按职能划分

这种方法是根据生产专业化的原则,以工作或任务的性质为基础来划分部门的。这些部门可以被分为基本的职能部门和派生的职能部门。基本的职能部门(即企业的职能)处于组织机构的首要一级,在每一个基本职能部门之内一般还需进一步的细分。细分的结果就形成了派生的职能部门。细分的前提是基本职能部门的主管人员感到其管理宽度太大,不能保证有效的管理时,才需要建立派生的职能部门。例如,一个企业,当其规模随着业务活动的扩展而有必要将其中的采购职能分离出来并委派一名负责人来主管这项工作,这个新的采购单位就是一个派生的职能部门。这种派生职能部门的划分,只要存在进一步划分的充分根据,就可能要持续进行若干级。图 4.1 是一个按职能划分部门的组织框架结构图。

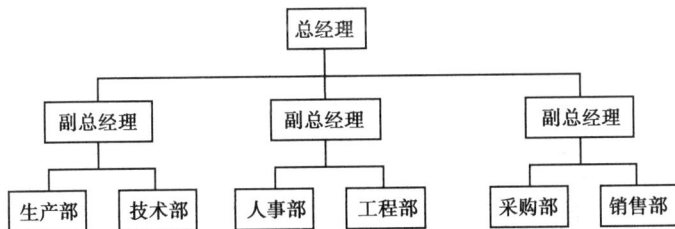

图 4.1　按职能划分部门的组织框架结构图

按职能划分部门的优点在于,它遵循分工和专业化原则,因而有利于充分发挥专业职能,使主管人员的注意力集中在组织的基本任务上,有利于目标的实现,同时它简化了训练工作,为上级主管部门提供了进行严格控制的手段。但是这种划分,容易使各职能部门的专业人员产生"隧道视野",即除了自身领域外,其他什么也看不见,从而给各部门之间的横向协调带来一定的困难。

4)按地区划分

对于在地区分散的组织来说,按地区划分部门是一种比较普遍采用的方法。这种方法是在当组织的地理位置分布于不同地区,各地区的政治、经济、文化等因素影响到组织的经营管理时,把某个地区或区域内的业务工作集中起来,委派一位经理来主管其事。这样做的目的是调动各个地区的积极性,从而取得地方化经营的优势效益。图4.2是一个以生产制造公司按地区划分的组织机构的示意图。这种划分部门的方法,责任下放到基层,有利于改善地区内的协调,取得地区经营的经济效益,同时也有利于主管人员的培养和训练。其缺点是,需要更多的、具有全面管理能力的人员,增加了最高主管部门控制的困难,而且地区之间往往不易协调,集中的经济服务工作也不容易进行等。

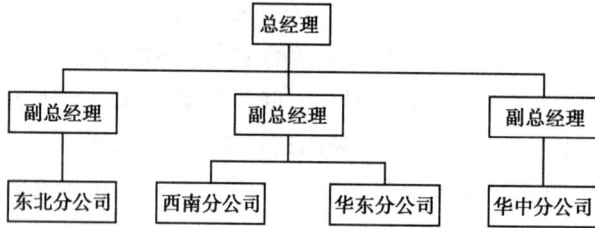

图4.2　按地区划分的组织机构

5)按产品划分

这是按产品或产品系列来组织业务活动的一种方法。例如,大学里的系、研究所就是按照不同领域里的课程和研究而设置的。

这种按产品划分部门的方法一般能够发挥个人的技能和专长,发挥专用设备的效率,有利于部门内的协调。同时,它还使各部门的主管人员把注意力集中在产品上,这对产品的改进和发展是十分重要的。但是,这种方法要求更多的人具有全面管理的能力,各产品部门的独立性比较强而整体性则比较差,这就加重了主管部门在协调和控制方面的困难,如图4.3所示。

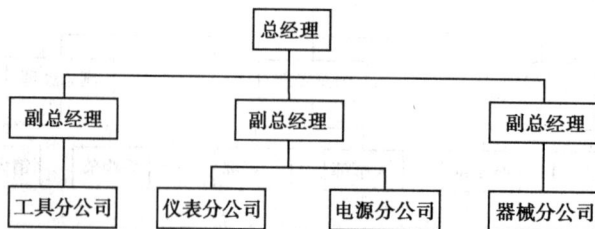

图4.3　按产品划分的组织机构图

6）按服务对象划分

这是根据服务对象或顾客的需要，在分类的基础上划分各个部门。这种方法也是许多不同类型的组织中所普遍采用的。例如，一所大学的学生，可以分为研究生、本科生、专科生、进修生、函授生、夜大学生等类型。那么，对这些不同类型的学生的安排，就形成了学校的不同部门。

这种按服务对象划分部门的方法，最大的优点就是能满足各类对象的要求，社会效益比较好。但按这种方法组织起来的部门，主管人员常常要求给予特殊的照顾，从而使这些部门和按照其他方法组织的各部门之间的协调发生困难。此外，这种方法有可能使专业人员和设备得不到充分的利用，如图4.4所示。

图4.4　按服务对象划分的组织结构

7）按设备划分

这种方法常常和其他划分方法结合起来使用。例如，医院的放射科、心电图室、脑电图室、超声波室等部门的形成，就是按这种方法划分的。又如现在许多组织都已建立起来的电子计算机站或信息处理中心，也是这种划分方法的一个例子。这种划分方法的优点在于，能够经济地使用设备，充分发挥设备的效益，使设备的维修、保管以及材料供应等更为方便，同时也为发挥专业技术人员的特长以及为上级主管的监督管理提供了方便。

以上介绍的是一些划分部门的主要的基本方法，除此之外，还有一些方法，如按市场销售渠道划分、按工艺划分、按字母或数字划分等。总之，设计组织的横向结构，即划分各层次的业务部门，是为保证组织目标的实现而对业务工作进行安排的一种手段。所以，在实际的运用中，每个组织都应根据自己的特定条件，选择能取得最佳效果的划分方法。但应该指出的是，划分方法的选择不是唯一的，并不一定要求各层次的业务部门都整齐划一。在很多情况下，常常采用混合的方法来划分部门，即在一个组织内或同一组织层次上采用两种或两种以上的划分方法。例如一所大学，在中层这个管理层次上，就可以按领域划分为各个系、所；按职能划分为教务处、人事处、后勤处、财务处、保卫处等；按服务对象划分为研究生院、函授学院；按设备划分为数据处理中心等。这种混合划分部门的方法，常常能够更有效地实现组织的目标。

4.2.3　职权的种类

职权即职务范围内的管理权限。所有主管人员想要通过他所率领的隶属人员去完成某项工作，就必须拥有包括指挥、命令等在内的各种必须具备的权力。换句话说，职权是主管人员行使职责的一种工具。

同职权共存的是职责。正如法约尔所说,职责与职权是孪生子,是职权的当然结果和必要补充。作为一个主管人员,当处于某一职位担负一定职务时,必然要尽一定的义务。这种占有某职位,担任某职务时应履行的义务,称之为职责。职权、职责都是针对同一任务而言的。作为医院院长为达到某一目标把某任务分配给内科主任时,必须把执行这一任务的权力授予他,使权责共存一体,这样他才可能顺利执行这一任务。所以说,权责应相等,职责不可能小于也不应大于所授予的职权。

在组织内,最基本的信息沟通就是通过职权关系来实现的。通过职权关系上传下达,使下级按指令行事,上级得到及时反馈的信息,进行有效的控制,作出合理的决策。

组织内的职权有直线职权、参谋职权、职能职权3种类型。

1)直线职权

直线职权是直线人员所拥有的包括发布命令及执行决策等的权力,也就是通常所指的指挥权。直线主管是指能领导、监督、指挥、管理下属的人员。很显然,每一管理层的主管人员都应具有这种职权,只不过每一管理层次的功能不同,其职权的大小及范围各有不同而已,例如,厂长对车间主任拥有直线职权,车间主任对班组长拥有直线职权。这样,从组织的上层到下层的主管人员之间,便形成一个权力线,这条权力线被称为指挥链或指挥系统。在这条权力线中,职权的指向由上而下。由于在指挥链中存在着不同管理层次的直线职权,故指挥链又称为层次链。它颇像一座金字塔,通过指挥链的信息传递,由上而下,或由下而上地进行,所以,指挥链既是权力线,又是信息通道。在这个指挥链中,职权关系有两条必须遵循的原则。

(1)分级原则

每一层次的直线职权应分明,这样才有利于执行决策职责和信息沟通。超越层次,越俎代庖,下级人员失去积极性、主动性,这是违背分级原则的。

(2)职权等级原则

作为下级来讲,应该"用足"自己的职权,在自己职权范围内做出决策,只有当问题的解决超越自身职权界限时,才可提交给上级。相反,惧怕担当风险的主管人员,或才能平庸的主管人员,常常是把一切问题上交,仅仅起"交换台"的作用。这样,一方面造成上级忙于应付具体事务;另一方面,自己则失去指挥功能,徒占其位。

2)参谋职权

参谋职权是参谋所拥有的辅助性职权,包括提供咨询、建议等。在"田忌赛马"的故事中,孙膑为田忌献策而胜齐威王,孙膑所行使的即为参谋职权。参谋职权的概念由来已久。在中外历史上很早就出现了一种为统治者出谋划策的智囊人物。在我国几千年的历史中,有过许多食客、谋士、军师、谏臣的记载。

近代组织中出现的参谋及其职权的概念来自军事系统。随着社会的发展,管理问题的日益复杂,"多谋善断"由独自一人来完成已不可能。不仅在军事上,而且在政治、经济等部门都需要出谋划策的参谋人员,参谋的种类有个人与专业之分。前者即参谋人员。参谋人员是直线人员的咨询人,他协助直线人员执行职责。专业参谋,常为一个单独的组织或部门,就是一般的"智囊团"(Thinktank)、"顾问班子"。专业参谋部门的出现,是时代发展的产物,它聚合了一些专家,运用集体智慧,协助直线主管进行工作。

参谋和直线之间的界限是模糊的。作为一个主管人员,他既可以是直线人员,又可以是参谋人员,这取决于他所起的作用及行使的职权。当他处在自己所领导的部门中,他行使直线职权,是直线人员;而当他同上级打交道或与其他部门发生联系时,他又成为参谋人员。例如,医院院长在医院内是直线人员,但在卫生局进行计划或决策而征询他的意见时,他便成为参谋人员了。

相关知识

A 先生近来十分沮丧。一年半以前他获得某名牌大学 MBA 后进入某公司高级管理职员就职。一年后又委以重任出任该公司下属一家面临困境的企业厂长。根据公司要求,希望 A 先生能重新整顿企业,扭亏为盈,并保证 A 先生拥有完成这些工作所需要的权利。考虑 A 先生年轻且责任重大,公司特别为他配备了一名高级顾问 B 先生,为其出谋划策。

然而,担任厂长半年后,A 先生怀疑自己是否控制局势。他向办公室主任抱怨:"在我只想改革方案时,我要各部门明确工作职责、目标和工作程序,然而身为高级顾问的 B 先生却认为,管理固然重要,但眼下应该抓生产、拓市场。更糟糕的是他原来手下的主管人员都持有类似想法,结果管理措施执行受阻,倒是生产方面事情推行顺利。"A 先生越来越发现他发布的命令难以执行。

直线与参谋的关系在管理中如何处理是对如何使公司高效率运作的有力保证。

3)职能职权

职能职权是指参谋人员或某部门的主管人员所拥有的原属直线主管的那部分权力。在纯粹参谋的情形下,参谋人员所具有的仅仅是辅助性职权,并无指挥权。但是,随着管理活动的日益复杂,主管人员不可能是完人,也不可能通晓所有的专业知识,仅仅依靠参谋的建议还很难做出最后的决定,这时,为了改善和提高管理效率,主管人员就可能将职权关系做某些变动,把一部分本属于自己的直线职权授予参谋人员或某个部门的主管人员,这便产生了职能职权。

职能职权大部分是由业务或参谋部门的负责人来行使的,这些部门一般都是由一些职能管理专家组成。例如,一个公司的总经理统揽全局管理公司的职权,他为了节约时间,加速信息的传递,就可能授权财务部门直接向生产经营部门的负责人传达关于财务方面的信息和建议,也可能授予人事、采购、公共关系等顾问一定的职权,让其直接向直线组织发布指示等。由此可看出,职能职权是组织职权的一个特例,可以认为它介于直线职权和参谋职权之间。

学习任务3 组织结构的类型

众所周知,在自然科学领域,石墨与钻石都是由碳原子构成的,构成要素一样,但两者的硬度和价值无法相提并论,造成它们之间差异的根本原因就是原子间结构的差异。社会化大生产的管理组织也是这样,由于管理系统内部分工协作的不同,所建立起来的管理组织可能发挥很不相同的效能。有位管理学家这样说过,高水平的组织就如同原子核裂变一样,可以放射出像"蘑菇云"一样巨大的能量。

管理系统的组织结构犹如人体的骨架。206块骨头组成的骨架在人体起着支架、保护的作用,正是有了骨架,消化、呼吸、循环等系统才能发挥正常的生理功能。组织结构在整个管理系统中同样起"框架"作用,有了它,系统中的人流、物流、信息流才能正常流通,使组织目标的实现成为可能。所不同的是,组织结构是主管人员有意识地创造的结构,组织能否顺利地达到目标,能否促进个人在实现目标过程中做出贡献,在很大程度上取决于这种结构的完善程度。正因为组织结构是"人造"的而不是天生的,所以也就表现出各种各样的类型。

4.3.1 直线型组织结构

直线型组织结构是最早、最简单的一种组织结构形式。它的特点是,组织中各种职务按垂直系统直线排列,各级主管人员所属下级拥有直接的一切职权,组织中每一个人只能向一个直接上级报告,即"一个人,一个头儿"。其优点是:结构比较简单,权力集中,责任分明,命令统一,联系简捷。其缺点是:在组织规模较大的情况下,所有的管理职能都集中由一人承担,往往由于个人的知识及能力有限而感到难于应付,顾此失彼,可能会发生较多失误。此外,每个部门基本关心的是本部门的工作,因而部门间的协调比较差。一般地,这种组织结构形式只适用于那些没有必要按职能实行专业化管理的小型组织,或者是现场的作业管理。

直线型组织结构形式如图4.5所示。

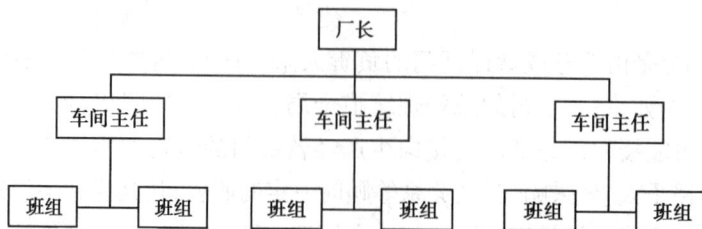

图4.5 直线型组织结构

"美的"起源于一个223人集资5 000元人民币创办的一家生产塑料瓶盖的街道小厂。1990—1994年,"美的"空调销售排名始终保持在全国第三位,这种"极速"式的发展曾被业内称为传奇。当时的"美的"和中国众多乡镇企业、民营企业一样,采取直线式管理,总裁既抓销售又抓生产。这种集权式管理将"船小掉头快"的优势发挥得淋漓尽致。

4.3.2　职能型组织结构

职能型组织结构的特点是:组织内除直线主管外还相应地设立一些组织机构,分担某些职能管理的业务。这些职能机构有权在自己的业务范围内,向下级单位下达命令和指示。因此,下级直线主管除了接受上级直线主管的领导外,还必须接受上级各职能机构的领导和指示。职能型组织结构如图4.6所示,图中财务经理、生产经理和市场经理都不止管理两个部门,限于篇幅只写两个。它的优点是:能够适应现代组织技术比较复杂和管理分工较细的特点,能够发挥职能机构的专业管理作用,减轻上层主管人员的负担。但其缺点也比较明显,即这种结构形式妨碍了组织必要的集中领导和统一指挥,形成了多头领导,对基层来讲是"上边千条线,下面一根针",无所适从。因此,不利于明确划分直线人员和职能科室的职责权限,容易造成管理的混乱。

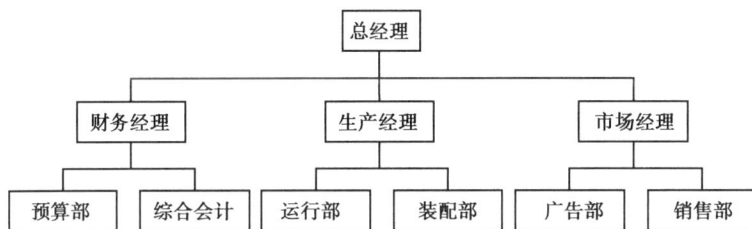

图4.6　职能型组织结构

进入1995年,"美的"销售形式开始逆转,到1996年落至全国第七位。在竞争日趋激烈的家电行业,不能保持前三位,对"美的"可以说是致命的。企业在分析原因时将"病因"归咎于直线制,因为当企业规模壮大后,生产仍由总部统一管理,五大类1 000多种产品由总部统一销售,由于决策环节复杂且漫长,"美的"在产品生产和销售方面明显与市场调整速度不合拍,从而造成了产品生产和销售脱节。

4.3.3　直线职能型

直线职能型吸取了以上两种结构形式的优点,克服其缺点。它的特点是设置了两套系统:一套是按命令统一原则组织的指挥系统;另一套是按专业化原则组织的管理职能系统。直线部门和人员在自己的职责范围内有决定权,对其所属下级的工作实行指挥和命令,并负全部责任,而职能部门和人员仅是直线主管的参谋。只能对下级机构提供建议和业务指导,没有指挥和命令的权力。可见,这种组织形式实行的是职能的高度集中化。其优点是:领导集中,职责清楚,秩序井然,工作效率较高,整个组织有较高的稳定性。而缺点则是:下级部门的主动性和积极性的发挥受到限制;部门间互通情报少,不能集思广益地做出决策,当职能参谋部门和直线部门之间目标不一致时,容易产生矛盾,致使上层主管的协调工作量增大;难于从组织内部培养熟悉全面情况的管理人才;整个组织系统的适应性较差,因循守旧,对新情况不能及时做出反应。这种组织结构形式对中、小型组织比较适用,但对于规模较大、决策时需要考虑较多因素的组织,则又不太适用。图4.7 表示直线职能型组织结构。

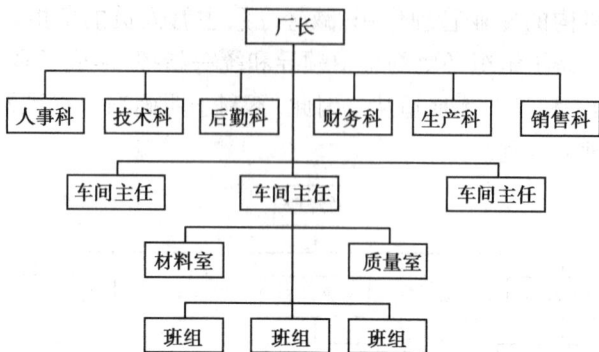

图 4.7　直线职能型组织结构

4.3.4　事业部制组织结构

事业部制组织结构首创于20世纪20年代的美国通用汽车公司,它是在总公司领导下设立多个事业部,各事业部有各自独立的产品和市场,实行独立核算。事业部内部在经营管理上则拥有自主性和独立性。这种组织结构形式最突出的特点是"集中决策,分散经营",即总公司集中决策,事业部独立经营,这是在组织领导方式上由集权制向分权制转化的一种改革。

事业部制这种组织结构形式的主要优点是:组织最高层管理摆脱了具体的日常管理事务,有利于集中精力做好战略决策和长远规划,提高了管理的灵活性和适应性,有利于培养和训练管理人才。它的缺点是:由于机构重复,造成了管理人员的浪费。由于各个事业部独立经营,各事业部之间要进行人员互换就比较困难,相互支援较差,各事业部主管人员考虑问题往往从本部门出发,而忽视整个组织的利益。事业部制组织结构形式如图4.8所示。

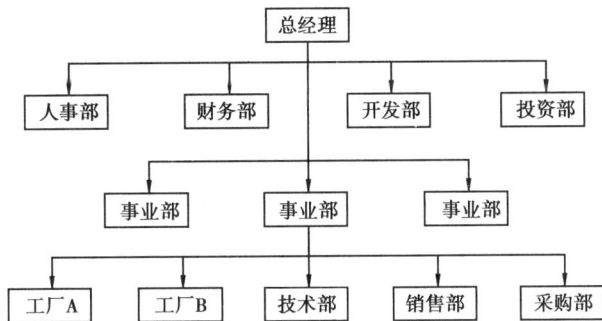

图 4.8 事业部制组织结构

在事业部制组织结构的基础上,20世纪70年代在美国和日本的大公司又出现了一种新的组织结构形式——超事业部制组织结构。它是在组织最高管理层和各个事业部之间增加了一级管理机构,负责统辖和协调所属各个事业部的活动,使领导方式在分权的基础上又适当地集中。这样做的好处是:可以集中几个事业部的力量共同研究和开发新产品,可以更好地协调各事业部的活动,从而增强组织活动的灵活性。

4.3.5 委员会制组织结构

为了避免领导者个人的主观、客观因素造成的管理失误,在实践中产生一种集体决策、集体领导的管理者群体组织,委员会则是这种管理者群体组织形式之一。一般情况下,委员会制组织结构是通过举手表决的方式制定决策的。委员会组织可以是临时的,为了某一特定目的而组建,特定任务完成之后即行解散;也可以是常设的,以促进沟通、协调与合作,实施制定和执行重大决策职能。现实中董事会、监事会、职工委员会、学位职称评定委员会都是委员会制的组织形式。这种集体领导与决策的组织结构,能有效避免因个人水平能力有限所造成的各种不力决策与指挥的领导失误,但是这种体制决策速度较慢,有时难以统一思想、统一决策,出现失误时责任不清。

4.3.6 矩阵型组织结构

矩阵型组织结构,又称规划—目标结构。它是把按职能划分的部门和按产品(或项目,或服务等)划分的部门结合起来组成一个矩阵,使同一名员工既同原职能部门保持组织与业务上的联系,又参加产品或项目小组的工作。为了保证完成一定的管理目标,每个项目小组都设负责人,在组织的最高主管直接领导下进行工作。矩阵型组织结构如图4.9所示。这种组织结构形式的特点是:打破了传统的"一个员工只有一个头儿"的命令统一原则,使一个员工属于两个甚至两个以上的部门。它的优点是:加强了各职能部门的横向联系,具有较大的机动性和适应性;实行了集权与分权较优的结合;有利于发挥专业人员的潜力;有利于各种人才的培养。其缺点是:由于这种组织形式是实行纵向、横向的双重领导,处理不当,会由于意见分歧而造成工作中的扯皮现象和矛盾;组织关系较复杂,对项目负责人的要求较高;

由于这种形式一般还具有临时性的特点,因此也容易导致人心不稳。

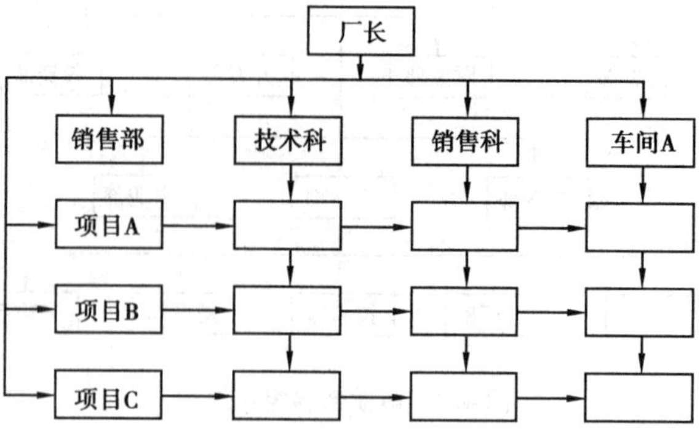

图4.9 矩阵型组织结构

4.3.7 多维立体型组织结构

多维立体型组织结构是由美国道—科宁化学工业公司于 1967 年首先建立的。它是矩阵型组织结构形式和事业部制组织结构形式的综合发展。这种结构形式由以下 3 个方面的管理系统组成:

①按产品(项目或服务)划分的部门(事业部),是产品利润中心。

②按职能如市场研究、生产、技术、质量管理等划分的专业参谋机构,是职能利润中心。

③按地区划分的管理机构,是地区利润中心。

在这种组织结构形式下,每一系统都不能单独做出决定,而必须由三方代表,通过共同的协调才能采取行动。因此,多维立体型组织结构能够促使每个部门都能从整个组织的全局来考虑问题,从而减少了产品、职能、地区各部门之间的矛盾。即使三者之间一旦有摩擦,也比较容易统一和协调。但这种协商共同决策的机制决策速度较慢。一般来说,这种类型的组织结构形式最适用于跨国公司或规模巨大的跨地区公司。美国道—科宁公司运用这种结构形式收到了显著的经济效果,1967—1976 年营业额平均每年都增加 15% 左右。

4.3.8 网络结构

当前我们正处在一个快速变化的时代,新技术的应用推广、新材料的采用、流行时尚的改变、来自新兴工业国家的竞争、新的市场机会,都要求企业迅速做出反应。网络结构便是这样一种自身只有人数很少的中心组织,但通过正式合同建立起一个关系网络,依靠其他组织的力量进行研究开发、生产制造、营销代理等各项关键业务的结构形式,中心组织主要致力于制定政策并协调与各合同公司的关系。

图 4.10 是一个典型的网络结构,小规模经理小组是网络的核心,虚线表示其与各专业公司的合同关系,方框中的外部机构按照合同履行其承担的职能。显而易见,精干、灵活的网络结构具有很大的应变能力和适应性,不需要大规模的设备投资,也没有庞大的员工队伍及相应的管理问题,不论是大型组织还是小型组织,都可以将精力集中在自己最有优势的专业领域,发展自身的核心能力,而将附加职能外包给其他公司。如某些经营个人消费品的公

司,专注于设计和营销,将生产制造外包给劳动力成本低廉地区的制造商。有些出版公司专注于选题与组稿、编辑,而将版面设计、印刷、装订、发行依靠外包进行。网络结构在灵活对外的同时也有助于减少内部运营成本。

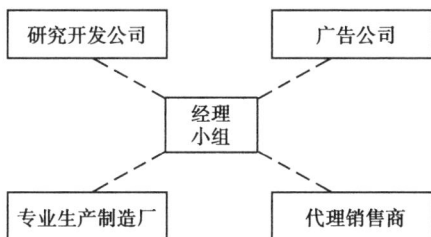

图 4.10 网络结构

网络结构的局限之处在于,其管理当局难以保证对生产经营全过程的严密控制,尤其是在契约意识、信守合同没有深入人心并成为基本行为准则的社会环境中,产品质量,每一经营环节的及时到位都存在失控的风险,而任何一个环节的失误,都对整个组织运作造成极大的危害。网络结构比较适合于服装、鞋帽、玩具、工艺品加工等受流行时尚影响大,在短期内迅速变化的行业,并非对所有企业都是普遍适用的形式。

以上介绍的 8 种类型是到 20 世纪 80 年代末为止的一些主要的和基本的组织结构形式的类型。需要指出的是,这些类型基本上是对实际存在的组织结构形式一定程度的理论抽象,仅仅是一个基本框架,而现实组织则要比这些框架丰富得多。而且不论何种组织结构形态,都各有其优劣长短,不可死搬硬套,在进行组织结构设计时,一定要从实际情况出发,权衡利弊,慎重选择,取长补短,有所创新。

此外,多数组织的组织结构并不是纯而又纯的一种类型,而是多种类型的综合体。随着社会生产力的发展和人们对管理客观规律认识的逐步深化,组织结构形式的类型也必将得到更进一步地完善和发展。

学习任务 4 组织结构的运行

组织结构的运行是组织结构"动态"的一面,它是相对于"静态"而言的。设计出的组织结构,仅仅是一个"框架",尚处于"静态"之中。为了使组织结构在实现目标的过程中做出贡献,必须使它运转起来。在组织结构运转过程中,要正确处理的关系有:授权、集权与分权、委员会制等。

4.4.1 授权

1)什么是授权

所谓授权(Delegation of Authority)就是指上级委授给下属一定的权力,使下属在一定的监督之下,有相当的自主权和行动权。授权者对于被授权者有指挥和监督之权,被授权者对授权者负有报告及完成任务的责任。

授权是一个过程。这个过程包括确定预期的成果、委派任务、授予实现这些任务所需的职权,以及行使职责使下属实现这些任务。从某种意义上说,目标管理就是授权的一种形式。按照这种管理方法,各级管理人员在一定期限内都应有集体和个人的工作目标。目标制定后,上级即根据目标内容对下级授予包括用人、用钱,对外交涉等权力,使下级能运用这些权力尽力完成所定的目标。上级只用目标管理下级,在期限内或到期限后,用这些目标对下级的工作进行检查和考核。

授权并不意味着授责。授权只是把一部分权力分散给下属,而不是把与"权"同时存在的"责"分散下去。换言之,当一级主管把某几种决策权授给二级部属时,虽然二级部属因此获得该决策权,但一级主管仍然负有相同的责任。例如,一个防疫站长,当他所属的某科室不能按期完成任务时,即使该科长觉得自己应负完全责任,但该站长还是避免不了要最后负责。

授权有它特定的含义,应注意区别以下问题:

①授权不同于代理职务。代理职务是在某一时期,依法或受命代替某人执行其任务,代理期间相当于该职,是平级关系,而不是上级授权给他。

②授权不同于助理或秘书职务。助理或秘书只帮助主管工作,而不承担责任,授权的主管依然应负担全责。在授权中,被授权者应当承担相应的责任。

③授权不同于分工。分工是在一个集体内,由各个成员按其分工各负其责,彼此之间无隶属关系;而授权则是授权者和被授权者有上、下级之间的监督和报告关系。

④授权不同于分权。授权主要是指权力的授予和责任的建立,它仅指上、下级之间短期的权责授予关系;而分权则是授权的延伸,是在组织中有系统地授权,这种权力根据组织的规定可以较长时期地留在中、下级主管人员手中。

2) 授权应遵循的原则

授权的范围很广,有用人之权,做事之权等。它们虽各自具有一些不同的特点,但不管哪种授权,都有一些共同的准则可以遵循。授权应遵循的准则如下:

①因事设人,视能授权。一切依被授权者的才能大小和知识水平的高低为依据。"职以能授,爵以功授",这是古今中外的历史经验,两者绝不能混为一谈。"因人设事""以功授权",必然贻误大事。授权前,必须将本单位的工作任务,仔细分析其难易程度,以使职权授予最适合的人选。一旦授予下属职权而下属不能承担职责时,应明智地及时收回职权。

②明确所授事项。授权时,授权者必须向被授权者明确所授事项的任务目标及权责范围。这样不仅有利于下属完成任务,更可避免下属推卸责任。

③不可越级授权。只能对直接下属授权,不可越级授权。例如,局长只能把所属的权力授给他所管辖的处长,而不能越过处长直接授予科长。越级授权必然造成中层主管人员的被动,以及部门之间的矛盾。

④授权适度。授予的职权是上级职权的一部分,而不是全部,对下属来讲,这是他完成

任务所必需的。授权过度等于放弃权力。对于涉及有关组织全局的问题,例如决定组织的目标、发展方向、人员的任命和升迁、财政预算,以及重大政策问题等,不可轻易授权,更不可将不属于自己权力范围内的事授予下属。

⑤适当控制。在授权过程中要适度地进行控制。如果主管人员授权后,仍不断地检查工作,是授权不足的表现。有效的主管人员在实施授权前,应先建立一套健全的控制制度、制定可行的工作标准和适当的报告制度,以及能在不同的情况下迅速采取补救的措施。

⑥相互信赖。授权和沟通相似,必须基于主管人员和部属之间的相互信赖的关系。因此,主管人员如果把权力授予下属,就应该充分信任下属,也就是"用人不疑"。

4.4.2　集权与分权

集权意味着职权集中到较高的管理层次,分权则表示职权分散到整个组织中。集权与分权是相对的概念,不存在绝对的集权和分权。绝对的集权,意味着没有下层管理者,就如同在一个医院内,没有内科、外科等科室主管人员,仅有院长一样。职权的绝对分散意味着没有上层的主管人员,形同没有院长的医院。实际上这两种组织结构都是不存在的。有层次的组织的建立,就已经存在着某种程度的分权。为使组织结构有效地运转,还必须确定分权的程度应该是怎样的。

1）集权与分权的程度

一般来说,集权或分权的程度,常常根据各管理层次拥有的决策权的情况来衡量。

①决策的数目。基层决策数目越多,分权程度就越高;反之,上层决策数目越多,集权的程度就越高。

②决策的重要性及其影响面。若较低一级管理层次做出的决策事关重大,涉及面较广,就可认为分权程度较高。相反,若下级做出的决策无关紧要,则集权程度较高。例如,只允许分厂做出有关经营管理方面决策的公司,其分权程度就低于还允许分厂做出有关财务与人事方面决策的公司。

③决策审批手续的简繁。在根本不需要审批决策的情况下,分权的程度就较高,在做出决策以后,还必须呈报上级领导审批的情况下,职权分散程度就低一些;如果在做出决策前,必须请示上级,那么分权的程度就更低一些。此外,较低一级管理层次在决策时,需要请示的人越少,分权的程度就越高。

按照集权与分权的程度不同,可形成两种领导方式:集权制(System of Centralization)与分权制(System of Decentralization)。集权制指管理权限较多地集中在组织最高管理层。它的特点是:

①经营决策权大多数集中于上层主管,中下层只有日常的业务决策权限。

②对下级的控制较多,例如,下级的决策前后都要经过上级的审核。

③统一经营。

④统一核算。分权制就是把管理权限适当分散在组织的中下层。

分权制的特点是:

①中下层有较多的决策权。

②上级的控制较少,往往以完成规定的目标为限。

③在统一规划下可独立经营。

④实行独立核算,有一定的财务支配权。

2)影响集权或分权程度的因素

集权和分权的程度,是依据条件的变化而变化的。影响集权和分权程度的因素如下:

①决策的代价。这里要同时考虑经济标准和诸如信誉、士气等一些无形的标准。对于较重要的决策、耗费较多的决策,由较高管理层做出决策的可能性较大。因为基层主管人员的能力及获取的信息量有限,限制了他们去决策。再者,重大决策的正确与否责任重大,因此往往不宜授权。

②政策的一致性要求。组织内部执行同一政策,集权的程度较高。

③规模问题。组织规模大,决策数目多,协调、沟通及控制不易,宜于分权;相反,组织规模小,决策数目少,分散程度较低则宜于集权。

④组织形成的历史。若组织是由小到大扩展而来,集权程度较高;若组织是由联合或合并而来,分权的程度较高。

⑤管理哲学。主管人员的个性与所持的哲理影响权力的分散程度。

⑥主管人员的数量和管理水平。主管人员的素质及数量,也影响着权力分散的程度。主管人员数量充足,经验丰富,训练有素,管理能力较强,则可较多地分权;反之应趋向集权。

⑦控制技术和手段是否完善。通信技术的发展、统计方法、会计控制以及其他技术的改进都有助于趋向分权。但电子计算机的应用也会出现集权趋势。

⑧分散化的绩效。权力分散化后的绩效如何,将会影响职权的分散与否。

⑨组织的动态特性及职权的稳定性。组织正处于迅速发展中,要求分权。原有的、较完善的组织或比较稳定的组织,一般趋向集权。有些问题的处理有很强的时间性,而且要随机应变,权力过于集中容易贻误时机,处理此类事项的权力应当分散,以便各管理环节机动灵活地解决问题。

⑩环境影响。决定分权程度的因素中,大部分属组织内部的,但影响分权程度的还有一些外部因素,例如经济、政治等因素。这些外部因素常促使集权。

相关知识

某公司专门生产某种继电器,虽然竞争非常激烈,但由于公司产品比较特殊,供某些厂家专用,再加上质量过关,销售得力,在该地区颇具名气。公司成立9年来,销售额由30万元发展到如今的1 800万元,公司员工也从当初的20余人发展到今天的近650人。公司总经理初建公司时,困难重重,正是总经理没日没夜地带着一帮人干,才开发出如今使自己公司在市场上立足的产品。且在销售方面,总经理也是高手,在他亲自带领下,公司的销售在最初几年里扶摇直上。

然而,随着公司壮大,总经理意识到授权的必要性。经过一段时间的实践,他发现尽管自己做了尝试,但下属似乎没有能辅佐自己的将才。要么下属不明白自己要干什么;要么下属能力不足,不敢授太多权,仍要时时监察,最后由自己拍板。为此,他邀请一位顾问来解决授权问题。

该顾问做了一番调查后,对公司员工、各层管理人员进行访问后得出结论,该公司总经理授权失败的原因有:总经理太担心失去公司经营的控制权,如果下属经营不善的话,会毁掉自己10多年的心血;总经理对下属授权的技巧需提高。

4.4.3　委员会管理

委员会可以解释为从事执行某些方面管理职能的一组人。委员会制指的是组织中的最高决策权,由一个两名以上的人所组成的集体来行使。如果组织中的最高决策权集中在一个人身上,由他对整个组织负责,即个人负责制。在管理中,委员会制在决策方面扮演着越来越重要的角色。

存在于各种组织中的委员会,其形式和类型可以说是多种多样的。它可以是直线式的,也可以是参谋式的;可以是组织结构的正式组成部分,有特定的职权和职责,也可以是非正式的,虽未授予职权,但常常能发挥与正式委员会职能相同的作用。此外,委员会既可以是永久性的,也可以是临时性的,达到特定目的后就予以解散。在组织的各个管理层次都可以成立委员会。在公司的最高层,一般叫作董事会,他们负责行使制定重大决策的职权。在中、下层,也有类型不同的各种委员会,负责贯彻落实上级决策,切实保证任务的完成。

尽管委员会的形式与种类比较多,但是在对于诸如这样的一些问题,如委员会管理的利弊、如何成功地利用委员会等则是相通的。下面,我们就这些问题展开论述。

1)委员会管理的优点

①集思广益。委员会由一组人组成,其知识、经验与判断力均较其中任何一个人高。因此,通过集体讨论、集体判断可以避免仅凭主管人员个人的知识和经验所造成的判断错误。

②协调作用。部门的划分,可能会产生"职权分裂",即对某一问题,一个部门没有完全的决策权。只有通过几个有关部门的职权结合,才能形成完整的决策,解决此类问题当然可以通过提交给上一级主管人员解决,但也可以通过委员会把具有决策权的一些部门召集来解决。这样既可减轻上层主管人员的负担,又有利于促进部门间的合作。此外,委员会可以协调各部门间的活动,各部门的主管人员可通过委员会来了解其他部门的情况,使之自觉地把本部门的活动与其他部门的活动结合起来。

③避免权力过于集中。委员会做出的决策一般都是对组织前途有举足轻重影响的重大决策。通过委员会做出决策,一方面可得到集体判断的好处;另一方面也可避免个人的独断专行、以权谋私等弊端,在委员之间起了权力互相制约的作用。

④激发主管人员的积极性。委员会可使下级主管人员和组织成员有可能参与决策与计划的制订过程。这样做可以激发和调动下级人员的积极性,以更大的热情去接受和执行这些决策或计划。

⑤加强沟通联络。委员会对传送信息有好处。受共同问题影响的各方都能同时获得信息,都有同等的机会了解所接受的决策,这样可以节约信息传递过程中的时间。面对面的交谈,有机会说清楚问题,这是一种非常有效的沟通联络方式。

⑥代表各方面利益。委员会的成员,一般由各方面利益集团的代表组成,因此,委员会做出的决策必然能广泛地反映各个利益集团的利益。

⑦有利于主管人员的成长。通过委员会,下级人员能够了解到其他主管人员及其整个组织所面临的问题,从而对整个组织活动有大概的了解。同时,还能有机会学习上层主管人员的管理经验。另一方面,上层主管人员也可以在委员会中考评下级人员的能力,以作为将来向上选拔的依据。

2)委员会管理的缺点

①成本较高。这里所说的成本,除了资金之外,还包括时间。委员会召开会议,讨论问题,一般都需要花费很多的金钱,若有些成员需长途跋涉才能出席会议的话,那支出会更多。委员会花在会议上的时间也会相当多。会议期间,要讨论各种观点,每个人都有发言权,要为考虑集体结论而反复推敲,所有这些都需要耗费许多时间。假如由一个人能解决好的问题也要提交给委员会来讨论,那么,在金钱和时间上的花费就会更大。

②妥协折中。当议题意见分歧较大时,委员会中人们常常出于礼貌,互相尊重或屈于权威而采用折中的方法,以求取得全体一致的结论,这样得出的结论往往不是最优的结论。

③优柔寡断。由于委员会成员各自的地位、经历、知识等的不同,因此,当为某一议题争论不休,难以取得一致意见时,往往会导致议而不决。

④职责分离。委员会是集体负责,这样也就没有一个人能在实际上对集体的行动负责。换句话说,都负责往往导致都不负责。

⑤一个人或少数人占支配地位。委员会的决议应该反映集体的最完善的决断。但是,往往有少数人要把自己的意志强加给他人乃至整个集体,以个人的主张代替集体的结论,这种做法将会从根本上否定委员会存在的前提。为了更有效地发挥委员会这种集体领导形式的作用,必须注意和不断地研究如何成功地运用委员会。

3)成功地运用委员会

①权限和范围要明确。委员会的权限究竟是决策,还是提供建议供直线主管参考,应该明确加以规定。对于委员会会议上要讨论的议题,也必须使与会者明确地了解,以免讨论时超出这一范围,造成各种浪费。

②规模要适当。一般说来,委员会要有足够的规模,以便集思广益和容纳为完成其任务所需要的各种专家,但是又不能过大,以免开会时浪费时间和助长优柔寡断。有人认为,委员会的成员一般为 5～6 人,最多不超过 16 人。

③选择委员。委员会的成员应该包括哪些人,这一问题与委员会目的的性质有密切关系。要尽可能地选择具有与目的相等的专业人员作为委员会成员。同时,还要求其成员具有一定的集思广益的才能,成员的组织级别一般要相近,这样在委员会中才能真正广开言路,做出正确的结论。

④选择议题。提交委员会的议题,其内容必须适于讨论,否则,虽有良好的议程也无济于事。

⑤主席的重要性。担任委员会主席的人必须慎重选择,因为他肩负着委员会能否有效地发挥作用的任务。委员会的成就取决于会议主席的领导才能。一个好的会议主席,可以使委员会避免很多的浪费和缺点。这就要求委员会主席至少要做到:先计划好会议的内容;安排会议的议事日程;提前检查向委员提供的研究材料;有效地主持会议,使委员会的讨论合成一体,从而做出正确的决议等。

⑥决议案的审校。开会完毕后,会议主席应将做出的决议向大家宣布,这一步骤可得到全体与会人员对决议同意或不同意的明白表示,并且还可以对决议进行修正和补充。

以上讨论了委员会制的优点和缺点。委员会制相对于个人负责制来说,其实质是职权在同一管理层次上的分配。个人负责制的特点是权力集中,责任明确,行动迅速,效率较高。但因其个人的知识、经验以及管理能力毕竟有限,所以难免有考虑不周之处。虽然现代管理中都广设专家智囊机构帮助主管人员进行决策分析,但因决策权在一人手中,并不能完全补上这一缺陷。此外,如果权力落在不合适的人选手中,还有可能导致专制和滥用职权,因为这种体制无任何制约机制。

本单元小结

组织是按照一定目的和程序组成的一种权责结构。组织有一个共同的目标和宗旨,组织是实现目标的工具,其中,包括人员与职务,也包括不同层次的分工协作。组织工作是指为了实现组织的共同目标而确定组织内各要素及其相互关系的活动过程。组织工作的基本原理有9条。

组织结构的设计就是对组织内的层次、部门和职权进行合理划分。要掌握管理层次和管理宽度的概念,以及他们之间的相互关系、影响管理宽度的因素等。部门划分的目的,在于确定组织中各项任务的分配与责任的归属,以求分工合理、职责分明,有效地达到组织的目标。部门可根据人数、时间、职能、产品、地区、对象和设备来划分。职权即职务范围内的管理权限,它是主管人员行使职责的一种工具。组织内的职权有3种类型:直线职权、参谋职权、职能职权。

组织结构的类型有直线型、职能型、直线职能型、事业部型、矩阵型等8种类型,应掌握每种类型的特点和适用范围。在组织结构运转过程中,要正确处理的关系有:授权、集权与分权、委员会制等。掌握它们的概念、相互关系以及优缺点。

人是组织目标实现的直接推动力。组织结构中各个职位的人员配备是每一组织都应十分关心的问题,因为它直接关系到组织的活动是否有效,组织目标能否实现。

学习思考题

1. 什么是组织?

2. 如何理解组织工作?

3. 什么是组织结构? 企业的组织结构有哪些形式?

4. 矩阵型组织结构有哪些特点?

5. 职权与权力之间的关系如何?

6. 如何理解统一指挥原则?

7. 什么是分工协调原则?

8. 如何理解管理幅度原则?

9. 组织设计的权变方法有哪些?

10. 如何理解技术与组织结构的关系?

11. 请以熟悉的校、院或系学生会的组成结构与框架为例,联系最近发生的大型学生活动,通过分析本次活动的组织与开展过程,说明学生会是如何进行此次学生活动的分工与组织工作的,并进一步分析这次活动的效果。

案例1

陷于困境的经理

王先生作为一名有能力的工程师,开创了一个小型生产企业。他的朋友帮他得到一些印刷电路板的订货。

这个公司位于一个平房之中,员工大约有50名。公司是一人管理体制,王先生几乎处理他公司的所有业务,包括从计划、采购、市场、人事到生产监督的每一项工作。由于已经完全投入到企业,王先生自然想全盘掌握他的公司。

王先生制定所有的决策。向他汇报工作的人们执行每天的日常工作。王先生处理的问题有:一是企业计划;二是建立、保持与现有和潜在顾客的联系;三是安排财务筹资并处理日常的财务问题;四是招募新员工;五是解决生产中的问题;六是监管库存、货物接收和发运;七是在秘书的帮助下管理日常的办公事务。

他在工厂投入相当多的时间指导工人该做什么和不该做什么。一旦他看到了自己不喜欢的事情,他就会叫附近的任何员工来改变它。

最近进行体检时,他的医生告诉他:"王先生,如果你再消瘦下去,你的心脏病将可能很快发作。"

王先生正在考虑他的健康和公司的生存问题。

讨论题

1. 你认为王先生的问题是什么?

2. 王先生所面临的问题如何能够得到解决?

3. 怎样通过授权来帮助王先生呢?

案例2

组织巨人

小阿尔弗雷德·普雷查德·斯隆在1920年负责研究一家公司如何组织起来,以及这样组织起来的原因。当时通用汽车公司的总裁皮埃尔·杜邦批准了他研究通用汽车公司组织结构的计划。斯隆认识到,如果通用汽车想抓住未来的远大机会,就必须在组织智慧的指引下发展。一个伟大的工业组织需要许多有智慧的头脑。斯隆对公司组织的研究工作,后来成为他在剩下的职业生涯中取得巨大成功的基础。1923年,斯隆成为通用汽车公司总裁。斯隆的主要成就之一是创造了一种新的组织形式,斯隆的组织研究的成果是一种将分权与协调、集中与控制相结合的组织模型。

20世纪20年代早期,斯隆将通用公司划分为8个事业部——5个汽车生产事业部和3个配件生产事业部,事业部就是人们目前常说的战略事业单位。以前通用汽车公司的轿车在同一市场相互竞争,为了避免这种竞争再次发生,斯隆让每一个事业部都有自己的价格和风格档次。他还引进了每年更改一次的模式,使每一种轿车都有自己的市场。购买轿车的公众以极大的热情回报通用的各种创新,1927年,通用的销售量第一次超过了福特。随着通用的发展,它的组织结构也日渐成形。公司的每一个事业部都对自己的商业运作负责。每个事业部都有自己的工程、生产和销售部门,但都接受公司总部负责整体战略和各个职能部门的领导。生产单位是半自治的,但在各自的领域内要求做到维持生产份额和保持赢利能力。作为一种特别的创新并得到推广的是:生产配件的部门不仅供应通用内部的其他公司,而且还可以向外提供产品。同时,公司总部的规模控制在可管理的范围内。总部的事务就是推敲数字。

斯隆的组织模式赋予事业部前所未有的责任。斯隆的管理思想的核心是要明确每个人的责任。斯隆认为,在通用汽车公司内部一旦将责任分配下去后,公司高层的经理人员还要详细了解事业部的具体情况是不适当的,也是不必要的了。如果绩效不好,可以撤换事业部的领导人员。事情就是这样简单。如果通用想保持行业第一的位置,事业部的经理就必须达到标准。斯隆的多个事业部的组织形式意味着总经理有了更多的时间集中考虑战略问题,具体的经营决策则由一线人员制定,而不是由身处遥远的总部的人员来制定。尽管这需要持续的协调工作,但它还是有效的。

当代思想家舒曼特拉·高沙尔和克里斯托弗·巴特列特指出:"多个事业部也许是最重要的一个管理创新,它可以帮助企业在规模和多样性方面得到发展,突破它所代替的职能组织的限制。"多个事业部的组织形式在大型组织中的推广使分权成为一种趋势。钱德勒的经典著作《战略与结构》对斯隆通用汽车公司的工作大为赞扬。钱德勒指出,多个事业部的主要优点在于:"清楚地将经理人对整个企业所负的重大责任从日常经营活动中分离出来,使他们有时间、信息和体力来从事长期计划和评估工作。"

斯隆的组织模式为组织的生命带来许多必需的明确界定,在20世纪20—40年代,它都运行得非常好,但到了20世纪60年代末期,公司失去了集权与分权的平衡,财务成为最重要的职能。斯隆建立的分权结构是围绕一个委员会机制来运作的,这最终使组织变得笨拙。随着时间的推移,公司内设立了越来越多的委员会。严格的目标和对成功的狭窄界定,限制了组织的创新能力。

讨论题

1. 斯隆的研究成果是什么? 其组织结构是什么类型?

2. 斯隆管理思想的核心是什么? 基于什么考虑?

3. 斯隆的组织模式能保持长盛不衰吗?

🧠 课堂游戏

组织授权

1. 活动目的:

让学员体会及学习作为一位主管在分派任务时通常犯的错误以及改善的方法。

2. 形式:

8人1组。

3. 时间:

30分钟。

4. 材料:

眼罩4个,20米长的绳子1条。

5. 适用对象:

全体学员。

6. 操作程序:

(1)教师在每组中指定1人为总经理,由总经理从小组其他人中选择一位作为秘书,一位作为部门经理,部门经理选择1位作为部门经理秘书,其他4位作为操作人员。

(2)教师把总经理及总经理秘书带到一个其他学生看不见的角落给他说明操作规则。

①总经理要让秘书给部门经理传达一项任务,该任务就是由操作人员在戴着眼罩的情况下,把一条20米长的绳子围成一个正方形,绳子要用尽。

②全过程不得直接指挥,一定通过自己的秘书将指令传给部门经理,由部门经理指挥操作人员完成任务。

③部门经理有不明白的地方也可以通过自己的秘书请示总经理。

④部门经理在指挥的过程中要与操作人员保持5米以上的距离。

7. 活动评价:

(1)作为操作人员,你会怎样评价你的这位主管经理?如果是你,你会怎样来分派任务?

（2）作为部门经理,你对总经理的看法如何? 对操作人员在执行过程中看法如何?

（3）作为总经理,你对这项任务的感觉如何? 你认为哪方面是可以改善的?

实训项目

调查了解组织在管理中所运用的管理组织模式

【实训目标】

请同学凭借家长或朋友的帮助实地调查一家组织。通过和组织员工的接触,了解组织的管理章程、制度和组织模式。

【实训内容】

1. 要求同学通过调查能理解组织管理的有关章程、管理制度的主要内容。

2. 要求同学结合组织发展现状分析该组织的管理组织模式运用得是否适当,并提出改进意见。

【活动组织】

1. 将全体同学以 5 ~ 6 人为单位分成几个小组,每个小组中选定一位能够走进组织的同学作为组长,并由组长组织拟订各个小组的实训方案。

2. 在进入组织前对学生进行培训,提醒他们在与组织交往过程中的注意事项。

3. 正式活动前,组长向教师汇报准备情况,教师帮助其分析实施过程中可能存在的问题,并提出克服困难的办法或明确新的实训方向。

【考核方式】

1. 实训结束后,每人写 1 份实训报告交给组长,组长汇总整理后写出 1 份小组报告上交,并由指导教师批阅。

2. 教师针对实训内容的完成情况给予评分,优秀者向全体同学汇报,并由教师进行评点。

单元 5

领　导

⊙ 知识目标

1. 掌握领导和激励的基本方法。

2. 理解领导和激励的基本含义、特点、领导方式。

3. 理解领导理论与领导艺术。

4. 了解人性的假设。

⊙ 能力目标

1. 正确认识领导的概念,认识领导的科学性和艺术性。

2. 应用领导与激励的基本方法对实际生活和工作中发生的案例进行分析。

3. 应用领导、激励的知识对社会组织进行观察,识别被观察组织的领导方式、领导艺术以及被观察组织激励员工的方式。

管理寓言故事

唐太宗知人善用

在一次宴会上,唐太宗对王珪说:"你善于鉴别人才,尤其是善于评论。你不妨从房玄龄开始,一一评论,评一下他们的优缺点,同时和他们相互比较一下,你在哪些方面比他们优秀?"

王珪回答说:"孜孜不倦地办公,一心为国家操劳,凡是知道的事没有不尽心尽力去做,这方面我比不上房玄龄。常常留心向皇上直言建议,认为皇上能力德行比不上尧舜,这方面我比不上魏征。文武全才,既可以在外打仗做将军,又可以进入朝廷搞管理担任宰相,在这方面,我比不上李靖。向皇上报告国家公务,详细明了,宣布皇上的命令或者传达下属官员的汇报,能坚持做到公平公正,这方面,我不如温彦博。处理繁重的实务,解决难题,办事井井有条,这方面我也比不上戴胄。至于抨击贪官污吏,表扬清正廉书,疾恶如仇,好善喜乐,这方面比起其他几位能人来说,我也有一技之长。"唐太宗非常赞同他的话,而大臣们也认为王珪道出了他们的心声,都说这些评论是正确的。

学习任务1　认识领导职能

5.1.1　领导的定义

领导职能贯穿于管理工作的各个方面。管理的各种职能从根本上是为了保证组织既定目标的实现,因此,需要对组织的各种要素和资源开展计划、组织、控制等工作。其中,人力资源的运用在很大程度上能够直接或间接地决定组织目标的实现及其实现程度。所以,如何正确地领导组织成员,调动组织成员的积极性,有效实现领导与组织成员之间的信息沟通就成为管理的核心问题。管理人员通过计划、组织控制职能是可以取得一定成果的,但主管人员在实施各项管理职能时,如果能够更有效地确保领导工作的正确进行,则必定会获得更高质量的管理成果。因此,管理过程学派认为,领导是管理职能的基本组成部分,它侧重于对组织中人的行为施加影响,发挥领导者对下属的指挥、协调、激励和沟通作用,以便更加有效地完成组织的目标与任务。

组织的绩效是组织成员共同努力的结果。一个组织运营的绩效是由组织成员的各种行为决定的,而组织成员的工作和行为又受到领导者及其领导行为的引导、调节与控制。从这个意义上说,领导者的行为决定着组织的绩效,特别是从事组织战略决策的高层领导者,不仅决定着组织运营的绩效,而且直接决定着组织的兴衰成败。因此,组织要生存并取得成功,就需要有效地领导。组织的领导者应当而且必须对组织运营绩效负责,领导者的领导是否有效,取决于其组织的绩效,绩效是衡量领导者是否称职和才能大小的标准。这说明,作为组织的领导者,最重要的不仅是领导者个人的素质和个人才能,而是将个人的领导素质和领导才能转化成组织绩效的能力。一个有效的领导者能够影响其下属,使下属现有的技能、才智和技术水平能够得到更充分地发挥,从而使组织取得更高的绩效。

传统的观念认为,领导是上级组织赋予领导者一定的职位与权力,领导者通过运用这些法定的权力,带领下属完成组织的任务,实现组织的目标,其核心是强调领导者的权力因素。而现代管理理论,特别是组织行为学理论则赋予领导一种全新的概念,即认为领导是指激励、引导和影响个人或组织,在一定的条件下,实现组织目标的行动过程。这一定义包括以下含义:

①领导一定要与群体或组织中的其他人发生联系。这些人包括下属和组织中的其他成员,他们都甘愿或屈服于组织领导的权力而接受领导者的指导。

②权力在领导和其他成员中的分配是不平等的。领导者具有指导组织中其他成员活动的职权,而组织中其他成员却没有指挥领导者的权力。领导者的权力主要包括制度权、专长权和个人影响权。

③领导者能够对组织成员产生各种影响。领导者具有指导下属活动的法定权力,不仅能够指导下属"做什么",而且能够影响下属"如何做"。领导者能够通过影响被领导者,使其表现出某种符合组织期望的行为或做出表现。领导的本质就是组织成员的追随与服从。正是这些下属和组织其他成员的追随与服从,才使得领导人员在组织中的地位得以确定,并使领导过程成为可能。而下属和组织的其他成员追随和服从某些领导人员指导的原因,就在于这些被他们所信任的领导人能够满足他们的愿望和需求,巧妙地将组织成员的个人愿望和需求的满足与组织目标的实现结合起来。这些不仅在很大程度上表明领导不可避免地要与沟通、激励之间发生关系,而且揭示了领导工作本身所包含的艺术性。

④领导的目的是影响被领导者为实现组织的目标做出努力,而不是更多地体现个人的权威。组织需要建立领袖的权威,但独裁的领导方式通常并不是最有效的领导方式。有效的领导者应当赋予被领导者在执行组织任务的过程中,发挥主动性和创造性的空间。领导是一个有目的的活动过程。这一活动过程的成效取决于领导者、被领导者和环境 3 种因素。领导者是领导活动的主体,领导者必须有下属的追随和服从。没有部下,领导者便谈不上领导。成功和有效的领导活动还取决于有利的环境因素。领导者必须依据组织内外的环境因素,因人、因时、因地制宜地开展领导活动。

5.1.2　领导的作用

领导活动对组织绩效具有决定性影响,具体体现在指挥、协调、激励、沟通 4 个方面。

1)指挥作用

有人将领导者比作乐队指挥。一个乐队指挥的作用是通过演奏家的共同努力形成一种和谐的声调和正确的节奏。在组织的集体活动中,需要头脑清醒、胸怀全局、高瞻远瞩、运筹帷幄的领导者,帮助组织成员认清所处的环境和形势,指明活动的目标和达到目标的途径。领导就是引导、指挥、指导和先导,领导者应该帮助组织成员最大限度地实现组织的目标。领导者不是站在群体的后面去推动群体中的人们,而是站在群体的前列,促使人们前进并鼓舞人们去实现目标。

2) 激励作用

组织是由具有不同需求、欲望和态度的个人所组成,因而组织成员的个人目标与组织目标不可能完全一致。领导的目的就是把组织目标与个人目标结合起来,引导组织成员满腔热情地为实现组织目标做出贡献。领导者为了使组织内的所有人都最大限度地发挥其才能,实现组织的既定目标,就必须关心下属,激励和鼓舞下属的斗志,发掘、充实和加强下属积极进取的动力。

3) 协调作用

在组织实现其既定目标的过程中,人与人之间、部门与部门之间发生各种矛盾冲突及在行动上出现偏离目标的情况是不可避免的。因此,领导者的任务之一就是协调各方面的关系和活动,保证各个方面都朝着既定的目标前进。

4) 沟通作用

领导者是组织的各级首脑和联络者,在信息传递方面发挥着重要作用,是信息的传播者、监听者、发言人和谈判者,在管理的各层次中起到上情下达、下情上述的作用,以保证管理决策和管理活动顺利地进行。

5.1.3　领导权力的构成

作为管理活动的重要职能,领导与权力有着密切的关系。权力通常被看作是组织中人与人之间的一种关系,是指处在某个管理岗位上的人对所有单位与人员的影响力。领导者拥有的影响下属的能力和力量包括:由上级组织赋予并由法律、制度明文规定的正式权力(权力性影响力),称为制度权。由于领导者自身某些特殊条件才具有的影响力(非权力性影响力)。这种权力所产生的影响,是组织成员发自内心的、长时期的敬重与服从,可分为专长权和个人影响权。具体来说,领导者影响力(或权力),可分为以下 5 种:

1) 法定权

法定权来自领导者在组织中担任的职务,来自下级传统的习惯观念,即下级认为领导者拥有的职务权合法的,得到了社会公认,他必须接受领导者的影响。

2) 强制权

强制权建立在下级的恐惧感上。下级认识到,如果不按照上级的指示办事,就会受到上级的惩罚。惩罚包括批评、调职甚至开除等。

3）奖励权

下级认识到，如果按照上级的指示办事，上级会给予一定的奖赏，满足自己的某些需要。奖赏包括物质和精神奖赏两个方面。奖励权来自下属追求满足的欲望，即下属感到领导者有能力奖赏他。

4）专长权

由于领导者具有某种适合本组织需要的专业知识、特殊技能、知识创新能力或管理能力，因此赢得同事和下级的尊敬和服从。

5）个人影响权

这种权力主要来自个人的魅力，个人影响权建立在下属对领导者认可和信任的基础上。由于领导者具有好的品质、作风，受到下属的敬佩和赞誉，愿意模仿和跟从他，因此，拥有个人影响权的人，能激起人们的忠诚和极大的热忱。

在上述 5 种权力中，法定权、强制权和奖励权属于职位权力，而专长权和个人影响权则是由个人的才干和素养等决定的。要想成为一个有效的领导者，仅有前 3 种权力是不够的，还应具有专长权和个人影响权。而且不管运用哪种权力，都要注意运用权力的艺术，都必须慎重用权、公正用权，并注意例外处理。

5.1.4　领导者对组织和个人的影响力

领导者对个人和组织的影响力来自两个方面的权力：一是职位权力；二是个人权力。职位权力是指由于领导者在组织结构中所处的位置，上级或组织赋予的权力，这种权力和领导者的职位相对，退位后相应的权利便会消失，如奖赏权、惩罚权都属于职位权力。个人权力是指由于领导者的个人经历、地位、人格和才能而产生的影响力，它可以使下属心甘情愿地、自觉地跟随领导者，这种权力对下属的影响比职位权力更具持久性。

领导者在权力运用过程中，必须认真研究影响权力运用效果的几个主要因素。第一，领导者职权与个人素质的结合程度。一般情况下，如果领导者个人素质、个人专长与所处职位能有机结合，则权力运用效果最佳。如果领导者个人素质、个人专长与所处职位不能相得益彰，则权力运用效果很不理想。在现实生活中，领导者可以通过个人素质和个人专长来强化职权运用，获得更好的效果。第二，组织系统结构优化的程度。组织系统从某种意义上说，就是一定层次领导者的上级或下级。组织系统结构优化程度如何，肯定影响到领导者权力运用的效果。因此，一个精明的成功的领导者总是十分注意选配下属及不断优化组织系统结构，以确保权力运用的效果。第三，社会心理。社会心理对领导者权力运用的效果有重要的影响，特别是在社会改革和发展中，由于社会地位及其他因素的改变，很容易在社会上形成一定的逆反心理，在某种程度上削弱和损害领导者的权力的运用。因此，领导者必须正视社会心理,善于利用社会心理,提高权力运用的效果。第四,授权、分工和权限。是否有明确的授权、分工和权限,是影响权力运用效果的非常关键的因素。

🧠 相关知识

敏锐的洞察力

瑞士雀巢公司发展到 20 世纪 70 年代末 80 年代初时,世界爆发了严重的危机,雀巢公司也受到了巨大的影响,曾经一度出现了停滞不前甚至滑坡的局面。这时马歇尔出任公司总裁。马歇尔敏锐地发现:广大的消费者的口味越来越世界化,根据这一情况,他提出了把食品按各地不同的口味略加调整及改进,即开发在世界各地畅销的新型食品的设想。这个设想最终迎来了雀巢的重新崛起。20 世纪 80 年代中期,雀巢公司经过调查发现:欧美的物质水平发展很高,但有些有钱、有闲阶级的人士情感十分空虚。他们对待小动物宠爱有加,呵护备至。马歇尔感到,如果经营与这些动物的衣食住行、生老病死有关的行当,肯定有厚利可图。据这一判断,雀巢公司开发了"宠物食品",短短几年时间,雀巢公司生产和销售的"宠物食品"就占了 75% 的市场。

结论:雀巢公司的成功与领导人马歇尔的敏锐的洞察力是分不开的,在当今社会激烈的竞争中,如何抓住商机成为领导人需要具备的素质,而成功地抓住商机,就需要具有敏锐的洞察力。

5.1.5　管理与领导

管理与领导是人们通常容易混淆的概念。事实上,领导职能与管理职能、领导者与管理者是既相互联系,又相互区别的。主要表现在:领导职能是管理职能的部分,可以说管理职能的范围要大于领导职能。领导和管理活动的特点和着重点有所不同,领导活动侧重于对人的指挥和激励,更强调领导者的影响力、艺术性和非程序化管理,而管理活动更强调管理者的职责以及管理工作的科学性和规范性,如果把组织中的工作人员划分为管理人员和作业人员,则从理论上分析,管理者应当是一名领导者,不管他们处在什么层次,都或多或少地肩负着指挥他人完成组织活动的任务。但是另一方面,一个人可能是领导者,却并非是管理者,这是因为除正式组织外,社会上还存在着形形色色的非正式组织。作为非正式组织的领袖,并没有得到上级赋予的职位和职权,也没有义务确立完善的计划、组织和控制职能,但是他们却能对其成员施加影响,起到激励和引导的作用,因此,可以称他们为领导者。

5.1.6　领导工作的基本原理

同其他管理职能一样,指导与领导工作也有其一般规律,从中可以概括出以下基本原理:

1）指明目标原理

指明目标原理可以表述为：使人充分理解组织的目标和任务，是指导与领导工作的重要组成部分。这一工作越是有效，就越能使组织成员了解其组织的目标，明确自己的职责，从而为实现组织目标做出自己的贡献也就越大。同时，也可相应地、更好地满足组织成员的个人需求。

2）协调目标原理

协调目标原理可以表述为：个人目标与组织目标若能取得协调一致，人们的行为就会趋向统一，从而实现组织目标并取得效果。

从根本上说，对下级的指导和领导就是要使人们尽可能地为组织做出贡献。如果个人和组织的目标相辅相成，如果大家都能信心十足、满腔热情、团结一致地去工作，就能够最有效地实现这些目标。人们参加工作是为了满足个人的某些需要，这些需要并不完全同组织目标相一致，但是，完全可以并且能够使个人与组织的利益协调一致和相互补充。所以，在指导和领导下级时，主管人员必须要注意利用个人的需要动机去实现集体目标。在阐明计划和委派任务时，协调个人与组织的目标，使人们能够发挥出忘我的献身精神，这将会使管理工作更为顺利。

3）命令一致性原理

命令一致性原理可以表述为：主管人员在实现目标的过程中下达的各种命令越是一致，个人在执行命令中发生的矛盾就会越小，领导与被领导双方对最终成果的责任感也就越大。

在组织工作中已提出统一指挥原理，强调的是一个人越是完全地只接受一个上级的领导，在上下级之间发生的矛盾就会越少，上下级之间互相抵触的指示就会越少，从而使下级对其工作的责任感就会越强。很明显，这与命令一致性原理有相似之处。人们只有在受同一个上级的指导下，才能最好地按领导的指示办事。然而，确实有时候为了提高一个组织或部门的全面工作效率，需要多方面指挥，并且按照管理宽度，一个领导体在完成一项工作任务时，同时指挥着几个下属，这就必须强调命令的一致性。这就是要体现出所做的一切工作都是为了组织目标的实现这一精神。不允许因为下级部门或个人的不同而不同，更不能"朝令夕改"使下级部门或人员无所适从，造成工作秩序混乱，从而影响目标的实现，给下属造成心理上的不愉快或不满。

4）直接管理原理

直接管理原理可以表述为：主管人员同下级的直接接触越多，所掌握的各种情况就会越准确，从而使指导与领导工作更加有效。

一个主管人员有可能使用一些客观的方法来评价和纠正面对面的接触，这不仅是因为人们喜欢亲身感受到上级对他们本人及其工作的关心，而且，客观地说，作为主管者若不经过亲身体会,则永远不能充分地掌握所需要的全部情况。通过当面接触,主管人员往往能够用更好的方法对下级进行指导,同下级交换意见,特别是能够听取下级的意见或建议,以及体会存在的各种问题,从而更有效地采用适宜的工作方法。

5）沟通联络原理

沟通联络原理可以表述为:主管人员与下属之间越是有效地、准确地、及时地沟通联络,整个组织就越是成一个真正的整体。管理过程中所出现的大量的信息情报,包括组织外的信息情报,主管人员必须自己或组织他人进行整理、分析,从而了解组织内外的动态与变化。进行沟通联络,就是为了适应变化和保持组织的稳定。所以,沟通联络是指导与领导工作的重要手段。没有沟通,组织就无法进行任何活动。也正是通过沟通联络,领导者向全体成员包括对环境施加个人的影响力,从而促使目标得以实现。

6）激励原理

激励原理可以表述为:主管人员越是能够了解下属的需求和愿望并给予合理满足,就越能够调动下属的积极性,使之能为实现组织目标做出自觉的贡献。由于激励不是一个简单的因果关系,因此,主管人员对所采用的激励方案评价估计得越仔细,越是从随机制宜的观点来认识,越是把它与整个管理体制有机地结合起来,则激励方案的效果也将会越好。组织成员对受到的激励所做出的反应取决于他们的个性、对报酬和任务的看法与期望,以及他们所处的组织环境。因此,只笼统地去确定人们的需要,并以此建立对下属的激励方法,往往是不能奏效的。必须充分地认识人,分析其个性特征以及心理动机和需求,必须考虑在一定时间,一定条件下的多种因素的交互作用,不可把激励看作是一种与其他因素无关的、独立可行的方法。

学习任务 2　人性假设

人既是管理的主体即管理者,又是管理的客体即管理对象。作为管理者,他的人性观以及他对被管理者人性方面的基本认识,决定着他将追求的目标,为实现目标可能采取的行为以及对被管理者所采取的基本态度。因此,人性观历来是管理学中的一个重要课题。关于人性假设的理论很多,归纳起来,主要有如下 4 种:

5.2.1 "经济人"假设

英国古典政治经济学的创始人亚当·斯密,在其名著《国富论》(1776 年)中提出了利己主义的人性观,他把资本主义社会看成是一个人们相互交换的联合体,认为交换是"人类的本性",而人们交换的动机都是利己主义的,因此,利己主义是"人类的本性"。作为管理者的资本家,其本性都是追求最大利润的,而作为被管理者的工人,其本性都是追求最高工资的。斯密上述对于人类本性的分析,对西方资产阶级早期的管理理论产生了广泛而深远的影响,很长一个时期被奉为西方管理上的一项基本指南。后来,美国行为科学家道格拉斯·麦格雷戈(Douglas M. McGregor)于1957年在其《企业中的人性面》一文中提出了著名的"X—Y理论",对当时西方社会对于人性的两种主要认识进行了分析研究,其中的"X理论"就代表了"经济人"的人性假设。

"X理论"的主要观点如下:

①一般人都生性懒惰,尽可能地逃避工作。

②一般人都缺乏雄心壮志,不愿承担责任,宁愿被人领导。

③一般人都天生以自我为中心,对组织需要漠不关心。

④一般人都天生反对变革,安于现状。

⑤一般人都不怎么机灵,缺乏理智,易于受到欺骗和煽动。

在人际关系运动开始以前,X理论被广泛接受,所以管理者对下属的管理方式往往处在两个极端:一是"严厉、强硬的"管理方法,包括强迫和胁迫(通常采用隐蔽的方式),严密的监督和控制;另一极端是"温和、软弱的"管理方法,包括宽容、顺从下属的要求,以求相安无事。事实证明,管理方法不论是强硬的还是软弱的,都不能取得理想的效果。采用强硬的管理方法,会导致各种反抗行为,如限制产量、敌对情绪、怠工、组织工会等;采用软弱的管理方法,则常常导致放弃,对工作绩效漠不关心等。管理者进而采用"胡萝卜加大棒"的方法。随着人们对更高层次需要的强烈追求,"胡萝卜"已不能激发起人们的行为动机。因此,"经济人"的观点已经过时了。

5.2.2 "社会人"假设

"社会人"的人性假设是由梅奥通过霍桑试验提出来的。他认为,人是"社会人"。影响人生产积极性的因素,除了物质、金钱外,还有社会和心理的因素,包括人们对归属、交往和友谊的追求。人们在工作中形成的社会关系,对工人的士气起着重大影响,而工人的士气又直接影响着生产效率的高低。因此,作为管理者不能只把目光局限在完成任务上,而应当注意对工人的关心、体贴、爱护和尊重,改变对工人的态度和监督方式,建立起相互了解、团结融洽的人际关系和友好的感情,重视非正式组织的存在,鼓励上下级之间的意见沟通,以消除不满和争端。

无疑,"社会人"假设的提出,是对人性认识的一大进步。

5.2.3 "自我实现人"假设

"自我实现人"的人性假设,是以马斯洛的"需要层次理论"和阿吉瑞斯(Chris Argyris)

的"不成熟—成熟"理论为基础的。美国哈佛大学教授克里斯·阿吉瑞斯,对人的个性与组织的关系问题做过较多地研究,于 1957 年出版了《个性与组织:系统与个人之间的冲突》一书,提出了一种新的人性假设理论——"不成熟—成熟"理论,又称"人性成熟"理论或"个性与组织"理论。阿吉瑞斯认为,人是一个发展着的有机体,因而健康的个性都具有成长的倾向,这种个性成长的倾向包含多方面的内容,并且如同婴儿成长为成人一样,是一种从不成熟到成熟,即从被动到主动,从依赖到独立,从有限的行为方式到多样复杂的行为方式,从肤浅短暂且经常变化的兴趣到浓厚且持久专一的兴趣,从目光短浅到有长远打算,从服从附属地位到平等优越地位,从缺乏自觉到自觉自制的连续发展过程。随着个性的成长,个人的自我世界扩大了,这就是自我的形成过程,就是自我实现的过程。一个人在这个发展过程中所处的位置,标志着他的个性的成熟程度,也体现出他的自我实现的程度。但是,由于传统组织在专业化分工、等级制度、统一指挥、管理幅度等方面的严格控制、呆板规定,使组织成员处于不成熟状态,致使其自我实现的要求得不到满足,引发了种种消极后果。因此,阿吉瑞斯主张,必须改善组织设计,为组织的每个成员创造更多的成功机会,实现组织目标与个人目标的统一。

麦格雷戈在此基础上,提出了"Y 理论"。他认为人的本性并非像传统的"X 理论"认为的那样,而需要一种新的理论做指导,这就是"自我实现人"的人性假设,其主要内容如下:

①人们并非天生就厌恶工作,人们在工作中体力和脑力的消耗,就像游戏或休息一样自然,工作对于人来说是一种满足。

②在适当的条件下,人们不仅接受,而且能主动地承担职责。

③如果提供适当的机会,人们就能将个人目标与组织目标统一起来。个人自我实现的要求和组织目标的要求之间并不是对立的、矛盾的。

④人们并非天生就对组织的要求采取消极或抵制的态度,人们愿意、也能够通过自我管理和自我控制来完成自己认同的组织目标。严格的控制和处罚,并不是使人们努力达到组织目标的唯一手段,它甚至妨碍了个人的发展和成熟。

⑤大多数人都具有较高的解决组织问题的想象力和创造性,但在现代工业社会条件下,人们的智慧潜力只得到了部分发挥。

麦格雷戈提出的"Y 理论",要求管理者改变自己的管理方式和对员工的态度,应当相信人是可以信赖的,是能够自我管理的。组织应当创造一种环境条件,不断发掘员工的潜力,激励员工自觉发挥他们的积极性和创造性,在完成组织目标的同时也达到了自己的个人目标,实现个人目标与组织目标的统一。"Y 理论"在实践中的运用,提出了很多具体的管理方法,如授权、工作扩大化和丰富化、目标管理等,并收到了一定的成效。

5.2.4　"复杂人"假设

对于马斯洛、阿吉瑞斯、麦格雷戈等人主张的人性假设,西方有些管理学家也提出了不同的看法。例如,有些管理学家认为,他们把工作中的满足作为人们唯一的生活乐趣,而忽略了人们的经济动机。实际上,对人的本性是不能一概而论的,有的人适合 X 理论,有的人则适合 Y 理论。因此,一些管理学家指出,人的内心世界是复杂多变的,要因人而异,简单地把人性划归一种类型是不现实的。美国心理学家约翰·莫尔斯(LL. Morse)和杰伊·洛希(LW. Lorsch)应用 X 理论和 Y 理论,分别在两个工厂和两个研究所进行试验,结果是:在工厂里,采用 X 理论能取得较好的效果,而在研究所里,运用 Y 理论进行管理效果较好。这说明,X 理论不见得一无是处,毫不可取;Y 理论也不见得一切都好,可以到处应用。根据这一结果的分析研究,莫尔斯和洛希提出了"复杂人"的人性假设,即所谓的"超 Y 理论"或权变理论。它认为,人的需要是复杂的,既不是纯粹的"经济人",又不是纯粹的"社会人"或"自我实现人"。这种复杂性主要表现为下列几点:

①不同的人有不同的需要结构。有的人追求低层次的需要,有的人追求高层次的需要;有的人要求参与决策,愿意承担更大的责任;有的人则宁愿接受正规的组织结构及其规章制度的约束,而不愿意参与决策和承担责任。而且,各个需要层次之间又是相互作用的。例如,金钱意味着社会地位,地位又意味着尊重的需要得到满足,因而,人们便认为,金钱的满足也是地位、尊重等需要的满足。

②人的很多需要不是生来就有的,而是在后天的环境影响下形成的。由于人的工作和生活环境总是不断变化,因此,人们已有的需要结构也会不断变化。可以说,人在一定时期的需要结构是已有的需要结构与环境条件相结合的产物。

③人对不同的组织或组织的不同部门会有不同的需要。例如,有的人在正式组织里满足物质利益的需要,而在非正式组织里满足人际关系方面的需要。

④一个人在组织中是否感到满足、肯于奉献,关键在于该组织的状况是否同他的需要结构相一致。如果两者是一致的,从而使他能在该组织中得到需要的满足,他便会为该组织效力。否则,就不会效力。因此,组织状况对人的工作态度和积极性影响很大。

⑤由于每个人的需要和能力各不相同,因此,他们对一定的管理方式就会产生不同的反应。也就是说,不存在一种符合任何人、任何环境的万能的管理方式,运用管理方式只能因人、因地、因时制宜。

根据上述人性假设,管理者必须具体了解不同员工之间在需要和能力方面存在的差异,并按照不同人的不同情况,采取相应的管理方式,才能取得预期的效果。管理方式必须灵活,富有弹性,保证管理方式同组织目标、工作性质和职工的个人条件相适应,以使每个员工都能获得胜任感。管理方式越是能达到这种适应,员工的责任感就越强,工作效率也就越高。

由于"复杂人"的假设强调对人性的认识要根据具体情况具体分析,因此,对实际工作具有更强的实用价值。

总而言之,许多管理学家发现,特性理论难以说明领导的有效性问题。于是自 20 世纪 40 年代之后,随着行为科学的兴起,对领导问题的研究重点转向了领导风格,形成了领导风格理论。

领导理论

5.3.1 领导品质理论

领导品质理论主要是研究领导人的品德和素质,以此作为选拔领导人和预测领导有效性的依据。美国管理专家包莫尔通过对企业家应具备的条件的研究,认为一个企业家应具备如下的管理能力:

①合作精神。愿意与其他人一起工作,对人不是压服,而是感服和说服,能赢得人们的合作。

②决策能力。依据事实而不是依据想象进行决策,要有高瞻远瞩的能力。

③组织能力。能挖掘部属的才能,善于组织人力、物力、财力,协调各种资源。

④精于授权。能大权独揽,小权分散,抓住大事,把小事分给下属。

⑤善于应变。权宜通达,机动进取,而不抱残守缺,墨守成规。

⑥勇于负责。对上级、下级、顾客及整个社会抱有高度的责任心。

⑦敢于求新。对新事物、新环境、新观念有敏锐的接受能力。

⑧敢担风险。遇到风险时,敢于承担,并有创造新局面的雄心和信心。

⑨尊重他人。重视和采纳别人的合理化建议,不武断狂妄。

⑩品德超人。品行道德为社会人士、企业员工所敬仰。

5.3.2 领导的特性理论

1)传统的特性理论

传统的管理理论一直把领导者放在中心位置。许多有关领导的研究试图把领导者与被领导者的特性进行比较,以找出有效领导者的特性和特征,进而提出了所谓的特性理论。这些研究发现,有效领导者比普通人的身材要高一些,开朗一些,更自信一些,更聪明一些。但这些研究没有发现能够把有效领导者同被领导者区分开来的综合的领导者特性。

还有一些人做了许多研究来比较有效领导与非有效领导者的特性。他们研究了领导者的进攻性、雄心、果断性、独创性、智力、自信心、身体特征以及其他个人特征,看看这些特征是否与领导的效果有关。他们之所以搞这些研究,是因为他们当中不少人认为领导者是天生的,而不是后天造就的。虽然研究的结果表明,这种假设是不正确的,但仍然有不少人相信有一些天生的、固有的特性使得一个人成为一个出色的领导人。

一般来说,对领导者特性的研究向来不是一种解释领导的好方法。并非一切领导者都具有这些品质,而许多非领导者则可能具备大部分上述的特性。此外,特性理论并不能使人明确一个人究竟应在多大程度上具备某些特性。

2)吉塞利的特性研究

尽管特性理论存在着严重的缺陷,但对于领导者的研究,并没有终止。有一位名叫埃得温·吉塞利的美国管理学家于 20 世纪 60 年代继续进行领导者特性的研究,他的研究主要集中在下列因素:

(1)领导者的能力

①管理能力。

②智力。

③独创性。

(2)领导者的个性特征

①果断性。

②自信心。

③指挥能力。

④成熟程度。

⑤男人气质—女人气质。

⑥与劳动阶级的密切关系。

(3)领导者激励方面的特性

①职业成就的需要。

②自我实现的需要。

③权力的需要。

④金钱报酬的需要。

⑤安全的需要。

吉塞利的研究表明,某些特性对有效领导是非常重要的,按其重要性排列,这些能力是:

①管理能力。指的是执行管理的基本职能的能力,包括计划、组织、指挥和控制。

②职业成就的需要。指的是对成功的欲望和对责任的追求。

③智力。包括判断、推理和思考的能力。

④果断性。指的是成功的决策和解决问题的能力。

⑤自信心。指的是一个人自认为能够解决问题的程度。

⑥独创性。指的是独立工作的能力和寻找解决问题的新途径的能力。

5.3.3 领导行为理论

从 20 世纪 40 年代开始,特性理论就已经不再处于主导地位了。20 世纪 40 年代末至 60 年代中期,有关领导的研究着重于对领导者偏好的行为风格的考察,这就是行为理论。行为理论主要研究领导者的工作作风或领导行为对领导有效性的影响。

1）领导方式的理论

领导方式的理论描述在各种领导行为中,根据代理制控制或影响被领导者方式的不同,可以把领导方式划分为专制式、民主式和放任式 3 种基本的领导风格。这一理论是心理学家勒温通过研究实验建立的。

（1）专制式领导

专制式领导主要是靠权力和强制命令进行管理。其主要特点是:独断专行,从不考虑别人的意见,完全由领导者自己作出各种决策;不把更多的消息告诉下属,下属没有任何参与决策的机会,只能奉命行事;主要靠行政命令、纪律约束、训斥惩罚来维护领导者的权威,很少或只有偶尔的奖励;领导者预先安排一切工作程序和方法,下属只能服从;领导者与下属保持相当的心理距离。

（2）民主式领导

民主式领导的主要特征是对将要采取的行动和决策同下属商量,并且鼓励下属参与决策。这种领导方式的具体特点是:各种决策都是由领导者和下属共同协商讨论决定的,决策是领导者和其下属共同智慧的结晶;分配工作时,尽量照顾到组织中每个成员的能力、兴趣和爱好;对下属工作的安排并不具体,个人有相当大的工作自由,有较多的选择性与灵活性;主要运用个人权力和威信,而不是靠职位权力和命令使人服从;领导者积极参加团体活动,与下属无任何心理上的距离。

（3）放任式领导

实行放任式领导的方式,领导者的主要特点是:极少运用其权力,而是给下属以高度的独立性。

以上 3 种领导方式的领导特点存在明显差异。勒温根据实验得出结论:放任式的领导方式工作效率最低,只能达到组织成员的社交目标,但完不成工作目标;专制式的领导方式虽然通过严格管理能够达到目标,但组织成员没有责任感,情绪消极、士气低落;民主式领导方式工作效率最高,不但能够完成工作目标,而且组织成员之间关系融洽、工作积极主动、有创造性。

2）密执安大学的研究

密执安大学研究由 R. 李克特（Rensis Likert）及其同事在 1947 年开始进行,试图比较群体效率如何随领导者的行为变化而变化。这项研究的目的,是打算建立实现预期的绩效和满意水平的基本原理,以及有效的领导方式类型,结果发现了两种不同的领导方式。

一种是工作（生产）导向型的领导行为。这种领导方式关心工作的过程和结果,并用密切监督和施加压力的办法来获得良好绩效、满意的工作期限和结果评估。对这种领导者而言,下属是实现目标或任务绩效的工具,而不是和他们一样有着情感和需要的人,群体任务的完成情况是领导行为的中心。

另一种领导方式是员工导向型领导行为。这种领导方式表现为关心员工,并有意识地培养与高绩效的工作群体相关的人文因素,即重视人际关系。员工导向型领导者把他们的行为集中在对人员的监督,而不是对生产的提高上。他们关心员工的需要、晋级和职业生涯的发展。

密执安大学的研究人员发现,在领导方式员工导向型的组织中,生产的数量要高于领导方式工作导向型组织的生产数量。另外,这两种群体的态度和行为也根本不同。在员工导向型生产单位中,员工的满意度高,离职率和缺勤率都较低。在工作导向型的生产单位中,产量虽然不低,但员工的满意度低,离职率和缺勤率都较高。在这种经验观察的基础上,密执安大学领导行为方式研究的结论是:员工导向的领导者与高的群体生产率和高满意度成正相关,而生产导向的领导者则与低的群体生产率和低满意度相关。

3)四分图理论(俄亥俄州立大学的研究)

大约在密执安大学对领导方式展开研究的同一时期,美国俄亥俄州立大学的研究人员弗莱西曼(E. A. Fleishman)和他的同事们也在进行关于领导方式的比较研究。他们的研究样本,是国际收割机公司的一家卡车生产厂。他们的研究结果本来罗列了10种不同的领导方式,但最后,他们把这10种类型进一步分为两个维度,即领导方式的关怀维度(Consideration)和定规维度(Initiation of Structure)。

关怀维度代表领导者对员工之间以及领导者与追随者之间的关系、相互信任尊重和友谊的关心,即领导者信任和尊重下属的观念程度。定规维度代表领导者构建任务、明察群体之间的关系和明晰沟通渠道的倾向,或者说,为了达到组织目标,领导者界定和构造自己与下属的角色的倾向程度。该项研究说明,一个领导者的行为在每一种维度中可以出现很大的变化。领导者在每种维度中的位置,通过对两种维度的问卷调查测度。根据这样的分类,领导者可以分为4种基本类型,即高关怀—高定规、高关怀—低定规、低关怀—高定规和低关怀—低定规,如图5.1所示。

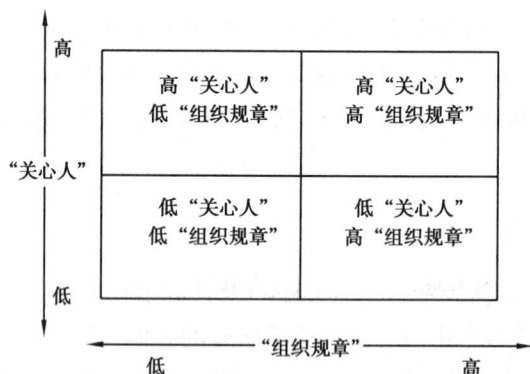

图5.1　领导行为四分图

俄亥俄州立大学的这项研究发现,在两个维度方面皆高的领导者,一般更能使下属达到高绩效和高满意度。不过高—高型风格并不总是产生积极效果。而其他3种维度组合类型的领导者行为,普遍与较多的缺勤、事故、抱怨以及离职有关系。其他发现还有,领导者的直接上级给领导者的绩效评估等级,与高关怀性呈负相关。

4）管理方格理论

密执安大学和俄亥俄州立大学的研究结果发表以后,引起了对理想的领导方式广泛的讨论。一般的看法是,理想的领导行为既是绩效型又是关怀型的。对这种理想的领导方式加以综合的重要成果,是美国得克萨斯大学的布莱克(Blake)和穆顿(Mouton)提出的关于培养领导方式的管理方格论。这一理论充分概括了上述两项研究所提炼的员工导向和生产导向维度。在这种领导方式论中,首先把管理人员按他们的绩效导向行为(称为对生产的关心)和维护导向行为(称为对人员的关心)进行评估,给出等级分值。然后以此为基础,把分值标注在两个维度坐标界面上,并在这两个维度坐标轴上分别划出 9 个等级,从而生成 81 种不同的领导类型。

如图 5.2 所示,有代表性的领导方式为(1,9)型,又称为乡村俱乐部型管理,表示领导者只注重支持和关怀下属而不关心任务和效率;(1,1)型,又称为贫乏型管理,表示领导者付出最小的努力完成工作;(5,5)型,又称为中庸之道型管理,表示领导者维持足够的任务效率和令人满意的士气;(9,1)型,又称为任务型管理,表示领导者只重视任务效果而不重视下属的发展和士气;(9,9)型,又称为团队型管理,表示领导者通过协调和综合工作相关活动而提高任务效率与士气。他们认为,(9,9)方式的管理者工作是最佳的领导方式,并提出,原则上达不到(9,9)等级的管理人员,要接受如何成为一个(9,9)领导人的培训。

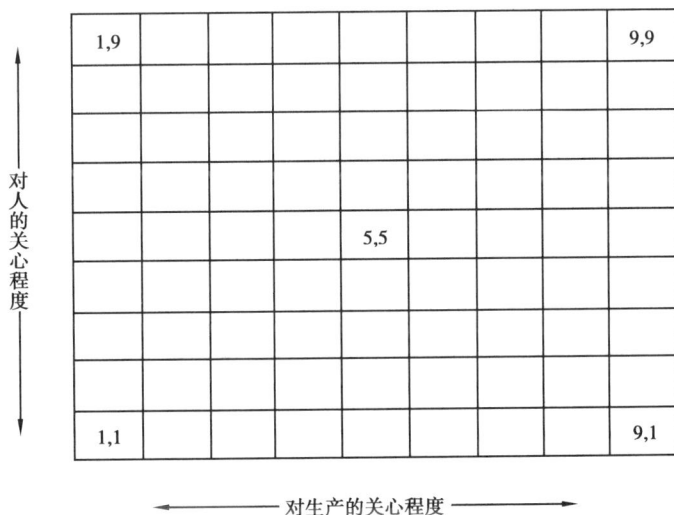

图 5.2　管理方格图

20 世纪 60 年代,管理者方格培训受到美国工商界的普遍推崇。但在后来,这一理论逐步受到批评,因为它仅仅讨论一种直观,而且是最佳的领导方式。而且,管理方格论并未对如何培养管理者提供答案,只是为领导方式的概念化提供了框架。另外,也没有实质性证据支持在所有情况下,(9,9)领导方式都是最有效的方式。例如,在不同的社会、经济、文化和政治背景中,管理者领导方式的优劣,并不是简单地通过中性或平衡的(9,9)分布能够陈述的。这说明,领导方式的行为理论并不是对某种领导方式的最佳选择,领导方式的研究应是多角度的。研究者认为,(9,9)风格的领导者工作效果最佳。但是,管理方格理论只是为领导风格的概念化提供了框架,并未对如何培养管理者提供答案。并且,也没有实质性的证据支持在所有情境下(9,9)风格都是最有效的方式。

5.3.4 领导权变理论

领导的权变理论是在特性理论和行为理论的基础上发展起来的。尽管许多研究认为,领导者中发挥作用的环境在决定领导者工作效率时起着显著的作用,但是研究者们很少去做关键环境变量的研究。而权变理论者们则把研究的工作目标放在发现使领导人的行为和特征在一定条件下富有成效的环境变量上。因为人们越来越清楚地认识到,为了预测领导成功而对领导现象进行的研究其实比分离特性和行为更为复杂。由于没能在特性和行为方面取得一致的结果,使得人们开始重视情境的影响。他们认为,并不存在一种普遍适用的"最好的"或"不好的"领导方式,领导的行为若想有效,就必须随着被领导者的特点和环境的变化而变化。可以用下面的公式来表示:

有效的领导 = f(领导者,被领导者,环境)

一些分离主要情境变量的方法被证明比其他方法更为成功,也因此而获得了广泛的认可,这里我们主要介绍较有影响的几种:

1)费德勒模型

第一个全面的领导模型是由弗莱德·费德勒提出的。费德勒权变模型指出,有效的群体绩效取决于与下属相互作用的领导者风格和情境对领导者的控制与影响程度之间的合理匹配。他认为任何领导方式都可能有效,其有效性完全取决于是否与所处的环境相适应。

费德勒相信影响领导成功的关键因素之一是个体的基本领导风格,因此他首先试图发现这种基本风格是什么。为此目的,他设计了最难共事者问卷(LPC问卷)。费德勒的LPC问卷见表5.1。

表5.1 费德勒的LPC问卷

快乐	8	7	6	5	4	3	2	1	不快乐
友善	8	7	6	5	4	3	2	1	不友善
拒绝	1	2	3	4	5	6	7	8	接纳
有益	8	7	6	5	4	3	2	1	无益
不热情	1	2	3	4	5	6	7	8	热情
紧张	1	2	3	4	5	6	7	8	轻松
疏远	1	2	3	4	5	6	7	8	亲密
冷漠	1	2	3	4	5	6	7	8	热心
合作	8	7	6	5	4	3	2	1	不合作
助人	8	7	6	5	4	3	2	1	敌意

续表

无聊	1	2	3	4	5	6	7	8	有趣
好斗	1	2	3	4	5	6	7	8	融洽
自信	8	7	6	5	4	3	2	1	犹豫
高效	8	7	6	5	4	3	2	1	低效
郁闷	1	2	3	4	5	6	7	8	开朗
开放	8	7	6	5	4	3	2	1	防备

问卷由 16 组相对应的形容词构成。费德勒让受试者回想一下与自己共过事的所有同事,并找出一个最难共事者,用此问卷对其进行评估。如果以相对积极的词汇描述最难共事者(LPC 得分高),则受试者很乐于与同事形成友好的人际关系。也就是说,如果你把最难共事的同事描述得比较有利,费德勒称为关系取向型。相反,如果你对最难共事的同事看法不很有利(LPC 得分低),你可能感兴趣的是生产,因此被称为任务取向型。由此可以得到两种不同的领导风格。但费德勒也承认介于这两种风格之间的领导者的个性特点就很难描述。

费德勒还认为,一个人的领导风格是固定不变的,这就意味着如果情境要求任务取向的领导者,而在此工作岗位上的却是关系取向的领导者时,要想达到最佳效果,则要么改变情境,要么替换领导者。

用 LPC 问卷对个体的基本风格进行评估之后,需要再对情境进行评估,并将领导者与情境进行匹配。费德勒列出了 3 项权变因素用以确定决定领导有效性的情境,它们是领导者—成员关系、任务结构和职位权力。

①领导者—成员关系。下属对领导者信任、信赖和尊重的程度。

②任务结构。工作任务的程序化程度(即结构化或非结构化)。

③职位权力。领导者在雇佣、训练、晋升、加薪、解聘等方面有多大的影响力和权力。

此 3 种权变变量总和起来便得到 8 种不同的情境或类型,每个领导者都可以从中找到自己的位置。不同领导风格在不同情境下的效能见表 5.2。

表 5.2   不同领导风格在不同情境下的效能

情境类型标号		1	2	3	4	5	6	7	8
情境因素	上下级关系	好	好	好	好	坏	坏	坏	坏
	任务结构	高	高	低	低	高	高	低	低
	职位权力	大	小	大	小	大	小	大	小
领导效能	关系取向型	低			高		一般		低
	任务取向型	高			低		一般		高

总之,费德勒认为,个体的领导风格是稳定不变的,因此,提高领导者的有效性实际上只有两条途径:一是替换领导者以适应情境。如群体所处的情境十分不利,而目前又是一个关系取向的管理者进行领导,那么,替换一个任务取向的管理者则能提高群体的绩效。二是改变情境以适应领导者。通过重新建构任务,提高或降低领导者可控制的权力(如加薪、晋升和训导活动),可以做到这一点。假设任务取向的领导者处于第四种类型的情境中,如果该领导者能够显著增加他的职权,即在第三种类型中活动,则该领导者与情境的匹配十分恰当,从而会获得更高的群体绩效。

大量研究表明,费德勒模型的总体效果是十分积极的,有相当多的证据支持这一模型。但是,该模型目前还存在一些缺陷,还需要一些变量来加以改进和弥补。另外,受试者的分数并不稳定,这些变量的好坏程度、高低程度在实践中过于复杂而难以操作。

2)领导生命周期理论

另一种领导情境理论,是由美国管理学者保罗·赫塞(Paul Hersey)和肯尼斯·布兰查德(Kenneth Blanchard)提出的。他们补充了另外一种因素,即领导行为在确定是任务绩效还是维持行为更重要之前应当考虑的因素——成熟度(Maturity),并以此发展为领导方式生命周期理论。这一理论把下属的成熟度作为关键的情景因素,认为依据下属的成熟度水平选择正确的领导方式,决定着领导者的成功。

"领导生命周期理论"以领导的"四分图理论"和"管理方格理论"为基础,同时又结合了阿吉瑞斯的"不成熟—成熟理论"。它在前两者二维结构的基础上,又加上了成熟程度这一因素,形成了一个由工作行为、关系行为和成熟程度组成的三维结构。领导生命周期理论如图5.3所示。

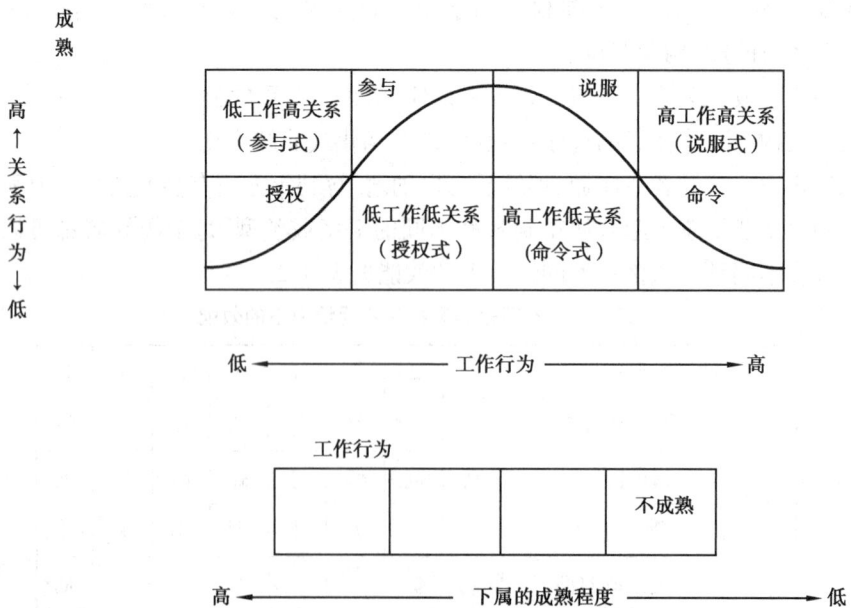

图5.3 领导生命周期理论

在领导生命周期理论中,工作行为是指领导者和下属为完成任务而形成的交往形式,代表领导者对下属完成任务的关注程度。关系行为是指领导者给下属以帮助和支持的程度;成熟程度,是指人们对自己的行为承担责任的能力和意愿的大小。它包括两个要素:工作成熟度和心理成熟度。工作成熟度指一个人的知识和技能,如果一个人拥有足够的知识、能力和经验完成他的工作任务而不需要他人的指导,则其工作成熟度就高;反之则低。心理成熟度指一个人做某事的意愿和动机,如果一个人能自觉地去做某事而无须太多的外部激励,则其心理成熟度就高,反之则低。

由工作行为和关系行为相结合,形成 4 种情况,对应着 4 种领导方式。

①高工作低关系——命令式。领导者对下属的工作进行详细、具体地指导,告诉下属应该干什么,怎么干,何时干,何地干等,它强调直接指挥。

②高工作高关系——说服式。领导者既给下属以一定的指导,又注意激发和鼓励其积极性。

③低工作高关系——参与式。领导者与下属就工作问题共同决策,领导者着重为下属提供便利条件,搞好协调沟通。

④低工作低关系——授权式。领导者提供极少的指导或支持,授予下属一定的权力,由下属自己独立地开展工作,完成任务。

同时,赫西和布兰查德又把成熟程度分为 4 个等级。

①不成熟(M1)。下属对工作任务缺乏接受的意愿和承担的能力,既不能胜任工作又不被信任。

②稍成熟(M2)。下属愿意承担工作任务,但缺乏足够的能力,他们有积极性,却没有完成任务所需的技能。

③较成熟(M3)。下属有能力完成工作任务,但却没有动机,不愿去做。

④成熟(M4)。下属既有能力又愿意去做领导者分配给自己的工作。

赫西和布兰查德认为,随着下属从不成熟走向成熟,领导者不仅可以逐渐减少对工作的控制,而且还可以逐渐减少关系行为。当下属不成熟(M1)时,领导者必须给予下属明确而具体的指导以及严格的控制,需要采取高工作低关系的行为,即命令式领导方式。当下属稍微成熟(M2)时,领导者需要采取高工作高关系的行为,即说服式领导方式。高工作行为可以弥补下属能力上的不足,高关系行为可以保护、激发下属的积极性,给下属以鼓励,使下属领会领导者的意图。当下属比较成熟(M3)时,由于下属能胜任工作,但却没有动机,或不愿意领导者对他们有过多的指示和约束,因此,领导者的主要任务是做好激励工作,了解下属的需要和动机,通过提高下属的满足感来发挥其积极性,宜采用低工作高关系的行为,即参与式领导方式。当下属成熟(M4)时,由于下属既有能力又愿意承担工作、担负责任,因此,领导者可以只给下属明确目标、提出要求,由下属自我管理,此时可采用低工作低关系的行为,即授权式领导方式。

总之,"领导生命周期理论"揭示出:随着下属成熟程度的提高,领导者应相应地改变自己的领导方式。从另一个方面来说,对于不同成熟程度的下属,领导者应该采用不同的领导方式。

和菲德勒的权变理论相比,领导方式生命周期理论更容易理解,且更直观。但它只针对了下属的特征,而没有包括领导行为的其他情境特征。因此,这种领导方式的情境理论算不上完善,但它对于深化领导者和下属之间的研究,具有重要的基础作用。

3)路径—目标理论

路径—目标理论是罗伯特·豪斯(Robert House)发展的一种领导权变理论。该理论认为,领导者的工作是帮助下属达到他们的目标,并提供必要的指导和支持,以确保各自的目标与群体或组织的总体目标一致。"路径—目标"的概念来自这样的观念,即有效领导者能够明确指明实现工作目标的方式来帮助下属,并为他们清除各种障碍和危险,从而使下属的相关工作容易进行。

根据路径—目标理论,领导者的行为被下属接受的程度,取决于下属是将这种行为视为获得当前满足的源泉,还是作为未来满足的手段。领导者行为的激励作用在于:

①使下属的需要—满足取决于有效的工作绩效。

②提供有效绩效所必需的辅导、指导、支持和奖励。为考察这些陈述,豪斯确定了4种领导行为:指导型领导者让下属知道他对他们的期望是什么,以及他们完成工作的时间安排,并对如何完成任务给予具体指导,这种领导类型与俄亥俄州立大学的定规维度相似,支持型领导十分友善,表现出对下属需要的关怀,它与俄亥俄州立大学的关怀维度相似;参与型领导则与下属共同磋商,并在决策之前充分考虑他们的建议;成就导向型的领导设定富有挑战性的目标,并期望下属发挥出自己的最佳水平。与菲德勒的领导方式学说不同的是,豪斯认为领导者是灵活的,同一领导者可以根据不同的情境表现出任何一种领导风格。

路径—目标理论提出了两类情境变量作为领导行为—结果关系的中间变量,即环境因素(任务结构、正式权力系统、工作群体)和下属的个人特点(控制点、经验、知觉能力)。控制点是指个体对环境变化影响自身行为的认识程度。根据这种认识程度的大小,控制点分为内向控制点和外向控制点两种。内向控制点是说明个体充分相信自我行为主导未来而不是环境控制未来的观念,外向控制点则是说明个体把自我行为的结果归于环境影响的观念。因此,下属分为内向控制点(Internal Locus of Control)和外向控制点(External Locus of Control)两种类型。环境因素和下属个人特点决定着领导行为类型的选择。这一理论指出,当环境因素与领导者行为相比重复或领导者行为与下属特点不一致时,效果皆不佳。

以下是路径—目标理论引申出的一些假设范例:

①相对于具有高度结构化和安排完好的任务来说,指导型领导产生更高的满意度。

②当下属执行结构化任务时,支持型领导导致员工高绩效和高满意度。

③指导型领导不太适于知觉能力强或经验丰富的下属。

④组织中的正式权力关系越明确、越层级化,领导者越应表现出支持型行为,降低指导型行为。

⑤内向性控制点的下属,比较满意于指导型风格。

⑥当任务结构不清时,成就导向型领导将会提高下属的努力水平达到高绩效的预期。

4)领导行为的连续同一体理论

这是美国行为科学家坦南鲍姆和斯密特于 1958 年提出的。他们认为,在专权和民主两个极端间存在着多种多样的领导方式,构成一个连续同一体。领导行为的连续同一体理论见表 5.3。

表 5.3　领导行为的连续同一体理论

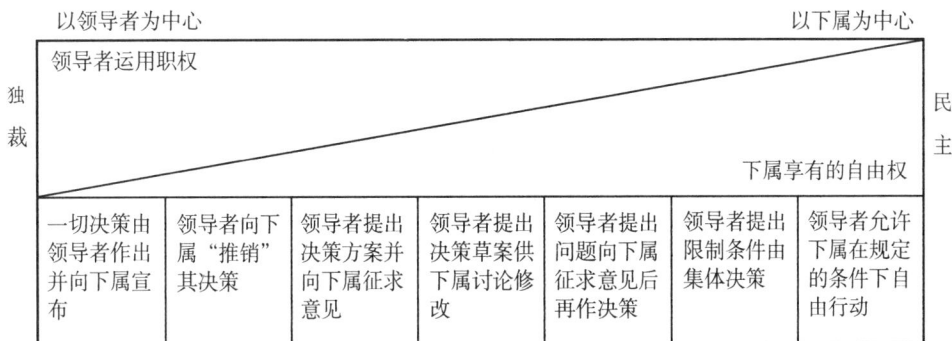

以领导者为中心						以下属为中心
领导者运用职权						民主
独裁					下属享有的自由权	
一切决策由领导者作出并向下属宣布	领导者向下属"推销"其决策	领导者提出决策方案并向下属征求意见	领导者提出决策草案供下属讨论修改	领导者提出问题向下属征求意见后再作决策	领导者提出限制条件由集体决策	领导者允许下属在规定的条件下自由行动

表 5.3 领导行为的连续同一体理论也就是说:一切领导方式不可能固定不变,而是随着环境因素的变化而变化的,并不是机械地只从专权和民主两方面进行选择,而是按客观需要把两者结合起来进行恰当地组合。连续统一体理论正表明了一系列民主程度不同的领导方式。其最左边是以上级中心的领导者个人做决策,并指派下级执行。随着连续带向右边移动,授予下属的权力相应增加,故右边的领导者叫作以下属为中心的领导者。

坦南鲍姆等人认为,领导者在选择具体领导方式之前,应从实际出发,考虑自身的"能力",即经历、知识、经验和价值观等,以及下属的"能力",即对承担决策任务的愿望,处理问题的能力及对组织目标的认识等。一般来说,若领导者认为他的下属有才干,能够独立地处理好问题,就采取以下属为中心的领导行为;反之,则采取以上级为中心的领导行为。显然,这种理论要求领导者有较强的适应性,以应付不断变化的情况。

学习任务 4　领导艺术

领导活动既有科学性,又有艺术性。领导活动的实践表明,领导艺术包含着科学的成分,而领导科学只有在被艺术地表现和运用的时候,才能更好地赢得群众。因此,现代领导者必须研究领导艺术,运用领导艺术,这是不断提高领导效能的有效途径之一。

5.4.1　领导艺术的含义

领导艺术是领导者在个人素质的基础上,以丰富的领导经验,深厚的领导科学造诣,对各种领导条件、方式方法,成熟而高超并富有创造性的运用,表现出的领导风格和艺术形象。简言之,领导艺术就是领导技巧与风格的巧妙结合,具体表现为4个统一。

①灵活性与原则性的统一。体现领导艺术中的原则性是灵活性的基础,灵活性是为实现原则服务的。领导艺术的运用都是因事、因时、因地而宜,即兴而发。它体现了领导者在千差万别的事物面前,在复杂多变的情况下,在艰难的环境中,发挥积极性、创造性,以及完成各项任务的灵活性。

②经验性与理论性的统一。经验可以升华为更高超、更奥妙的领导艺术。企业领导艺术本身就是理论形态的东西。

③创造性与规律性的统一。企业领导者的创造性劳动是企业领导艺术的生命所在。企业领导者实施领导艺术的过程始终是一个不断尊重客观规律的、不断创造的过程。

④多样性和综合性的统一。企业领导者本人的素质会使领导艺术呈现出与众不同的个性,即多样性。但企业领导艺术作为一种技能,既要以领导者的知识和经验为基础,又要以领导者才能和素质为前提,还要以企业领导者有效的方法和灵活的技巧为手段。因此,领导艺术是企业领导者综合素质的反映,是企业领导高级综合能力的体现。

5.4.2　几种主要的领导艺术

1) 领导者用权的艺术

领导者所拥有的权力,是领导者实施领导的基础和前提。领导者的权力主要有组织法定权和个人影响权两个方面。领导者只有在遵守组织法定权,又不断培养个人影响力的情况下,才能有效地发挥用权的艺术。

(1)要谨慎用权

①要严格遵守法定权限,不对上越权和向下侵权,这是权利规则的基本要求。越权是任何上级都忌讳和反感的,而侵权既是对下级人格的不尊重,也会挫伤下级工作的积极性。在领导集体里,要相互尊重对方的权力,不应对不属于自己职责范围的事随意表态做主,否则会引起领导者之间互相猜疑、关系紧张,也会给思想意识不好的下级人员提供"钻空子"的机会。

②不要轻易动用法定权力。如命令、指令,一般不宜过多和过细,要给下级自主活动的余地。奖赏惩罚不宜过频过宽。

③不要炫耀权力,但在必要时却敢于坚决果断地用权,决不优柔寡断,贻误大事。

(2)用权要讲求实效

①用权主要应用事先诱导、警告、指示的方法,使下级从敬畏感出发,自觉服从领导,同领导者行动一致。如事先将组织法定权向下属详细宣布,使下级知道哪些事是他不能擅自做主的,他就会做到事事请示;哪些事是他有权处理的,能避免下级凡事都来请示,从而把服从建立在自觉自愿的基础上。

②要善于运用权力对下属进行诱导和控制。批评和处罚,表扬与奖励,都是激励手段。

适当扩大通报情况的范围,及时肯定一些人的积极、创造行为,必要时重申有关纪律和禁令,也能激励下属的进取心、创造性,并避免出现越轨行为。控制的主要目的是不要让行为偏离领导目标。

③使用奖惩也是一种用权,但必须同时做耐心细致的说服教育工作。赏罚必须公平,赏罚要就事论事。赏罚要及时,刺激作用才大,如注意奖惩面的大小,注意奖惩的形式与宣布的场合,有时行事前给人打招呼,让人有思想准备,奖惩一般都应公开进行。

（3）要相宜授权

授权要讲技巧,授权的技巧主要有:

①因事择人,视能授权。择人的标准就是看他是否有这方面的专长和处理该事的能力。

②明确权责,适度授权。所谓明确权责,就是要向被授权人讲清所授予的权力和责任范围,执行该任务要达到的具体目标。还应向有关人员宣布该项授权,以便有关人员协助被授权人共同完成该项任务。所谓适度授权,就是要分层授权,只向自己的直接下属授权。授权一般是一事一授,有关任务完成了就及时收回权力。

③授权留责,监督控制。授权留责是对下属充分信任的表现。授权没有卸责,出了问题,领导者应勇于承担责任,这样下属往后就乐意接受你的授权并大胆工作,领导者还要支持被授权人的工作,同时领导者仍需监督控制。

2）领导者理事的艺术

所谓理事艺术,就是领导者把握事物的特征和分寸,灵活运用多种处事方法的技巧。为此,应从以下几个方面努力:

（1）增强领导意识

与领导者理事相关的主要是全局、目标、决策三大意识。所谓全局意识就是指导者明确自己在组织团体中的地位,时时事事从全局出发审视领导活动的全过程,发现和识别与全局、长远有关的事,并着力抓好,处理好。目标意识就是领导者时时事事以目标为准绳,把目标当作评判鉴别组织内各种人事的标准,以己昭昭,使人昭昭。决策意识就是领导者能打开思路,突破狭隘的经验框架,冲破思维定势,敢于创新,敢于决策。

（2）自觉地用可持续发展的观点指导领导工作

领导者认真总结过去的事,是做好当前领导工作的必要前提。当前的事是过去事的果,又是将来事的因。领导工作的当前事具有继往开来的性质。领导者谋求长远,是在立足当前,总结过去,展望未来,把握现在基础上的远谋。

（3）养成对日常事物进行理性分析和分类处理的良好习惯

从提高领导处事艺术的角度,这里把领导者的工作分成以下几类,并设计相应的处理方式。一是常规事情规范化。对常规事情,领导者自己不必躬亲,可授权下级人员去做,但要规定具体要求,操作程序,考核指标和奖惩规则,使之规范化。二是一般事情案例化。一般事情是指有先例可循,有处理此事情的经验,但对其规律尚未完全认识的工作事项。应该珍视以往处理此事情的经验教训,但又不囿于以往经验,形成工作方案后交部属去执行,然后听取汇报,进一步总结经验。三是例外事情决策化。例外事情是指新情况下的新问题、新矛盾,没有先例,单凭经验难以处理的事项,对此领导者要遵循决策程序组织力量,群策群力,制定方案,督导实施,检查考评,全程调控和调适,从中总结经验,摸索规律,使之走向案例化和规范化处理模式。四是重点事项亲自抓。所谓重点事项,一是关键性,另一个就是薄弱性。关键性就是指与领导目标密切相关,并在一定程度上决定领导工作成败的事项;薄弱性指因主客观条件不充分,使工作受到延误,或无起色,需要加强的事项。

(4)掌握理事的分寸和技巧

古今中外,哲人贤士,无不具有高超的技巧。如毛泽东在第二次国共合作时期处理统一战线的艺术,与国民党顽固派斗争的艺术;周恩来机智敏捷,灵活应变的外交艺术,团结协调各界人士,共谋大局的艺术。各级领导者都应在实践中提高理事的艺术方法。

相关知识

总裁降薪

亚科卡就任美国克莱斯勒公司经理时,公司正处于一盘散沙状态。他认为经营管理人员的全部职责就是动员员工来振兴公司。在公司最困难的日子里,亚科卡主动把自己的年薪由100万美元降到1 000美元,这100万美元与1 000美元的差距,使亚科卡超乎寻常的牺牲精神在员工面前闪闪发光。榜样的力量是无穷的,很多员工因此感动得流泪,也都像亚科卡一样,不计报酬,团结一致,自觉为公司勤奋工作。不到半年,克莱斯勒公司就成为拥有亿万资产的跨国公司。

结论:行为有时比语言更重要。领导的力量,很多往往不是由语言,而是由行为动作体现出来的,在企业兴旺发达的时候、往往容易忽视人才的能力和本质。居领导地位的人,必须在平时注意发现那种面临危机毫不动摇,并能成为解救危机的、真正的、有能力的人才。

3)领导者讲话的艺术

提高领导讲话艺术的方法,一是要了解讲话的对象。领导者在讲话之前,必须深入了解讲话对象的特点,选择与之对应的讲话方式和措辞。让听者有所知,有所得,并注意讲话对象的现场表情和反应,适当穿插精彩的事例或故事。要交替调动听者的抽象思维与形象思维,谋取最佳的现场效果。二是要有明确的讲话目的,围绕主题展开。一个主题的要点不宜过多,要点超过了常人听力记忆、理解记忆的限度,内容再好,也会影响听者的兴趣和情绪。讲话内容要实,引用的数据资料要准确。三是要掌握讲话的技巧。领导讲话口齿要清楚,声音要洪亮,语速和节奏要与讲话的内容、听者的反应相匹配,富有变化和美感,动态地调整语气语态。例如,庆祝性讲话,要热情洋溢,语调高昂;嘈杂的场合用深沉严肃的语调召唤听众;遇到听众减少的冷场情况,则要处变不惊,冷静应对,果断调整内容或变换方式,切忌针锋相对,斥责听众,使事态扩大。领导讲话不仅要生动,富有哲理,而且要有群众性,要善于用群众的语言。要根据工作的实际情况选择适当的讲话方式。如情况清楚,政策界限明确,领导者使用肯定的语气做出回答,以稳定群众情绪,增加群众对领导机关的信任感。如果情况不明,资料不足,领导者切不可信口开河,轻易许诺或表态,可以采取迂回式的设问或反问,征求群众意见,给自己争取一些了解情况、决定问题的时间,但事后一定要给群众一个明确的答复。四是根据会议的性质和目的来决定讲话的方式和内容。在咨询会议、诸葛亮会议等民主讨论会上,领导者的角色是向导和导演,不是演员,要少讲或不讲,仔细聆听各方面的意见,不轻率肯定或否定哪方面的意见,总结时要全面吸收各家之长,引导群众深入探讨,但不做结论。在领导班子内部的政策研究会上,应在深思熟虑的基础上,敢于亮出自己的观点,要有坚持真理的勇气,不人云亦云,或顺着一把手的梯子爬。在执行性会议上,则要指明目标任务,做出具体的部署和分工,落实人员和资源,应讲得具体、明确、清晰而没有歧义。在告之性会议上,领导者讲话要依据文件,做出必要地解说,但不能随便发挥,以免冲淡主旨,干扰正听。

4)领导者开会的艺术

(1)树立会议价值观

基于价值工程原理,对会议价值的分析,领导者必须综合会议功能和成本两个方面,以领导目标为依据具体研究不同会议的功能(目的效用),在确保会议目标功能实现的前提下,适当选择会议的地点、形式、研究决定参加会议的人数和会议的时间等问题。

(2)提高领导者开会艺术的原则与方法

掌握好开会的原则:会前做好准备,出会议通知,明确会议主题,让与会者有准备地参加;注重会议的效率和效果,议题不宜过多,限定发言时间,言简意明,整个会议应围绕中心议题进行;会议要有决,决要有行,行要有果,果要有反馈,检查落实,确保会议产生较好的后果。

控制好会议的规模,按照会议的性质和目的决定参加会议人员的人数。开法也要灵活,有的人因工作需要,可参加某些问题的讨论;有的人可参加会议总结,场内的会与场外的征求意见会可以同步进行,相互沟通。

控制好会议进程,提高主持会议的技巧。掌握好会议的逻辑过程,即引导、讨论、趋同和总结4个阶段。因为学提示,人脑最佳状态只能保持40～45分钟。营造良好的会议气氛,会议主持者应和与会者建立平等的关系,主持人不可先表露自己的意见,要巧妙地制止夸夸其谈者,鼓励不善言谈者,启发引导暂时默然者;做好会议总结,要围绕会议主题和目的巧妙地综合归纳各方面的意见,使各种意见整合成相互补充,相互印证的系统意见。

5)领导者的用人艺术

(1)善于发现人才

在组织的众多成员中,有作为有才能的人才还是客观存在的,问题在于组织的领导者如何去发现人才,如何去发现每一个组织成员的特长。领导者必须在发现上下功夫,努力使自己成为独具慧眼的伯乐。同时,更重要的是,重视建立发现人才的机制和制度,以利于人才成长和发现。

（2）用人之长，容人之短

用人之长，是指发挥人才在专业上的长处和才能。启用人才必须坚持德才兼备。在现实生活中，领导者时常面临两类人：一类是有突出优点但也伴有轻微缺点的人；另一类是长短不显著，成就不大也不犯错误的人。对此，有魄力、有远见的领导往往倾向选择第一类人。

此外，组织在用人时需要望才使用。一般来说，分配工作应适合成员的才能、性格、爱好等，把工作需要和个人能力很好地结合起来，兢兢业业地做好本职工作，真正做到人尽其才，才尽其用。

（3）尊重人才，充分信任

诚信是领导者同组织广大成员交往之本，是长期真诚合作的感情基础。信任能够激发人才的责任心和成就感，积极主动地发挥自己的优势。在实现其自身价值的同时，推动组织不断发展。信任是人才自由发挥才干的前提，如果领导者在此基础上对他们在合适的时间给予合适的支持，则能够取得事半功倍的理想效果。

（4）注重人才使用效益

把人才用在关键岗位上，讲求人员与职位的最佳配置，人员与人员的最优组合，使人员整体配置的社会效益大于个人效益的总和。要正确看待人才对物质利益的正当追求，建立贡献与报酬对等的分配体制，鼓励按劳取酬和多劳多得。在选人用人时，领导者既要重视人才的物质利益追求，又要重视人才的精神追求，给人才提供建功立业的环境和机会，帮助他们实现个人价值。

（5）不断进行人才更新

领导者要学会及时、慎重、果断地淘汰组织中的富余人员。当组织原有人才发生变动、人才与职位无法有效结合时，领导者应当努力改变现状，淘汰那些对组织的发展起到障碍作用的人员，或者经过认真考核，对有能力者进行智力投资（如后期培训等），给他们创造其他的就业机会。

（6）树立发展的人才观念

发展的人才观包含两层含义：一是在人才的选择上有发展的眼光；二是在人才的使用上有发展的思想。

领导者选聘人才时，应当用发展变化的观点看待问题，辩证地对待人才的成绩和过失，将主流和细节分开，将历史表现与现实政绩分开。不能把人才的贡献和能力混为一谈，有贡献的给予奖励，有能力的则委以重任。

在人才的使用过程中，要利用人才的潜能，发掘其潜能。注重使用过程中的保护和再生产，将使用与培养相结合，实现人才的可持续发展。

（7）重视个人素质，也要重视群体互补效应

人的素质各不相同，优点缺点更是千差万别。将不同的类型的人才结合起来，取长补短、相互促进。例如，皮尔·卡丹的领导艺术：皮尔·卡丹既是举世闻名的时装设计师，又是杰出的企业家。皮尔·卡丹精力过人，设计、生产、经营、人事等一切重大问题都由他本人拍板定案。他从不召集会议，而是由他本人跟各主管经理直接对话，了解情况，做出决定，然后

放手让主管经理去执行。

人才是企业的灵魂。一个企业不仅要有优秀的人才,而且还要考虑怎样运用这些人才。皮尔·卡丹在用人上非常有眼光,他以用人之长作为标准。只要他发现某人在某一方面有专长,就会毫不犹豫地用其所长,完全没有年龄及资格作为限制。

皮尔·卡丹的成功正是在于他善于用人,敢于用人,并及时的纠正自己的偏差,使他能在激烈的市场竞争中站稳脚跟。北京崇文门外马克西姆餐厅开业的时候,皮尔·卡丹从法国聘请了一名经理,但由于这位经理对中国的情况毫不了解,经营起色不大。皮尔·卡丹发现后,把他调离了北京。新经理上任后,面貌很快大有改观。

6)领导者的处人艺术

现代领导者生活工作在人际关系的网络之中,人与人之间的关系和矛盾,不仅直接关系到领导活动的开展,而且在很大程度上决定着领导工作的成败。

处理人际关系的思路需要考虑两个方面的问题:一是人际关系的性质和特点;二是处理好人际关系的目的。我们是社会主义国家,在社会分配上坚持"效率优先,兼顾公平""按劳分配与按生产要素分配相结合"的原则。这是党和国家制定的处理现阶段社会矛盾和利益关系的基本方针政策,无疑应成为我们处理人际关系的基本准则。

处理人际关系的艺术方法是:先利人后利己,共利才长久。人都有利己之心,在一定范围内可以看作是对自利的一种保护。实现人生价值,必须以利人为手段,在利人的过程中推销自我,展现自我的能力和胸襟。

处理与上级关系的艺术。一是要创造性地完成领导交给你的任务,为领导目标的实现尽心尽力;二是要在日常工作中为领导分忧排难;三是要经常主动地向领导请示汇报,帮助领导掌握基层的真实情况;四是要自觉地尊重领导,维护领导的威信;五是要坚决服从组织决定,执行领导的指示。

处理与同级关系的艺术。广义的同级关系,包括同事、同学、同级干部,以及兄弟友邻单位等。处理与同级的关系主要做好以下几点:同级之间权力不争,责任不推,危难时敢为人先;名利面前甘居人后,让名利轻权势,不搞恶性竞争;工作上同级之间分工不分家,相互支持;生活上互相和助,不搞小团体,更不结帮拉派。

处理与下级关系的艺术。它体现在以下几个方面:要把扶持和帮助下级在各自的工作岗位上当家做主作为自己的职责,并为他们提供良好的工作条件和生长空间;对下级工作上要立足于帮,当向导不当保姆,下级出了问题要主动承担领导管理责任,共同总结教训,不片面追究个人责任,更不能透过揽功;行动上要身先士卒,自觉遵守规章制度,绝不做凌驾于组织制度纪律之上的特殊人;做工作要通情达理,善解人意,尊重下级的人格、自尊心和兴趣爱好;在与下级发生矛盾或冲突的时候,要讲领导风格和领导气度,能"冷处理"的绝对不要"热处理",给下级和自己都留一个反思和悔过的余地。

学习任务5 激励理论与激励方法

5.5.1 激励的含义及其作用

所谓激励,从广义上讲,就是指激发、鼓励、调动人的热情和积极性,勉励人向期望的方向努力。从心理和行为的过程来看,激励主要是指由一定的刺激激发人的动机,使人产生一种内在的驱动力,并向所期望的目标前进的心理和行为过程。人们的行为可以用不同的方式来调整,如强制的方式、督促的方式、诱导的方式等。动机是人们行为的动因,由于动机的改变而导致的行为改变,是人们自觉自愿的改变,这也是激励方式与其他行为调整方式的主要区别。从人力资源管理的角度来看,激励的核心作用是调动员工的工作积极性。员工的工作积极性是指员工的工作努力程度,表现为员工对工作任务的自觉性、主动性和创造性等方面,同时表现为员工对工作意义的认识以及对实现工作目标可能带来的结果的判断。只有充分调动了员工的工作积极性,才有可能取得理想的工作绩效,保证组织目标的实现。

员工激励的主要作用包括:

①激励有助于组织形成凝聚力。

②激励有助于提高员工工作的自觉性、主动性和创造性。

③激励有助于员工保持良好的工作绩效。

④激励有助于以低成本和高效率来实现组织目标。

需要、动机与行为之所以会让人产生某种特定的行为,是由其动机决定的。一个人愿不愿意从事某项工作、工作积极性是高还是低、干劲是大还是小,完全取决于他是否具有进行这项工作的动机及动机的强弱。常常可以看到,在同一个组织中,两个人能力和客观条件都差不多,工作业绩却大不一样,有时甚至出现能力差的人反而比能力强的人干得更出色的情况。究其原因,常常是因为后者的积极性没有被调动起来,即动机没有被激发。

动机是驱使人产生某种行为的内在力量。而动机又是由人的内在需要所引起的。人之所以愿意做某件事,是因为这件事本身能够满足其个人的某种需要,或者完成这件事能给他带来某种需要的满足。所谓需要,就是使某种结果变得有吸引力的一种心理状态,是指人们对某种目标的渴求。正是这种渴望驱使人去采取某种行为或行动。而人之所以会有某种需要,是因为人自身的某些要求没有得到满足。当一个人要求满足这些未满足的需要时,他就会追求他所需要的东西。研究人的行为及对人的行为的激励,首先就必须了解人的需要和动机。

人的行为是建立在需要和动机的基础上的。需要是使人产生行为的动机,动机是诱发人采取行动去满足需要。但并不是在任何情况下有需要就一定会引发行为的动机。相反,只有当人的需要达到一定的强度时,动机才会产生。当人的需要还处于萌芽状态时,它以不明显的、模糊的形式反映在人意识之中,这时的需求只是一种意向;当需求不断增强,人比较明确地知道是什么造成其内心的不安并意识到通过什么手段可以来满足时,意向转化为愿望;当人的心理进入到愿望阶段后,在一定的外界条件刺激下就可能形成满足这种需要而行动的动机。也就是说,行为动机的形成有两个条件:一是人的内在需要和愿望;二是外部提供的诱导和刺激。有需要,还要有一定的诱因,才能产生现实的动机,导致行为的发生。

人的需要具有以下几个方面的特点:

①需要的社会性特点。

②需要的个性和共性特点。

③需要的不确定性特点。

④需要的选择性特点。

正是因为人的需要呈现出如此之多的特点,每个人在不同的年龄阶段、不同的工作环境下都会有不同的需要。作为人力资源管理者要做好激励工作,首先就必须了解员工需要什么,哪些是员工最迫切需要的,然后通过提供诱因或刺激,在一定程度上影响个人的需要和动机,才有可能使其产生所期望的行为。

5.5.2 激励理论

1)马斯洛的需要层次理论

亚伯拉罕·马斯洛(Abraham Msslow)是著名的心理学家和行为学家,他提出了著名的需要层次理论。在这个理论中,他把人类的需要归为五大类,按照这 5 种需要的重要性和其先后次序排列成一个需要层次。需要层次图如图 5.4 所示。

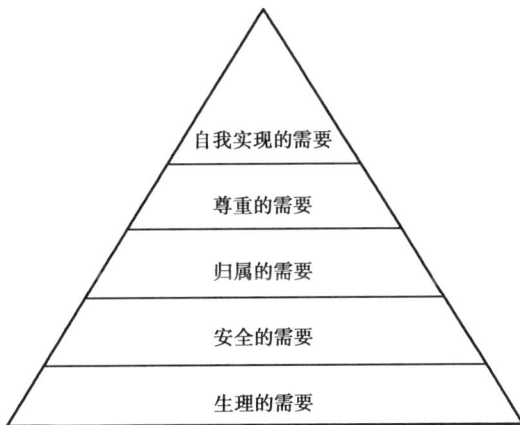

图 5.4 需要层次图

从图 5.4 中可以看到:

第一层次的需要包括人类维持基本生存所必需的各种物质上的需要,如食物、衣服、住房等。第二层次的需要是安全上的需要。这是有关人类免除危险和威胁的需要。如生活要得到基本保障,不会失业,生病和老年时有所依靠,等等。马斯洛把各种形式的保险都统归入这一需要之内。第三层次的需要是感情和归属方面的需要,这种需要包括与同事们保持良好的关系,希望得到别人的友爱,以使自己在感情上有所寄托和归属。第四层次的需要是受人尊敬或地位上的需要,这一需要包括自尊心、自信心和对知识、名誉地位方面的需要,要求得到别人和社会上的承认和尊重,等等。第五层次的需要是自我实现的需要,这是人类最高一级的需要。它具体是指一个人需要从事自己最适宜的工作,发挥自己最大的潜力,成就自己所希望实现的目标,等等。如科学家、艺术家等在工作时往往把自己的工作看作是一种创造性的工作,竭尽全力去做好它,并使自己从中得到满足。马斯洛认为,一般的人都是按照这个层次从低级到高级,一层一层地去追求,使自己的需要得到满足的。不同层次的需要不可能在同一等级内同时发生作用,在某特定的时期内,总有某一层次的需要起着主导的激励作用。这时,如果管理者能根据各自的需要层次,善于抓住有利时机,用人们正在追求的那一级层次的需求来激励他们的话,将会取得极好的激励作用。要注意的是,只有当较低一级的需求得到满足以后,较高一级的需求才能起到推动的作用。但是,如果已经实现的较低级的需要受到威胁时,人们则会采取相反的行为。

2) 双因素理论及其运用

(1)双因素理论的基本内容:激励—保健理论

激励—保健理论是由心理学家弗雷德里克·赫兹伯格(Frederick Hcrzberg)提出。它的重点在于试图说明为什么员工会重视与工作有关的成果。赫兹伯格认为,员工与工作的关系是一种基本关系,员工对工作的态度,在很大程度上将决定其成败。他调查了这样一个问题:人们想从工作中得到什么? 他让人们详细地描述他们感到工作异常好和异常坏时的情形。这些回答被制成表并加以分类。赫兹伯格所做的 12 个调查中,影响工作态度的因素主要有:工作富有成就感,工作成绩得到认可,工作本身,责任大小、晋升、成长,公司政策及行政管理、监督者,与主管的关系和工作条件等。从经过分类的回答中,赫兹伯格总结出,人们对工作满意时的回答和对工作不满意时的回答大相径庭。某些因素总是与工作满意有关,而其他因素与工作不满意有关。内部因素,如工作富有成就感、工作本身、晋升等,看起来与工作满意有关,当被调查者对工作满意时,他们倾向于把这些特征归于自己;而当他们不满意时,他们倾向于抱怨外部因素,如公司政策及行政管理、与主管的关系等。赫兹伯格认为,这一发现表明了一个二元连续统一体的存在:"满意"的对立面是"没有满意","不满意"的对立面是"没有不满意"。

赫兹伯格认为,统计资料表明满意的对立面不是不满意,不像通常人们认为的那样;消除工作中的不满意因素并不必然带来工作满意。满意与不满意观点的对比如图5.5所示。

满意与不满意观点的对比根据赫兹伯格的观点,带来工作满意的因素和导致工作不满意的因素是不相关的和截然不同的。因此,管理者若努力消除带来工作不满意的因素,可能会带来平静,却不一定有激励作用,他们能安抚员工却不能激励他们。因此,赫兹伯格把公司政策、监督、人际关系、工作环境和工资这样的因素称为保健因素。当具备这些因素时,员工没有不满意,但是它们也不会带来满意。这些因素与工作的消极感情相联系。如果管理

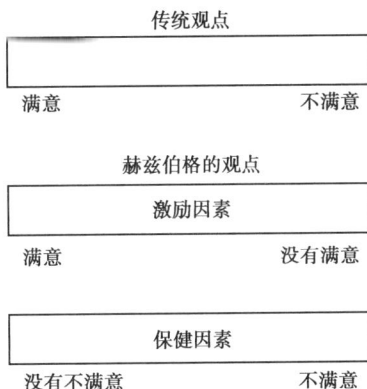

图 5.5　满意与不满意观点的对比

人员想在工作中激励他人,就要强调工作本身,强调与工作成就、责任和晋升有关的内容,这些因素与工作本身的内容有关,又与对工作的积极感情有联系,它是以工作环境中持久而不是短暂的成就为基础的。保健因素很少与积极感情有关,不具备时只会带来精神沮丧、离开组织、缺勤等一类事态。

(2)双因素理论的运用

按照双因素理论,成就、工作本身、成长都是激励因素,重视这些因素可以激励员工。以成长为例,假日集团的培训体系运行得非常成功,集团为员工设计涵盖饭店各个层次的培训方案,每个员工从进入饭店起就有一本培训证书,其中记录了参加培训的课程、已经具有的任职资格。证书体现了员工的能力和价值,很多员工拿着假日的证书在其他饭店都能找到很好的工作。这一制度满足了员工成长、获得承认的需要,起到了极大的激励作用。此外,导致员工不满意的因素主要是公司管理、监督与主管的关系等。所以,有些企业运用多种渠道增加与员工的沟通机会,如生日聚会、建议箱等。

3)麦克利兰的"成就需要理论"

美国著名心理学教授戴维·麦克利兰在 1955 年对马斯洛理论的普遍性提出了挑战,对该理论的核心概念"自我实现"有无充足的根据也表示怀疑。他经过 20 多年的研究得出结论:人类的许多需要都不是生理性的,而是社会性的,而且人的社会性需求不是先天的,而是后天的,来自环境、经历和培养教育等。很难从单个人的角度归纳出共同的、与生俱来的心理需要。时代不同、社会不同、文化背景不同,人的需求当然也就不同,所谓"自我实现"的标准也不同。马斯洛的理论过分强调个人的自我意识、内省和内在价值,忽视了来自社会的影响,失之偏颇。

麦克利兰通过试验研究,归纳出三大类社会性需要:对成就的需要、对(社会)交往的需要和对权力的需要,尤其是对成就需要和权力需要进行了较为详细的论述。

麦克利兰认为,具有强烈成就需要的人渴望将事情做得更加完美,相信自己的能力,敢于做出决断,愿意承担责任,希望通过自己的努力获得成功,寻求能发挥独立处理问题能力的工作环境。他们对工作的结果非常关注,希望立即得到信息反馈,以便了解工作的成效倾向于设定与自己能力相当的、中等难度的目标,对风险采取了一种现实主义的态度。权力的需求者热衷于"承担责任",喜欢竞争性强和存在地位取向的工作环境,希望影响他人,控制向下、向上的信息渠道,以便施加影响、掌握权力,他们对政治感兴趣,而不像高成就需要的人那样关心改进自己的工作。而归属的需求者寻求的是被他人喜爱和接纳,他们渴望友谊,喜欢合作,并希望彼此之间能沟通与理解。

麦克利兰指出,人的成就需要可以通过后天培养得到加强,成就需要可以创造出富有创业精神的人物,他们会促进社会经济的发展。因此,全社会都应当认识到这一问题的重要性,鼓励人们努力建功立业,取得成就。成就需要和权力需要都会使人们有杰出的表现,但两者还是有区别的。在对高成就需要的人当中,很少产生率领众人的领导者,原因非常简单,成就需要强烈的人习惯于独自解决问题,无须他人。一个高成就需要的人,未必能领导企业取得成就,因为经理的责任是激励众人取得成功,而不是只顾自己的工作成就。激发他人的成就感,需要有完全不同的动机和技巧。如果说成就需要对应着创业精神,那么权力需要就对应着各种领导,因为领导者的首要任务是影响别人,对权力的需要显然是他们的主要性格特征之一。

麦克利兰的理论是马斯洛理论的重要发展和补充,对指导组织的激励工作,更具有现实的意义。

4)期望理论及其运用

维克多·弗隆姆的期望理论是广泛被人们接受的一种对激励的解释。弗鲁姆认为,人们在预期他们的行为会给个人带来既定的成果且该成果对个人具有吸引力时,才会被激励起来去做某些事情以达到组织设置的目标。人们从事某项工作并达到组织目标,是因为他们相信这些工作和组织目标会帮助他们达到自己的目标,即满足个人某方面的需要。因此,在一项工作上人们的激励程度,就取决于经其努力后取得的成果的价值(效价)与他对实现目标的可能性的预期(期望值)。具体而言,当员工认为努力会带来良好的绩效评价,并且良好的绩效评价会带来组织奖励,如奖金、加薪或晋升,能够满足员工的个人目标时,就会受到激励进而付出更大的努力。因此,期望理论用公式表示就是:

$$激励力 = 效价 \times 期望值$$

激励力是指一个人所受激励的程度;效价指个人主观做出的对某一预期成果或目标的吸引力的估价;期望值在这里是指个人经主观认知估计出的、通过努力达到预期成果或目标的概率。

期望理论说明,促使人们去做某件事的激励力大小同时取决于效价和期望值这两个因素,且只有在效价和期望值都较高的情况下,员工的激励力才会高。例如,你即将面临毕业找工作问题,通过招聘广告,了解到一家大公司要招一名一般管理人员,年薪为1万元人民币。你很想得到这个工作,说明效价较高;同时,你的条件也合适,这说明期望值也较高,于是你就会去申请这工作。如果效价和期望值等于零,则激励强度即动力也等于零;若你不愿去,也不合适,那对你而言,就不存在激励。十分希望得到却无机会得到的成果在大多数情况下是不能激励人的。期望理论只跟选择行为有关,也就是说,人通常总有好几种行动方案供他们选择。他们根据对这些方案所抱的期望而从其中选出一个。

理解该理论时注意它包含着两个环节的主观判断因素:一个是个人努力转换为工作绩效的可能性的判断;另一个是个人对工作绩效转换为其预期的报酬的可能性的主观认知和判断。从管理者的角度来看,期望理论强调管理者要根据员工的能力合理地指派工作和设计目标,同时,设计一个合适的工作环境和工作报酬制度,使员工对预期组织和个人目标的实现充满信心。

5)公平理论

公平理论是美国管理学家亚当斯提出的,主要研究相对报酬对人们的工作积极性的影响。公平理论认为,一个人在自己因工作或做出成绩面取得报酬后,不仅会关心所得到报酬的绝对量,而且还会通过自己相对于投入的报酬水平与相关他人的比较来判定所获报酬是否公平或公正。个人对组织给予自己的报酬是否合理的判断,通常没有一个客观的评价标准,而是采用一种主观评价和相互比较的方法来进行考察。公平理论的基本观点可以用下面的公式加以概括:

$$\frac{个人对自己所得的感觉}{个人对自己投入的感觉} \quad \begin{matrix}<\\=\\>\end{matrix} \quad \frac{个人对他人所得的感觉}{个人对他人投入的感觉}$$

在与他人比较之前,个人首先会思考自己所得的好处和利益与所付出的投入是一个什么样的比率,然后将自己的所得与付出比同他人的所得与付出比进行比较。如果感觉到自己的比率与他人的比率相同,则可能产生公平感,否则就会有不公平的感觉出现。公平理论基于对人性的假设而推断,在许多情况下,个人往往会过高地估计自己的投入与他人的所得,而过低地估计自己的所得和他人的投入。这就极容易导致员工对组织或管理人员产生不满。除了横向比较以外,人们也经常进行纵向比较,即把自己目前投入的努力与目前获得的报酬的比值,同自己过去的投入努力与过去所获得的报酬比率进行比较。"他人"可以指本单位人员,也可以指别的单位同类人员,还可指自己。公平理论对于激励实践的指导意义在于:影响激励效果的不仅有报酬的绝对值,还有报酬的相对值。尽管绝对的公平从来都不曾存在过,但管理人员在进行激励时,要力求公正,尽量消除主观判断上的误差,同时在激励过程中应注意对被激励者公平心理的引导,让员工树立起正确的公平感。

6)强化理论

美国心理学家斯金纳提出的强化理论认为,人的行为是对其所获刺激的一种反应。如果这种刺激对他有利,他的行为就有可能重复出现;如果这种刺激对他不利,则他的行为就可能减弱,甚至消失。因此,管理人员可以通过强化手段,营造一种有利于组织目标实现的环境和氛围,以使组织成员的行为符合组织的目标。强化的具体方式有以下 4 种:

(1)正强化

正强化就是奖励那些符合组织目标的行为,以便使这些行为得以进一步加强和重复出现。正强化的手段包括经济方面的(如提薪、奖金等),也包括非经济方面的(如表扬、进修、提升、改善工作关系等精神奖励)。为了使强化达到预期的效果,还必须注意实施不同的强化方式。有的正强化是连续的、固定的正强化,譬如对每一次符合组织目标的行为都给予强化,或每隔一固定的时间给予一定数量的强化。尽管这种强化有及时刺激、立竿见影的效果,但久而久之,人们就会对这种正强化有越来越高的期望,或者认为这种正强化是理所应当的。管理者要么不断加强这种正强化,否则其作用会减弱甚至不再起到刺激行为的作用。另一种正强化的方式是间断的、时间和数量都不固定的正强化,管理者根据组织的需要和个人行为在工作中的反映,不定期、不定量地实施强化,使每次强化都能起到较大的效果。实践证明,后一种正强化更有利于组织目标的实现。

(2)负强化

负强化也称为规避性学习,它是员工改变自己的行为结果以规避不愉快的结果。负强化是事前的规避,它通过规定对什么样的行为会不符合组织目标的要求以及如果这种行为发生后将采取何种惩罚,来使员工从力图避免得到不合意、不愉快结果的考虑中对自己的行为形成一种约束力。这种约束、规避的作用会使得组织成员的行为趋向于符合组织要求的比较规范的状态。

(3)惩罚

惩罚就是运用消极的结果以阻止或更正不当的行为。当员工出现不符合组织目标的行为时,采取惩罚的办法,可以迫使这些行为少发生或不再发生。与正强化是鼓励所希望的行为更多地出现并维持下去不同,惩罚是力图使所不希望的行为逐渐削弱甚至完全消失。惩罚的手段也包括经济方面的和非经济方面的。例如,对员工批评、斥骂、处分、降级、撤职或者是减薪、扣发奖金、重新分配任务、解雇等。它与负强化不同,负强化只是包含了惩罚的威胁,而惩罚则是落实对组织不利行为的惩罚措施。"杀鸡儆猴"中的"杀鸡"就是惩罚,"儆猴"则是负强化。

(4)忽视

忽视是行为不给予强化的结果,是对已出现的不符合要求的行为进行"冷处理",以达到"无为而治"的效果。与惩罚一样,忽视也可能使组织或管理者所不希望的行为弱化下来,但因这种行为弱化的过程并不需要管理者的干预,所以常称之为自然消退。

强化理论认为,在塑造组织行为的过程中,惩罚往往会对员工的心理产生不良的副作用。因此,应当将重点放在积极的强化上,而不是简单的惩罚上。创造性地运用强化手段对于管理者是十分重要的。在现代扁平化组织中,管理者不能像过去那样过多地指望通过加薪、提升来激励员工。因此,创造性地设计出新的强化方法和奖励措施,如更大的责任、弹性的工作时间等仍然是管理者的重要课题。负强化和忽视对员工行为的影响也不应该轻视。4种行为强化方式应该配合起来使用。

5.5.3 激励方法

1)物质奖励

物质激励是企业组织以经济手段来激发员工的物质动力,如薪金、红利、股权、奖品等。

它们主要是用来满足员工的物质需要的,是一种外在的激励形式。进入 20 世纪 90 年代以来,西方企业在多种激励理论的基础上,提出了一些形式新颖的激励计划,竭力改善企业员工的满意度和绩效,值得参考。

(1)绩效工资

企业突出绩效工资意味着员工是根据其绩效贡献而得到奖励,因此,这种工资一般又称为奖励工资。它实际上是激励的期望理论和强化理论的逻辑结果,因为增加工资是和工作行为挂钩的。通用汽车公司就曾大力推行这种激励计划。公司管理层在取消员工的年度生活补贴后,建立了一种绩效工资制度,通过涨工资刺激员工的工作任务。公司管理层分别对员工人数的上限 10%、上中部 25%、中部 55% 和下限 10% 强化工资差别。

(2)分红

分红是员工和管理人员在特定的单位中,当单位绩效打破预先确定的绩效目标时,接受奖金的一项激励计划。这些绩效目标可以是细化了的劳动生产率、成本、质量、顾客服务或者利润。和绩效工资不同的是,分红鼓励协调和团队工作,因为全体员工都在对经营单位的利益做贡献。绝大多数公司都采用了某种精确的指定绩效目标和奖金的核算方法。

(3)员工持股计划

员工持股计划(Employee Stock Ownership Plans,ESOPs)给予员工部分企业的股权,允许他们分享改进的利润绩效。相对而言,员工持股计划在小企业的管理中比较流行,但也有像宝洁公司这样的大企业在采用这种激励计划。员工持股计划实际上是公司以放弃股权的代价来提高生产率水平。员工持股计划使得员工们更加努力工作,因为他们是所有者,要分担企业的盈亏。

(4)股票期权激励

所谓股票期权计划,就是企业给予其核心人才在一定期限内按照某个限定的价格购买一定数量的企业股票的一种权利。

企业的股票期权计划具有 3 个基本特征:

①自愿性。股票期权只是一种权利,并不是义务。获得这种权利的企业核心人才完全可以根据自己对多种情况的判断和分析,自愿地选择购买或不购买企业的股票。

②无偿性。股票期权作为一种权利是无偿地由企业赠予企业核心人才的,不需要权利获得者任何财务支付。

③后续性。股票期权计划作为长期薪酬管理的激励作用,不仅仅体现在一次性的计划实施过程中。其形式、内容、起讫时间都可以根据企业的人才激励与人才吸引的需要而做出变动。

(5)总奖金

总奖金是以绩效为基础的一次性现金支付计划。单独的现金支付旨在提高激励的效价。这种计划在员工感到他们的奖金真正反映了公司的繁荣时才有效,不然,效果适得其反。

(6)知识工资

知识工资是指一个员工的工资随着他能够完成任务数量的增加而增加。知识工资增加了公司的灵活性和效率,因为公司需要的做工作的人会越来越少。但要贯彻这项计划,公司必须有一套高度发达的员工评估程序,必须明确工作岗位,这样工资才可能随着新工作的增加而增加。

(7)灵活的工作日程

灵活的工作日程主要是指取消对员工固定的 5 日上班每日工作 8 小时工作制的限制。修改的内容包括 4 日工作制、灵活的时间以及轮流工作。

执行 4 日工作制就是工作 4 天,每天 10 小时,而不是 5 日工作制中的每天 8 个小时。这一激励的目的,是满足员工想得到更多闲暇时间的需要。灵活的时间就是让员工自己选择工作日程。轮流工作是让两个或两个以上的人共同从事某一项 40 小时工作周的工作。这一激励计划意味着公司同意使用兼职员工,这在很大程度上是为了满足带小孩的母亲的需要,同时又消除了员工因长期从事某种工作而导致的枯燥和单调。

2)精神激励

(1)尊重激励

尊重各级员工的价值取向和独立人格,尤其是尊重企业的"小人物"和普通员工,使之产生一种知恩图报的心理。尊重和理解会使员工得到一种认同感和知遇感,使他们得到心理上的较大满足。我国古代就有"士为知己者死"的说法。再如,以新浪网为例,其青年员工中 80% ~ 90% 为大学毕业,其特点是:除了追求经济利益外,还追求精神上的满足,尤其是尊重需要的满足。企业只有把"以人为本"的理念落实到各项工作中,切实体现出对员工的尊重,才能赢得员工对企业的忠诚。

(2)示范激励

通过各级主管和模范员工的行为示范、敬业精神来正面影响员工,形成良好的企业文化氛围,使员工有学习的榜样,形成赶超的动力。

(3)荣誉激励

对员工劳动态度和贡献予以奖励,如会议表彰、发给荣誉证书、光荣榜、在公司内外媒体上的宣传报道、家访慰问、游览观光、疗养、外出培训进修、推荐获取社会荣誉、评选星级标兵等。

(4)关心激励

对员工工作和生活的关心,如建立员工生日情况表,总经理签发员工生日贺卡,关心员工的困难和慰问或赠送小礼物。在员工过生日时,公司送上生日礼物并给予假期,往往会给员工留下深刻的印象,让员工感觉到公司真正地关心他们的生活和工作,员工同样也会更加关心公司的发展。

(5)学习激励

学习激励是指给个人提供各种学习、锻炼的机会。培训意味着为自身能力和素质的提高,为自身人力资本的增值以及为将来更好的发展提供机会和条件。进入信息社会以来,知识的更新越来越快,人们在工作岗位上受到的挑战也越来越多,对学习的需要越来越强烈。如果企业能为职工提供不断学习、训练的机会,又能为其创造发展提供所必需的资源,能使其施展才能实现自身价值,这种环境就会有吸引力,就能换来队伍的稳定和忠诚。

(6)员工参与方案

员工参与,其含义是发挥员工的能力,并鼓励员工对实现组织目标做更多的努力的一种参与过程。其隐含的逻辑是:通过员工参与影响他们的决策和增加他们的自主性以及对工作生活的控制,员工的积极性会更高,对组织会更忠诚,生产力水平会更高,对他们的工作更满意。员工参与主要有 3 种形式:参与式管理、代表参与、质量圈。

(7)工作生活的质量

工作生活的质量是指通过专家的参与,以及组织机构的设计,对工作丰富化和工作内容的再设计,以提高在工作时员工的尊严以及工作的吸引力,从而提高企业的生产率。

(8)工作丰富化

工作丰富化是企图在工作中建立一种更高的挑战性和成就感,一项工作可以通过多样化来使它丰富起来。上述这些激励计划,有一个最明显的优势,就是企业增强了对熟练员工的组织吸引力,最终有效降低了对这种员工的市场搜寻成本和培训成本。在 20 世纪 90 年代的企业经营中,员工的知识积累日益成为企业重要的竞争优势,对员工的管理要从知识管理的高度把握。

本单元小结

本章具体介绍领导的基本概念、作用及其领导工作基本原理。领导者权力的种类与领导者对组织和个人的影响力等主要内容。阐明了人性的 4 种假设,即经济人假设、社会人假设、自我实现人假设和复杂人假设。介绍了主要的领导理论如领导特性理论、领导行为理论和领导权变理论。重点掌握四分图理论、管理方格理论、领导生命周期理论等。作为管理实践,本章还具体阐明了领导者的艺术,包括领导的用权艺术、理事艺术、讲话艺术、开会艺术和用人艺术等。激励理论中描述了马斯洛的需要层次理论、双因素理论、麦克利兰成就需要理论、期望理论、公平理论和强化理论。本章还介绍了激励方法,有物质奖励包括:绩效工资、分红、股票期权计划、员工持股计划、总奖金、知识工资和灵活的工作日程;精神奖励包括:员工参与方案、工作生活的质量、工作丰富化、示范激励、荣誉激励、关心激励、学习激励等。还介绍了相关的领导与激励技能,帮助形成作为有效的管理者应具备的影响与激励等管理工作能力。领导作为管理的重要职能,一定要重点把握。

学习思考题

1. 领导的定义是什么?它包含几层含义?

2. 领导的作用有哪些?

3. 领导工作的基本原理有哪些?

4. 领导的权力由哪几个方面构成?

5. 麦格雷戈提出的 X 理论和 Y 理论的主要观点是什么?

6. 领导的理论可分为哪几大类？

7. 领导的行为理论中4种理论的主要观点有哪些？

8. 说明领导生命周期理论。领导的艺术包含哪几部分？

9. 什么是激励？它和需要、行为有什么关系？

10. 激励的方法有哪些？

11. 说明麦克利兰的成就需要理论。你认为作为学生，应该怎样实现自己的成就需要？

12. 怎样理解领导的用人艺术？

13. 如何用强化理论解释学校对学生的激励？

14. 作为企业领导人，如何在企业应用公平理论？

案例 1

最有效的领导类型的调查

通达公司是一家中等规模的汽车配件生产集团。最近，对该公司3个重要部门的经理进行了一次有关领导类型的调查。

1. 张良

张良对他的部门产出感到自豪。他总是强调对生产过程、出产量控制的必要性，坚持下属人员必须很好地理解生产指令以得到迅速、完整、准确的反馈。当遇到小问题时，张良会放手交给下级去处理，当问题很严重时，他则委派几个有能力的下属去解决问题。通常情况下，他只是大致规定下属的工作方针，完成怎样的报告及完成期限。张良认为，只有这样才能更好地合作，避免重复工作。

张良认为，对下属人员采取敬而远之的态度对一个经理来说是最好的行为方式，所谓的"亲密无间"会松懈纪律。他不主张公开谴责或表扬某个员工，相信他的每一个下属都有自知之明。

据张良说，在管理中的最大问题是下级不愿意接受责任。他说，他的下属可以有机会做许多事情，但他们并不是很努力地去做。

他表示不能理解在以前他的下属如何能与毫无能力的前任经理相处，他说，他的上司对他们现在的工作运转情况非常满意。

2. 李竞

李竞认为每个员工都有人权，他偏重于管理者有义务和责任去满足员工需要的学说。他说，他常为他的员工做一些小事，如给员工两张下月在文化城举行的艺术展览的入场券。他认为，每张门票才15元，但对员工和他的妻子来说其价值却远远超过15元。通过这种方式，也是对员工过去几个月工作的肯定。

李竞说，他已经意识到在管理中有不利因素，但大都是由于生产压力造成的。他的想法是以一个友好、粗线条的管理方式对待员工。他承认，尽管在生产效率上不如其他单位，但他相信他的员工有高度的忠诚与士气，并坚信他们会因他的开明领导而努力工作。

3.宋浩

宋浩说,他面临的基本问题是与其他部门的职责分工不清。他认为不论是否属于他们的任务,都安排在他的部门,似乎上级并不清楚这些工作应该谁做。

宋浩承认,他没有提出异议,他说这样做会使其他部门的经理产生反感。他们把宋浩看成是朋友,而宋浩却不这样认为。

宋浩认为纪律就是使每个员工不停地工作,预测各种问题的发生。他认为,作为一个好的管理者,没有时间握紧每一个员工的手,告诉他们正在从事一项伟大的工作。他相信,如果一个经理声称为了决定将来的提薪与晋级而对员工的工作进行考核,那么,员工则会更多地考虑他们自己,由此会产生很多问题。他主张,一旦给一个员工分配了工作,就让他以自己的方式去做,取消工作检查。他相信大多数员工知道自己把工作做得怎么样。

如果说存在问题,那就是他的工作范围和职责在生产过程中发生的混淆。宋浩的确想过,希望公司领导叫他到办公室听听他对某些工作的意见。然而,他并不能保证这样做不会引起风波而使情况有所改变。他说他正在考虑这些问题。

讨论题

1.你认为这3个部门经理各采取什么领导方式?

2.这些模式都是建立在什么假设的基础上的?

3.试预测这些模式各将产生什么结果?

4.是否每一种领导方式在特定的环境下都有效? 为什么?

案例 2

成功源于科学的激励方法
——巴斯夫公司激励员工的 5 项原则

一、公司背景

据估计,全球每年有1/3的粮食因受病虫和杂草危害而损失。如何有效地生产粮食是人类面临的重大问题。100多年前,巴斯夫公司在德国路德维希港创立,一直为发现和生产各种农业化学品而努力。现在,巴斯夫公司经营着世界上最大的化工厂,并在35个国家拥有300多家分公司、合资经营企业及各种工厂,拥有雇员13万人。2007年,巴斯夫以660亿美元的年营业收入位居世界500强的第81位。

二、企业文化

1.使命

巴斯夫是全球领先的化工公司。我们提供基于创新产品和定制服务的智能解决方案,通过建立相互信任与可靠的伙伴关系,为取得成功创造机遇。

2.远景

我们是在所有主要市场成功运营的"The Chemical Company"。

我们的客户将巴斯夫视为首选合作伙伴。

我们的创新产品、智能解决方案及服务使我们成为化工行业最具竞争力的全球供应商。

我们的投资获得高额回报。

我们追求可持续发展。

我们视变革为机遇。

作为巴斯夫的员工,我们共同努力确保成功。

3. 价值观

(1)实现可持续盈利业绩。从可持续发展的角度而言,确保持续的盈利业绩是我们工作的基本要求。为了客户、股东和员工的利益,我们必须为客户增添价值,同时承担对社会的责任。

(2)为客户的成功进行创新。我们的业务流程旨在提高长期价值和竞争力。通过与客户合作,我们帮助他们成功。为实现这一目标,我们共同发现商业良机、开发科技含量更高的新产品、新程序和新服务。

(3)安全、健康和环境责任。我们对自己的行为负责,并支持责任关怀行动。经济利益不凌驾于安全健康和环保利益之上。

(4)个人和专业能力。我们通过在全球范围内培养多样化的个人和专业能力,组建行业内的最佳团队。跨文化的交流能力成为我们全球竞争中的优势。我们鼓励员工发挥其创造性和个人潜能,与公司共同获得成功。

(5)相互尊重和坦诚对话。我们公平对待并尊重每一位员工。我们推崇不仅在公司内部,而且与业务伙伴以及相关社会团体之间,进行公开坦诚、相互信任的对话。

(6)诚信。我们言行一致,遵循公司的价值观。我们遵守法律,尊重运营所在国的商业惯例。

三、巴斯夫公司激励员工的 5 项原则

巴斯夫公司之所以能在百年经营中兴旺不衰,在很大程度上归功于它在长期发展中确立的激励员工的五项基本原则。具体地讲,这 5 项基本原则是:

1. 职工分配的工作要适合他们的工作能力和工作量。不同的人有不同的工作能力,不同的工作也同样要求有不同工作能力的人。企业家的任务在于尽可能地保证所分配的工作适合每一位职员的兴趣和工作能力。巴斯夫公司采取 4 种方法做好这方面的工作:

(1)数名高级经理人员共同接见每一位新雇员,以对他的兴趣、工作能力有确切的了解。

(2)除公司定期评价工作表现外,公司内部应有正确的工作说明和要求规范。

(3)利用电子数据库储存了有关工作要求和职工能力的资料和数据。

(4)利用"委任状",由高级经理人员小组向董事会推荐提升到领导职务的候选人。

2. 论功行赏。每位职工都对公司的一切成就做出了自己的贡献,这些贡献与许多因素有关,如与职工的教育水平、工作经验、工作成绩等有关,但最主要的因素是职工的个人表现。巴斯夫公司的原则是:职工的工资收入必须视他的工作表现而定。他们认为,一个公平的薪酬制度是高度刺激劳动力的先决条件,工作表现得越好,报酬也就越高。因此,为了激发个人的工作表现,工资差异是必要的。另外,公司还根据职工表现提供不同的福利,如膳食补助金、住房、公司股票等。

3. 通过基本和高级的训练计划,提高职工的工作能力。从公司内部选拔有资格担任领导工作的人才。除了适当的工资和薪酬之外,巴斯夫公司还提供广泛的训练计划,由专门的部门负责管理,为公司内人员提供本公司和其他公司的课程。公司的组织结构十分明确,职工们可以获得关于升职的可能途径的资料,而且每个人都了解自己在哪个岗位。该公司习惯于从公司内部选拔经理人员,这就保护了有才能的职工。因此,他们保持了很高的积极性,而且明白有真正的升职机会。

4. 不断改善工作环境和安全条件。一个适宜的工作环境,对刺激劳动力十分重要。如果工作环境适宜,职工们感到舒适,就会有更佳的工作表现。因此,巴斯夫公司设立弹性的工作时间,公司内有 11 家食堂和饭店,每年提供 400 万顿膳食。每个工作地点都保持清洁,这些深得公司雇员的好感。巴斯夫公司建立了一大批保证安全的标准设施,由专门的部门负责,如医务部、消防队、工厂高级警卫等。他们都明白预防胜于补救。

5. 实行抱合作态度的领导方法。巴斯夫公司领导认为,在处理人事关系中,激励劳动力的最主要原则之一是抱合作态度的领导方法。上级领导应像自己也被领导一样,积极投入工作,并在相互尊重的气氛中合作。如果巴斯夫公司刺激劳动力的整个范畴简单地表达出来,那就是"多赞扬,少责备"。他们认为,一个人工作做得越多,犯错误的机会也就越多,如果不允许别人犯错误,甚至惩罚犯错误人,那么雇员就会尽量少做工作,避免犯错误。

该公司由于贯彻了上述 5 项基本原则,近 10 年来销售额增长了 5 倍。目前,巴斯夫公司生产的产品品种达 6 000 种之多,每年还有数以万计的新产品投入市场出售。

讨论题

1. 试分析巴斯夫公司的五项激励原则起到的作用。

2. 巴斯夫公司的"抱合作态度的领导方法",给公司带来了很高的效益。你认为在中国企业中能有效地实行吗?请说明原因。

课堂游戏

如何成功渡过河

1. 活动目的:
让学员认识管理方法的重要性;让学员通过管理方法解决问题。

2. 形式:
人数不限。

3. 时间:
15 分钟。

4. 用具:
印有题目的试卷。

5. 适用对象:
全体学员。

6.场地：

不限。

7.题目内容：

(1)假设河的一边的岸上有3个人和3只虎,河里面有条船。船一次只能运他们其中的2个。

(2)要求这3个人和3只虎在15分钟内均需乘船过河,抵达对岸。

(3)在乘船过河的过程中,任何一边虎都不能比人多,否则虎将吃掉人,任务即宣告失败。

(4)请问用什么方法可以顺利完成任务?

🕱 实训项目

为所在班级制订1份激励计划

【实训目标】

1.培养对实际管理系统进行观察分析的能力。

2.培养运用激励理论,进行有效激励的能力。

【内容与要求】

1.调查与深入研究本班学生积极性以及包括奖学金在内的激励状况。

2.以模拟公司为单位,就如何在本班进一步调动学习积极性、实现有效激励组织研讨。

3.每人为班级起草1份激励计划。

4.在班上组织研讨,深入分析目前的激励状况,研讨如何有效激励,充实完善同学们的激励计划。

单元 6

控 制

◉ **知识目标**

1. 掌握控制的类型及其应用。

2. 熟悉控制过程,理解控制理论。

3. 掌握预算控制的内容和作用。

4. 熟悉非预算控制、边界控制和项目控制。

◉ **能力目标**

1. 正确认识控制的概念,认识控制的特点。

2. 应用控制知识对实际生活和工作中发生的案例进行分析。

3. 应用控制知识观察社会组织存在的控制问题,提出自己的改良建议。

管理寓言故事

曲突徙薪

有位客人到某人家里做客,看见主人家的灶上烟囱是直的,旁边又有很多木材。客人告诉主人,烟囱要改曲,木材须移去,否则将来可能会有火灾,主人听了没有做任何表示。

不久主人家果然失火,四周的邻居赶紧跑来救火,最后火被扑灭了,于是主人烹羊宰牛,宴请四邻,以酬谢他们救火的功劳,但是并没有请当初建议他将木材移走、烟囱改曲的人。

有人对主人说:如果当初听了那位先生的话,今天也不用准备宴席,而且没有火灾的损失。现在论功行赏,原先给你建议的人没有被感恩,而救火的人却是座上客,真是很奇怪的事呢!

主人顿时醒悟,赶紧去邀请当初给予建议的那个客人来喝酒。

一般人认为,足以摆平或解决企业经营过程中的各种棘手问题的人,就是优秀的管理者,其实这是有待商榷的。俗话说:"预防重于治疗。"能防患于未然之前,更胜于治乱于已成之后,由此观之,企业问题的预防者,其实是优于企业问题的解决者。

管理心得:事后控制不如事中控制,事中控制不如事前控制,可惜大多数的企业经营者均未能体会到这一点,等到错误的决策造成了重大的损失才寻求弥补。

学习任务1 控制概述

6.1.1 控制的重要性

管理不仅是设定目标的活动,更为重要的还是实现目标的活动。在群体活动中,存在着许多差异的组织成员在为一个共同目标工作。然而,组织目标与组织标准的统一性时常会受到组织成员个体相对独立性和独特性的影响。因此,在组织中通过众多成员个体的行动达到组织统一的目标就变得复杂起来。正是在这样一种情况下,实施组织控制就成了组织实现自己目标的一个必要的保证。可见,组织的控制职能是在组织达成目标方面的最基本的保证。可以说,没有正确的决策、计划、组织,就没有组织的正常发展,没有控制,组织的上述职能就无法真正达到预期的效果,组织的发展也就无法保障。

6.1.2 控制的含义和特点

管理开始于制订计划,继而进行组织结构设置和人员配置,实施有效的领导,并在计划的实施过程中进行控制。

所谓控制,是指对组织各方面活动给予监控,使组织实际运行状况与组织计划要求保持动态适应的工作过程。这项工作由管理人员来完成,并作为一项管理职能开展,通常称之为"管理控制"。

由于在实施过程中会遇到许多干扰因素,行为主体应通过检查,收集实施状态的信息,并将它与原计划(标准)做比较,若发现偏差,则采取措施纠正这些偏差,从而保证计划正常实施,达到预定目标的全部活动。建立在控制论思想基础上的控制基本理论,主要有以下特点:

①控制是一定主体为实现一定的目标而采取的一种行为。要实现最优化控制,必须首先满足两个条件:一是要有一个合格的控制主体;二是要有明确的系统目标。

②控制是按事先拟订的计划和标准进行的,控制活动就是要检查实际发生的情况与标准或计划是否存在偏差,偏差是否在允许的范围之内,是否应采取控制措施及采取哪种措施以纠正偏差。

③控制的手段是检查、分析、监督、引导和纠正。

④控制是针对被控系统而言的,既要针对被控系统进行全过程控制,又要对其所有要素进行全面控制。全过程控制有事先控制、事中控制和事后控制,要素控制包括对人力、物力、财力、信息、技术、组织、时间、信誉等要素进行控制。

⑤控制是动态的,即不断地进行计划、实施、检查、处理的循环过程。

⑥提倡主动控制,即在偏离发生之前预先分析偏离的可能性、采取预防措施,防止发生偏离。

⑦控制是一个大系统,它包括组织、程序、手段、措施、目标和信息 6 个分系统。其中,信息分系统贯穿于实施全过程。

6.1.3　管理控制的层次

控制的层次与企业的管理层次、决策层次和计划层次是紧密联系的,管理控制的层次也可划分为高层控制、中层控制和基层控制。

1）高层控制

高层控制是指一个组织中最高领导层的组成人员根据市场的发展和企业内部条件的变化,对组织总体目标的控制。这种控制侧重组织的长远发展计划、战略目标和重大政策的制定和修改,对其下属机构人员组织的工作情况进行监督。

2）中层控制

中层控制是指组织机构的中层管理者对本部门的计划、政策的执行情况进行的控制。例如,企业的财务部对企业的利润、成本进行的控制;生产车间对本部门的生产进度、质量、消耗、安全等项目进行的控制。

3）基层控制

基层控制者就是在生产经营第一线的管理人员和执行者,他们负责将组织的决策在基层落实,负责现场指挥与现场监督,也称为作业控制。例如,生产车间的工段长、班组长所进行的控制就属于基层控制。执行者进行的控制又称为自我控制,如工人根据岗位职责的要求、作业计划规定的期量标准和技术质量等指标,在生产中对照标准经常进行自我检查,发现偏差及时纠正。

🕵 相关知识

哈勃太空望远镜的遗憾

1990 年 4 月,经过长达 15 年的精心准备,耗资 15 亿美元的哈勃太空望远镜终于升空了。但遗憾的是,美国国家航天局发现其主镜片存在缺陷:由于中心过于平坦,导致成像模糊,因此望远镜无法对星体清晰聚焦,造成一半以上的观察项目和实验无法进行。

在镜片的生产过程中,校正装置上 1.3 毫米的误差导致镜片研磨、抛光形状错误,但一直无人发现。事实上,镜片粗磨自 1978 年开始到 1981 年才抛光完毕,生产中并无时间压力。此后,由于"挑战者号"失事,望远镜升空又推迟了两年。而在这些年里,美国航天局负责哈勃项目的官员,对望远镜制造过程中的细节缺乏必要的控制。事后航天局调查委员质量负责人说:"至少有 3 次有明显证据说明问题的存在,但 3 次机会都失去了。"

学习任务2 控制过程和评价

控制过程包括确立标准、衡量绩效、纠正偏差、实现有效控制 4 个环节。

6.2.1 制定标准

标准是控制过程中对实际工作进行检查的衡量尺度,是实施控制的必要条件。因此,确定控制标准是控制过程的首要环节。

1）关键控制点

企业不可能也没有必要对所有生产经营活动和所有的人员进行控制,而必须在影响经营成果的众多因素中选择若干关键环节作为重点控制对象。这些重点控制对象就是关键控制点。

控制工作的最初始动机就是要促进企业有效地取得预期的活动结果,因此,要分析企业需要什么样的结果。这种分析可以从盈利性、市场占有率等多个角度来进行。确定了企业活动需要的结果类型后,要对它们加以明确的、尽可能定量的描述。也就是说,要规定需要的结果在正常情况下希望达到的状况和水平。

要保证企业取得预期的成果,必须在成果最终形成之前进行控制,纠正与预期成果的要求不相符的活动。因此,需要分析影响企业经营结果的各种因素,并把它们列为需要重点控制的对象。影响企业在一定时期经营成果的主要因素有:

①关于环境特点及其发展趋势的假设。企业在特定时期的经营活动是根据决策者对经营环境的认识和预测来计划和安排的。如果预期的市场环境没有出现,或者企业外部发生了某种无法预料和抗拒的变化,那么原来计划的活动就可能无法继续进行,从而难以为组织带来预期的结果。因此,制订计划时所依据的对经营环境的认识应作为控制对象,列出"正常环境"的具体标志或标准。

②资源投入。企业经营成果是通过对一定资源的加工转换得到的。投入的资源,不仅会在数量和质量上影响经营活动的按期、按量、按要求进行,从而影响最终的物质产品,而且其取得费用会影响生产成本,从而影响经营的盈利程度。因此,必须对资源投入进行控制,使之在数量、质量以及价格等方面符合预期经营成果的要求。

③组织的活动。输入到生产经营中的各种资源不可能自然形成产品。企业经营成果是通过全体员工在不同时间和空间上利用一定技术和设备对不同资源进行不同内容的加工劳动才最终得到的。企业员工的工作质量和数量是决定经营成果的重要因素,因此,必须使企业员工的活动符合计划和预期结果的要求。为此,必须建立员工的工作规范与各部门和各员工在各个时期的阶段成果的标准,以便对他们的活动进行控制。

通常企业的基本控制标准应该有:生产作业标准、财务标准、人员标准、组织绩效标准和信息控制标准。

2）制定标准的方法和要求

控制的对象不同,为它们建立标志正常水平的标准方法也不一样。一般来说,企业可以使用的建立标准的方法有 3 种。

①统计方法。统计方法是在分析企业生产经营活动在过去各个时期的数据基础上建立的标准。这些数据可能来自本企业的历史统计,也可能来自其他企业的经验。利用本企业过去的统计资料确定的标准,简便易行。但此标准可能低于同行业的卓越水平,甚至低于平均水平。这种条件下,即使企业的各项工作都达到了标准,其经营成果和竞争能力也可能不如竞争对手。因此,在用统计方法制定工作标准时,应充分考虑到行业水平和竞争企业的现状。

②经验判断方法。对于新的工作项目,由于缺乏统计资料,也只能根据管理人员的经验和判断来建立标准。利用这种方法来建立工作标准时,要注意利用各方面的管理人员的知识和经验,综合大家的意见,给出一个相对先进合理的标准。

③工程方法。工程方法也是用统计方法制定的控制标准,不过它不是对历史性统计资料的分析,而是通过对工作情况进行客观的定量分析进行的。比如,机器的产出标准是其设

计者计算的在正常情况下的最大产出量;工人操作标准是劳动研究人员在对构成作业的各项动作要素的客观描述与分析的基础上,经过消除、改进与合并而确定的标准作业方法。

制定控制标准应达到如下要求:

①要有明确的控制对象。确定控制标准首先要清楚控制的对象是什么。控制对象应体现组织目标特性,影响目标实现的那些要素。

②控制标准的制定必须以组织计划和目标为依据。控制标准不能脱离组织的计划和目标。但是应看到,标准来源于组织目标,并不等于组织目标。在具体控制工作中,笼统地将组织的计划目标作为标准是不行的,必须根据具体业务活动的特点来确定。

③标准的确定要明确关键控制点。组织活动的计划内容和活动状况是细微和复杂的,控制工作既不可能也没有必要对整个计划和活动的细枝末节确定标准、加以控制,而只要找出关键点。一般对于实现各级目标有重大影响的因素和环节,才是要加以控制的关键点。在控制过程中,对关键点必须确定相应的控制标准。

④标准要具体、可行,便于衡量。标准能够量化的必须量化,以便于有明确的衡量尺度。对于定性标准也应该尽可能地采用间接度量的方法。

🦴 相关知识

小和尚撞钟

有一个小和尚担任撞钟僧一职,半年下来,觉得无聊之极,只是"做一天和尚撞一天钟"而已。有一天,主持宣布调他到后院劈柴挑水,原因是他不能胜任撞钟僧一职。小和尚很不服气地问:"我撞得钟难道不准时、不响亮?"老主持耐心地告诉他:"你撞得钟虽然很准时、也很响亮,但钟声空泛、疲软,没有感召力。钟声是要唤醒沉迷的众生,因此,撞出的钟声不仅要洪亮,而且要圆润、浑厚、深沉、悠远。"

本故事中的主持犯了一个常识性的管理错误,"做一天和尚撞一天钟"是由于主持没有提前公布工作标准造成的。如果小和尚进入寺院的当天就明白撞钟的标准和重要性,我想他也不会因怠工而被撤职。工作标准是员工的行为指南和考核依据。缺乏工作标准,往往导致员工的努力方向与公司整体发展方向不统一,造成大量的人力和物力资源浪费。因为缺乏参照物,时间久了员工形成自满情绪,导致工作懈怠。制定工作标准尽量做到数量化,要与考核联系起来,注意可操作性。

6.2.2 衡量实际工作并与标准进行比较

偏差若能在发生之前就能预测到,人们是可以预先采取措施加以避免的。这是最理想的控制情况,但这种现象不是很多。并非所有的管理人员都有卓越的远见,同时也并非所有的偏差都能在产生之前被预见,事实可能正好相反。于是,最常见的控制方式应该是在偏差产生以后能够迅速采取必要的纠正措施。为此,要求管理者及时掌握能够反映偏差是否产生、并能判定其严重程度的信息。

为了能够及时、正确地提供能够反映偏差的信息,同时又符合控制工作在其他方面的要求,管理者在衡量工作成绩的过程中应注意以下几个问题:

1)通过衡量绩效,检验标准的客观性和有效性

衡量工作绩效是以标准为依据的,但利用预先制定的标准去检查各部门在各个阶段的工作,这本身也是对标准的客观性和有效性进行检验的过程。

在制定标准的时候,人们可能考虑了一些次要的因素,没有突出主要因素。因此,利用既定的标准去检查人们的工作,有时并不能达到有效控制的目的。在衡量工作绩效的过程中对标准本身进行检验,就能够反映被控制对象的本质特征,辨别并修改那些不能为有效控制提供必需信息、容易产生误导作用的标准。

2)确定适宜的控制频度

控制过多或不足都会影响控制的有效性。这种“过多”或“不足”,不仅体现在控制对象、控制标准的数目上,而且表现在对同一标准的检查频度上。频繁的检查不仅会增加控制的费用,而且可能引起有关人员的不满,影响他们的工作态度。而检查的次数过少,则可能使许多重大的偏差不能及时发现,不能及时采取措施。

以什么样的频度,在什么时候对某种活动的绩效进行衡量,取决于被控制活动的性质。需要控制的对象可能发生重大变化的时间间隔是确定适宜的检查频度的主要因素。在现实中,管理者经常在他们方便的时候,而不是在工作在控制的最佳时机进行检查。这种现象必须避免,因为这可能导致行动的迟误。

3)建立信息反馈系统

管理者只有及时、准确地掌握了实际工作与标准的偏差信息,才能迅速采取有效的纠正措施。应该建立有效的信息反馈网络,使管理者及时发现问题。这个网络还应能及时将偏差信息传递给予被控制活动有关的部门和个人,以使他们及时知道自己的工作状况、为什么错了,以及需要怎样做才能更有效地完成工作。建立这样的信息反馈系统,不仅更有利于保证预定计划的实施,而且还有利于基层工作人员实行自我检查和自我控制。

4)要重视对各级主管人员工作成效的衡量与评价

组织中的各级主管人员既是计划的执行者,同时也是计划的制订者和监督者。他们的工作成效与组织目标的实现有着更为直接的联系。因此,对各级主管人员的控制必须要有系统的观点。要制定各种可行的标准,既要对主管人员的工作成效做出客观的衡量与评价,也要对他们的个人品质和工作能力做出客观的衡量与评价。

6.2.3 采取纠偏措施

利用科学的方法,依据客观的标准,对工作绩效的衡量,可以发现计划执行中出现的偏

差。纠正偏差就是在此基础上，分析偏差产生的原因，制定并实施必要的纠正措施。这项工作使得控制过程得以完整，并将控制与管理的其他职能相互联结。通过纠偏，使组织计划得以遵循，使组织结构和人事安排得到调整，使领导活动更加完善。

为了保证纠偏措施的针对性和有效性，必须在制定和实施纠偏措施的过程中注意下述问题。

1)分析产生偏差的原因

出现偏差是普遍现象，并不是所有的偏差都需要纠正。有些偏差可能反映了计划制订和执行工作中的严重问题，而另一些偏差则可能是一些偶然的因素造成的，不一定会对组织活动的最终结果产生重要影响。因此，在采取任何纠正措施以前，必须首先对反映偏差的信息进行评估和分析。首先，判断偏差的严重程度，是否足以构成对组织活动效率的威胁，是否必须分析原因，采取纠正措施。其次，要分析产生偏差的主要原因。分析产生偏差的原因可以采用排列图、因果分析图、调查表、相关图等工具。分析产品质量问题的相关图如图6.1所示。

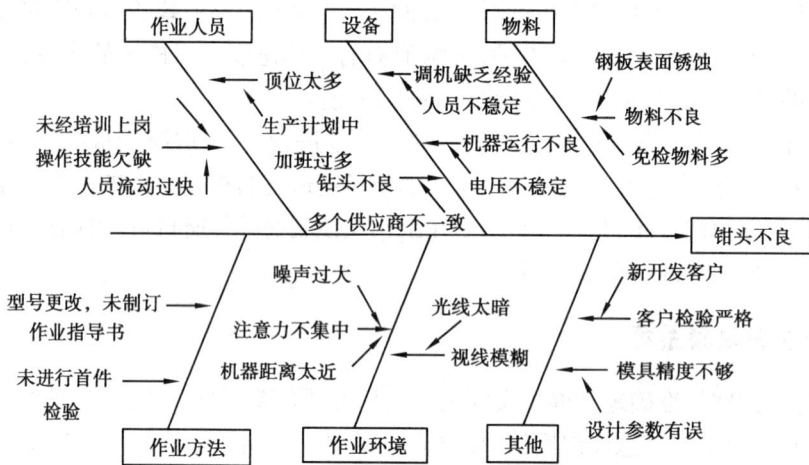

图6.1　分析产品质量问题相关图

纠正措施的制定是以偏差原因的分析为依据的。同一偏差则可能由不同的原因造成。不同的原因要求采取不同的纠正措施。要通过评估反映偏差的信息和对影响因素的分析，透过表面现象找出造成偏差的深层次原因。在众多的深层次原因中，找出最主要者，为纠偏措施的制定指导方向。

2)确定纠偏措施的实施对象

需要纠正的不仅可能是企业的实际活动，也可能是组织这些活动的计划或衡量这些活动的标准。大部分员工没有完成劳动定额，可能不是由于全体员工的抵制，而是定额水平太高，产品销售量下降，可能并不是由于质量劣化或价格不合理，而是由于市场需求的饱和或周期性的经济萧条，等等。在这些情况下，就要考虑修改标准或者调整计划。

标准或计划的调整是由两种因素决定的：一是原先的计划或标准制定得不科学，在执行中发现了问题;二是原来正确的标准和计划,由于客观环境发生了预料不到的变化,不再适应新形势的需要。外界环境发生变化以后,如果不对计划和标准进行及时调整,无论怎么努力,企业也不可能实现预定的目标。消费者的需求发生了转移,企业的产品质量再高,功能再完善,仍然不可能找到销路。

3)选择恰当的纠偏措施

在深入分析产生差异原因的基础上,针对产生偏差的主要原因,管理者要有针对性地采取纠偏措施。

①改进工作方法。达不到原定的控制标准,工作方法不当是重要原因之一。如以生产为中心的企业,生产技术是生产过程中的重要一环,在很多情况下,偏差来自技术上的原因。为此,就要采取技术措施,及时处理生产中出现的技术问题。

②改进组织和领导工作。控制职能与组织、领导职能是相互影响的。组织方面的问题主要有两种:一是计划制订好之后,组织实施方面的工作没有做好;二是控制工作本身的组织体系不完善,不能对已产生的偏差加以及时地跟踪与分析。在这两种情况下,都应改进组织工作,如调整组织机构,调整责权利关系,改进分工协作体系等。偏差也可能是由于执行人员能力不足或积极性不高而导致的,那么,就需要通过改进领导方式和提高领导艺术来纠正偏差。

③调整或修正原有计划或标准。偏差较大,有可能是由于原有计划安排不当而导致的;也可能是由于内外环境的变化,使原有计划与现实状况之间产生了较大的偏差。无论是哪一种情况,都要对原有计划加以适当调整。需要注意的是,调整计划不是任意地变动计划,这种调整不能偏离组织总的发展目标,调整计划归根到底还是为了实现组织目标。

④注意消除人们对纠偏措施的疑虑。任何纠偏措施都会在不同程度上引起组织的结构和活动关系的调整,从而会涉及某些组织成员的利益。在对原先计划和标准进行重大调整时,不同的组织成员会对纠偏措施持不同态度。一些原先反对初始决策的人会幸灾乐祸,甚至反对保留其中合理的成分;还有一些人对纠偏措施持怀疑态度;决策者可能会顾虑改变计划意味着自己的失败,从而公开或暗地里反对纠偏措施的实施。决策的执行者则会对自己的活动结果有感情,或者担心调整会使自己失去某种工作机会,影响自己的既得利益而采取抵制的行为。因此,管理者要充分考虑到组织成员对纠偏措施的不同态度,特别是要注意消除执行者的疑虑,争取更多的人的理解和支持,避免在纠偏方案的实施过程中出现人为障碍。对策表是在原因分析的基础上根据组织目标采取纠偏措施的一种很适用的工具。对策表的形式见表6.1。

表6.1　对策表

序　号	项　目	要　因	对　策	目　标	措　施	实施地点	完成时间	负责人
1								
2								
3								
…								

袋鼠与长颈鹿

某动物园新买来一只袋鼠,管理人员修建了一个 1 米高的围栏把它围起来。

第二天早上,管理人员却发现袋鼠在围栏外自由自在地奔跑,于是,他们把围栏加高到 2 米。但就在当天下午,他们又发现袋鼠在围栏外蹦跳。

袋鼠的邻居是长颈鹿。长颈鹿很羡慕袋鼠总能获得自由,但它也担心围栏加高后袋鼠再也出不去了。于是,就问袋鼠:"如果他们不断加高围栏,你怎么办呢? 你最后还是会像我们一样失去自由的。"

袋鼠说:"我才不担心呢,加到 500 米我都能够出去。"

长颈鹿问:"太吹牛了吧,难道你会飞?"

袋鼠说:"不是啊,我哪会飞啊? 只不过是管理员只知道增高围栏,却总是忘记锁门,我从门口出去,和围栏高度有什么关系呢?"

6.2.4 实现有效控制

控制的目的是保证活动符合计划的要求,以有效地实现预定目标。但是,并不是所有的控制活动都能达到预期的目的。为此,有效的控制应具有如下特征:

1)适时控制

企业经营活动中产生的偏差只有及时采取措施加以纠正,才能避免偏差的扩大,或防止偏差对企业不利影响的扩散。及时纠偏,要求管理人员及时掌握能够反映偏差产生及其严重程度的信息。如果等到偏差已经非常明显,且对企业造成了不可挽回的影响后,反映偏差的信息才姗姗来迟,那么,即使这种信息是非常系统、绝对客观、完全正确的,也不可能对纠正偏差带来任何指导作用。

2)适度控制

适度控制是指控制的范围、程度和频度要恰到好处。一是要防止控制过多或控制不足,缺乏控制和控制过度都可能导致组织活动的混乱。二是要处理好全面控制与重点控制的关系,并不是所有成员的每一项工作都具有相同的发生偏差的概率,并不是所有可能发生的偏差都会对组织带来相同程度的影响。任何组织也都不可能对每一个部门、每一个环节的每一个人在每一时刻的工作情况进行全面的控制。而且由于存在对控制者再控制的问题,全面控制有时甚至会造成组织中控制人员远远多于现场作业者的现象,所以必须开展重点控制。三是要使控制的收益大于成本。任何控制都需要一定费用,同时,由于控制纠正了组织活动中的偏差,也会带来一定的收益。一项控制,只有当管理带来的收益超出其所需成本时,才是值得的。

3)客观控制

控制工作应针对实际状况,采取必要的纠偏措施,或促进活动沿着原先的轨道继续前进。因此,有效的控制必须是客观的、符合实际的。客观的控制源于对活动状况及其变化的客观了解和评价。为此,控制过程中采用的检查、测量的技术和手段必须能正确地反映控制对象时空上的变化程度和分布状况,准确地判断和评价企业各部门、各环节的工作与计划要求的相符或相背离程度,这种判断和评价的正确程度还取决于衡量工作成效的标准是否客观和恰当。为此,企业还必须定期检查调整过去制定的标准和计算规范,使之符合现时的要求。

相关知识

扁鹊的医术

魏文王问名医扁鹊说:“你们家兄弟三人,都精于医术,到底哪一位最好呢?”扁鹊答说:“长兄最好,中兄次之,我最差。”

文王再问:“那么为什么你最出名呢?”

扁鹊答说:“我长兄治病,是治病于病情发作之前。由于一般人不知道他事先能铲除病因,所以他的名气无法传出去,只有我们家的人才知道。我中兄治病,是治病于病情初起之时。一般人以为他只能治轻微小病,所以他的名气只及于本乡里。而我扁鹊治病,是治病于病情严重之时。一般人都看到我在经脉上穿针管来放血、在皮肤上敷药等大手术,所以以为我医术高明,名气因此响遍全国。”

文王说:“你说得好极了。”

管理心得:事后控制不如事中控制,事中控制不如事前控制,可惜大多数的事业经营者均未能体会到这一点,等到错误的决策造成了重大的损失才寻求弥补,结果往往是即使请来了名气很大的“空降兵”,仍然于事无补。

学习任务3 控制的类型

6.3.1 前馈控制、现场控制和反馈控制

根据控制信息获取的方式和时点不同划分为前馈控制、现场控制和反馈控制。

1）前馈控制

前馈控制是指对未来可能出现的结果进行的预防性控制,即主管人员运用所能得到的最新信息,包括上一控制循环中所产生的经验教训,对可能出现的结果进行预测,然后,将其同计划要求进行比较,从而在必要时调整计划或控制影响因素,以确保目标的实现。

前馈控制属于一种预防性控制,它的工作重点并不是控制工作的结果,而是提前采取各种预防性措施,包括对投入资源的控制,以防止工作过程中可能出现的偏差。如企业为了开发一种能够有效满足消费者需求的产品,预先对消费者的实际需求进行的市场调查;又如对新加入组织的成员进行岗前培训等。这些都属于前馈控制的范畴。

2）现场控制

现场控制是指在某项活动或工作过程中进行的控制,即主管人员在现场对正在进行的活动给予指导与监督,以保证组织的各项活动按既定的计划进行。现场控制是组织控制工作的基础,是组织的基层管理人员主要采用的控制方法。如企业中生产制造过程的进度控制、对生产工人正在加工的产品进行的抽检等,都属于现场控制的范畴。要保证现场控制的有效性,现场控制的主要工作内容包括:

①要授予主管人员相应的权力,使他们能够用经济或非经济的手段对下属施加影响。

②要切实把组织的计划、目标、规范和制度等落实到基层,以便使基层工作的控制标准更为明确和具体。

③对下级人员进行必要的工作指导,监督下级人员的工作,以保证计划目标的实现。

④对工作中出现的偏差及时采取纠正措施。

⑤要重视主管人员的个人素质、工作作风对下属的影响。

3）反馈控制

反馈控制是指根据已发生的情况,对现在或未来进行的控制。即主管人员将工作的执行结果与控制标准相比较,从中发现已经出现或即将出现的偏差,在分析偏差产生原因的基础上,采取纠偏措施,以防止偏差的进一步发展或今后再度发生。反馈控制的实质属于一种事后控制,它的工作重点是对事物发生后的结果进行分析,并采取纠偏措施。由于工作结果既定,反馈控制主要对下一工作过程施加影响。如对企业的产成品进行抽检,分析产品在设计、制造过程中的缺陷,然后,在下一过程进行改进。

管理过程的反馈控制与其他控制方法相比存在的最大缺陷是时间的滞后性。这是因为反馈控制属事后控制,在进行纠偏时,实际情况已发生变化,从而降低了控制的有效性。反馈控制虽然存在着时间滞后的缺陷,但由于现在组织中的很多活动尚无法进行准确的预测,无法进行预防性控制,因此反馈控制仍然有不可替代的作用。

6.3.2 直接控制和间接控制

根据控制的原因与结果,分类管理控制可分为直接控制和间接控制。

直接控制:着眼于培养更好的主管人员,使他们能熟练地应用管理的概念、技术和原理,能以系统的观点来进行和改善他们的管理工作,从而防止出现因管理不善而造成的不良后果。

间接控制:着眼于发现工作中出现的偏差,分析产生的原因,并追究其个人责任使之改进未来的工作。

1) 直接控制

控制工作所依据的是这样的事实,即计划的实施结果取决于执行计划的人。销售额、利润率、产品质量等这些计划目标的完成情况,主要取决于直接对这些计划目标负责的管理部门的主管人员。因此,通过遴选,进一步的培训,完善管理工作成效的考核方法等,以改变有关主管人员的未来行为,这是对管理工作质量进行控制的关键所在。

直接控制是相对于间接控制而言的,它是通过提高主管人员的素质来进行控制工作的。直接控制的指导思想认为,合格的主管人员出的差错最少,他能觉察到正在形成的问题,并能及时采取纠正措施。所谓"合格",就是指他们能熟练地应用管理的概念、原理和技术,能以系统的观点来进行管理工作。直接控制的原则是:主管人员及其下属的质量越高,就越不需要进行间接控制。

这种控制方法的依据是:合格的主管人员所犯的错误最少;管理工作的成效是可以计量的;在计量管理工作成效时,管理的概念、原理和方法是一些有用的判断标准;管理基本原理的应用情况是可以评价的。

进行直接控制有以下优点:

①在对个人委派任务时能有较大的准确性。同时,为使主管人员合格,对他们经常不断地进行评价,实际上也必定会揭露出工作中存在的缺点,并为消除这些缺点而进行专门培训提供依据。

②直接控制可以促使主管人员主动地采取纠正措施并使其更加有效。它鼓励用自我控制的办法进行控制。

③直接控制还可以获得良好的心理效果。主管人员的质量提高后,他们的威信也会得到提高,下属对他们的信任和支持也会增加。

④由于提高了主管人员的质量,减少了偏差的发生,也就有可能减轻间接控制造成的负担,节约经费开支。

2) 间接控制

间接控制的理论依据是:人们常常会犯错误,或常常没有察觉到那些将要出现的问题,因此未能及时采取适当的纠正措施。他们往往会根据计划和标准,对比和考核实际的结果,追查造成偏差的原因和责任,然后才去纠正。实际上,在工作中出现问题,产生偏差的原因是很多的。标准不正确会造成偏差,但如果标准是正确的,还有不肯定因素、主管人员缺乏知识、经验和判断力等也会使计划遭到失败。对于由于主管人员缺乏知识、经验和判断力所造成的管理上的失误和工作上的偏差,运用间接控制则可帮助其纠正。同时,间接控制还可帮助主管人员总结吸取经验教训,丰富他们的经验,提高判断能力和管理水平。

间接控制的保证条件是:工作成效是可以计量的;人们对工作成效具有个人责任感;追查偏差原因所需要的时间是有保证的;出现的偏差可以预料并能及时发现;有关部门或人员将会采取纠正措施。但是,以上条件在现实环境中往往不能都得到满足:

①有许多管理工作中的成效是很难计量的。例如,主管人员的决策能力、预见性和领导水平是难以精确计量的;对完成计划起关键影响作用的部门的工作成效是不能和非关键部门的工作成效相比的,即便是前者的工作成效大,也不能说明后者的工作难度一定低于前者。

②责任感的高低也是难以衡量的。有许多工作,其成效不高,却与个人责任感关系不大或无关。

③有时主管人员可能会不愿花费时间和费用去进行调查分析造成偏差的事实真相,这往往会阻碍对明显违反标准的原因进行调查。

④有许多偏离计划的误差并不能预先估计到或及时发现,而往往是发现太迟以至于难以采取有效的纠正措施。

⑤有时虽然能够发现偏差并能找到产生偏差的原因,却没有人愿意采取纠正措施,大家互相推卸责任,或者即使能把责任固定下来,当事的主管人员却固执己见,不愿纠正错误。

以上这些问题都会直接影响间接控制的效果,我们在实践中要特别加以注意。

6.3.3 预防性控制和更正性控制

根据控制活动的性质,可以把控制分为预防性控制和更正性控制。

1)预防性控制

预防性控制,是指为了避免工作过程中出现错误而事先采取预防措施的控制。采取预防性控制措施是为了防止资金、时间或其他资源的损耗,是为了避免产生错误及尽量减少今后的更正活动,它要求对整个运行、活动的关键点有比较深刻的理解,要能预见问题。例如,国家强调法制,制定较详细的法律条文并大力宣传,这就是预防性控制措施。人人知法,人人懂法,就可以最大限度地减少那些由于不知法、不懂法而导致的违法行为。一般来说,像规章制度、工作程序、人员训练和培训计划都起着预防性控制的作用。在设计预防性控制的措施时,人们所遵循的原则都是为了更有效地达成组织目标。然而,要使这些预防性的规章制度等能够真正被遵从,必须有良好的监控机构作为保证。

2)更正性控制

更正性控制,是指工作过程中的问题一旦出现以后,采取措施进行纠偏的控制。

采用更正性控制往往是由于管理者没有预见问题,或者管理者认为某些事情出现错误之后,更正性控制要比预见问题的预防性控制更容易些。在实际管理工作中,更正性控制使用得更普遍一些,其目的是:当出现偏差时,使行为或实施进程返回到预先确定的或所希望的水平。例如,国家发现某些地区走私现象严重,为了改变这种现象,在交通要道设立了检查站,以希望减少走私活动。

相关知识

破窗理论

美国斯坦福大学心理学家詹巴斗曾做过这样一项试验:他找来两辆一模一样的汽车,一辆停在比较杂乱的街区,一辆停在中产阶级社区。他把停在杂乱街区的那辆车的车牌摘掉,顶棚打开,结果一天之内就被人偷走了。而摆在中产阶级社区的那辆车过了一个星期也安然无恙。后来,詹巴斗用锤子把这辆车的玻璃敲了个大洞,结果仅仅过了几个小时,它就不见了。

后来,政治学家威尔逊和犯罪学家凯琳依托这项试验,提出了一个"破窗理论"。这一理论认为:如果有人打坏了一个建筑物的窗户玻璃,而这扇窗户又未得到及时维修,别人就可能受到暗示性的纵容去打烂更多的窗户玻璃。久而久之,这些破窗户就给人造成一种无序的感觉。那么,在这种公众麻木不仁的氛围中,犯罪就会滋生、蔓延。

"破窗理论"指出企业应树立危机管理意识,设立危机预警系统,使企业能根据预先显现的危机信号,及时发现破窗或即将成为破窗的那块玻璃。

学习任务4 控制技术与方法

6.4.1 预算控制

预算控制就是根据预算规定的收入与支出标准来检查和监督各个部门的生产经营活动,以保证各种活动或各个部门在充分达成既定目标,实现利润的过程中对经营资源的利用,从而使费用支出受到严格有效的约束。

1)预算的作用

①预算的实质是用统一的货币单位为企业各部门的各项活动编制计划。它使企业在不同时期的活动效果和不同部门的经营绩效具有可比性,可以使管理者了解企业经营状况的变化方向和组织中的优势部门与问题部门,从而为调整企业活动指明了方向。

②通过为不同的职能部门和职能活动编制预算,也为协调企业活动提供了依据。

③预算的编制与执行始终是与控制过程联系在一起的。编制预算是为企业的各项活动确立财务标准,用数量形式的预算标准来对照企业活动的实际效果,大大方便控制过程中的

绩效衡量工作,也使之更加客观可靠。

在此基础上,很容易测量出实际活动对预期效果的偏离程度,从而为采取纠正措施奠定基础。由于这些积极作用,预算手段在组织管理中得到了广泛运用。

2)预算的形式

为了有效地从预期收入和费用两个方面对企业经营全面控制,不仅需要对各个部门、各项活动制定分预算,而且要对企业整体编制全面预算。分预算是按照部门和项目编制的,它们详细说明了相应部门的收入目标或费用支出的水平,规定了他们在生产、销售、采购、研究开发和财务等活动中筹措和利用劳力、资金等生产要素的标准。全面预算则是在对所有部门或项目分预算进行综合平衡的基础上编制而成的。它概括了企业相互联系的各个方面在未来时期的总体目标。只有编制了总体预算,才能进一步明确组织各部门的任务、目标、制约条件以及各部门在活动中的相互关系,从而为正确评价和控制各部门的工作提供客观的依据。

任何预算都需要用数字形式来表述。全面预算必须用统一的货币单位来衡量,而分预算则不一定用货币单位计量。比如,原材料预算可以用重量单位千克来表述;劳动消耗预算,通常用工时来计量。当然,无论以何种方式表述的各部门的分预算,在汇总成企业的全面预算过程中,都要转换成货币单位。

3)预算的内容

(1)收入预算

收入来源于销售收入、对外投资净收益和营业外收支净额。目前,企业收入的主要来源是产品销售,因此收入预算的主要内容是销售预算。销售预算是在销售预测的基础上编制的,即通过分析企业过去的销售情况、目前和未来的市场需求特点及其发展趋势,比较竞争对手和本企业的经营实力,确定企业在未来时期内为了实现目标利润必须达到的销售水平。

企业通常不仅生产一种产品,这些产品也不仅是在某一个区域市场上销售。为了保证产品销售收入的实现,便于检查计划的执行情况,企业往往需要按产品、区域市场为各经营单位编制分项销售预算。同时,企业还要把这些预算分解到季度和月度,以便于按时间、分项目按责任部门进行控制。

(2)支出预算

企业的生产经营或服务活动类型不同,经营支出的具体项目有很大的差异,但一般都包括:

①直接原材料和外购配套件消耗预算。它是根据产品的品种和数量,按照材料消耗定额计算出来的。它是控制成本支出的重要指标,也是供应采购部门编制采购预算、组织采购活动的依据。

②直接人工预算。直接人工预算是在预计企业一定时期将要生产的产品、产量的基础上,根据劳动定额计算出来的各工种人员的需求量和劳动量。它是控制直接人工支出的基础。

③制造费用预算。以上两项是直接费用,可以方便地计入具体产品成本,而制造费用是车间组织生产综合性的间接费用,一般要采取适当的分摊办法才能计入各产品的成本。这些费用主要有:车间或分厂管理人员工资、固定资产折旧费、修理费、低值易耗品、办公费、设计制图费、试验检验费、保险费、劳动保护费、差旅费等。制造费用的控制是采用以往的数据统计计算结合因素分析的办法确定控制指标,下达给有关责任部门控制其开支。

④期间费用预算。期间费用是公司(或总厂)使用的费用,它包括企业管理费、财务费和销售费 3 项费用,也是通过预算按指标进行控制的,这里不再详述。

(3)现金预算

现金预算是对企业未来生产与销售活动中现金的流入与流出进行预测,通常由财务部门编制。现金预算只能包括那些实际包含在现金流程中的项目:赊销所得的应收款在用户实际支付以前不能列作现金收入;赊购所得的原材料在未向供应商付款以前也不能列入现金支出;而需要今后逐年分摊的投资费用却需要当年实际支出现金。因此,现金预算并不需要反映企业的资产负债情况,而是要反映企业在未来活动中的实际现金流量和流程。企业的销售收入处在尚未收回,或收回后被大量的库存材料或在制品所占用,那么它也不可能在目前给企业带来现金上的方便。通过现金预算,可以帮助企业发现资金的闲置或不足,从而指导企业及时利用暂时过剩的现金,或及早筹齐维持营运所短缺的资金。

(4)资金支出预算

如果企业的收支预算被很好地执行,企业有效地组织了资源的利用,那么,利用这些资源得到的产品销售以后的收入就会超出资源消耗的支出,从而给企业带来盈余,企业可以利用盈利的一个很重要部分来进行生产能力的恢复和扩大。这些支出,由于具有投资的性质,因此对其计划安排通常被称为投资预算或资金支出预算。资金支出预算的项目包括:用于更新改造或扩充包括厂房、设备在内的生产设施的支出;用于增加品种、完善产品性能或改进工艺的研究与开发支出;用于提高职工和管理队伍素质的人事培训与发展支出;用于广告宣传、寻找顾客的市场发展支出等。

(5)资产负债预算

资产负债预算是对企业会计年度末期的财务状况进行预测。它通过将各部门和各项目的分预算汇总在一起,表明如果企业的各种业务活动达到预先规定的标准,在财务期末企业资产与负债会呈现何种状况。作为各分预算的汇总,管理人员在编制资产负债预算时虽然不需要作新的计划或决策,但通过对预算表的分析,可以发现某些分预算的问题,从而有助于及时采取调整措施。比如,通过分析流动资产与流动债务的比率,可能发现企业未来的财务安全性不高,偿债能力不强,可能要求企业在资金的筹措方式、来源及其使用计划上做相应的调整。另外,通过将本期预算与上期实际发生的资产负债情况进行对比,还可发现企业财务状况可能会发生哪些不利变化,从而指导事前控制。

4)预 算 控 制 的 一 般 过 程

①了解过去预算执行的情况和未来的发展规划。

②主管预算的部门在组织发展战略、目标、计划的基础上向组织各部门主管人员提出关

于预算编制的建议和要求。

③分解总预算,由各部门、基层单位根据组织战略和计划,结合本部门情况,编制部门预算并上报。

④主管预算编制部门将上报的部门预算汇总,调整部门预算和总预算,确定预算方案。上报高层管理者审批。

⑤组织贯彻落实预算确定的各项指标,在实施过程中予以监控。

6.4.2 非预算控制

1)行政控制

行政控制泛指借用行政手段监测、控制受控系统的方法。主要包括以下几种:

(1)亲自观察

亲自观察法是一种适合于各级管理人员对一切领域的活动进行了解,从中获得必要的控制信息的控制方法。各级管理人员可以通过对下级人员的工作进行观察,与下级人员进行交谈,听取下级人员的意见等来获取有关组织运行情况的第一手资料。这些资料就可能成为各级管理人员做出控制决策的依据。采用这种方法,还有利于增进组织中上下级之间的沟通和了解。亲自观察法应用的效果取决于观察者本人的观察能力和理解能力,并且它是一种耗费时间的方法。

(2)统计分析

统计分析法是指用各种图解的或表格的形式反映组织运行的实际情况的一种控制方法。采用统计分析法,能使人们一目了然地了解到组织运行的实际情况与预定计划之间的差异,从而有利于组织采用有效的控制措施。

(3)专题报告

这是一种对组织中的某一个专门问题进行深入地研究分析,以提供可作为采取纠正措施依据的信息的一种控制方法。该方法的特点在于:它是一种例行的控制方法,能发现采用日常的统计分析方法所不能发现的问题。它的另一个特点是:能对组织在运行中存在的问题进行深入的分析,这样有利于组织的控制。采用这种方法可能要花比较多的时间和精力。

(4)利用客户反馈信息进行控制

主管可以通过了解客户对本部门工作的评价,根据客户的评价来进行控制工作,这些客户可以是内部的也可以是外部的,通常包括以下几种方法:拜访客户、设置意见箱和问卷调查等。

(5)企业诊断

企业诊断是由有关专家,对企业经营的诸方面或某一特定方面进行调查分析,找出存在的问题,提出解决问题的办法等一系列活动。企业诊断,有利于深入分析研究一些问题,摸清产生问题的根源,从而为采取有力的纠正措施提供可靠的依据。它是管理控制的一种有效工具。

相关知识

领导视察

Mars 公司是一家世界知名的巧克力工厂,当公司领导人去视察工厂的时候,在最大的巧克力机旁觉得闷热难当。他问工厂的经理:"你们怎么不在这里安装空调呢?"经理说他没有做预算。领导人就说:"把你办公室里所有的东西,包括桌椅等都搬到这里来,空调什么时候装好,你就什么时候搬回自己的办公室。"

2) 审计控制

审计是对反映企业资金运动过程及其结果的会计记录及财务报表进行审核、鉴定,以判断其真实性和可靠性,从而为控制和决策提供依据。根据审查主体和内容的不同,可将审计划分为 3 种主要类型。

(1) 外部审计

外部审计是由外部机构(如会计师事务所)选派的审计人员对企业财务报表及其反映的财务状况进行独立评估。为了检查财务报表及其反映的资产与负债的账面情况与企业真实情况是否相符,外部审计人员需要抽查企业的基本财务记录,以验证其真实性和准确性,并分析这些记录是否符合公认的会计准则和记账程序。

(2) 内部审计

内部审计是单位内部审计部门或人员进行审计的过程。由于审计人员对单位的情况比较了解,一方面能针对本单位情况加强监督、审核;另一方面,还能提出相关建议以加强审计控制。

(3) 管理审计

管理审计是一种对企业所有管理工作及其绩效进行全面系统地评价和鉴定的方法。管理审计虽然可以组织内部有关部门进行,但为了保证某些敏感领域得到客观地评价,企业通常聘请外部专家来进行。

管理审计的方法是利用公开记录的信息,从反映企业管理绩效及其影响因素的若干方面将企业与同行业其他企业或其他行业的著名企业进行比较,以判断企业经营与管理的健康程度。

管理审计在实践中遭到许多批评,其中比较重要的意见认为:这种审计过多地评价组织过去的努力结果,而不致力于预测和指导未来的工作,以至于有些企业在获得了极好的管理审计评价后不久就遇到了严重的财政困难。尽管如此,管理审计不是在一两个容易测量的活动领域进行了比较,而是对整个组织的管理绩效进行了评价。因此,可以为指导企业在未来改进管理系统的结构、工作程序和结果提供有用的参考。

相关知识

零基预算起源于美国,是彼得·派尔在 20 世纪 60 年代提出来的。现已被西方工业发达国家公认为是管理间接费用的一种有效方法。

零基预算与传统的增(减)预算截然不同。它的基本原理是:对于任何一个预算(计划)期,任何一种费用项目的开支数,不是从原有的基础出发,即根本不用考虑基期的费用开支水平,而是一切以零为起点,从根本上来考虑各个费用项目的必要性及其开支的规模。它要求对各个业务项目需要多少人力、物力和财力逐个进行估算,并说明其经济效果,在此基础上,按项目的轻重缓急性质,分配预算经费。

6.4.3 边界控制

1)边界控制的含义

边界控制方法就是规定企业可以接收的活动范围,并通过确定各种惩罚措施来保证企业内所有人员都明确哪些事情是不能做的,也就是为企业以及企业内部员工的行为设置一个不允许超越的边界,即制定各种规章制度。因此,边界控制法也可以看成是制度控制法。制度控制是指为实现组织目标,通过规章、准则等形式规范与限制组织中各级管理者和员工的行为,以不犯错误来经营活动的效率和效果。

2)控制制度的分类

作为边界的控制制度主要包括:

(1)企业基本制度

企业基本制度主要包括企业的法律和财产所有形式、公司章程、股东大会、董事会、监事会、高层管理组织等方面的制度和规范。它确定了企业所有者、经营管理人员、企业组织成员各自的权利、义务和相互关系,确定了财产的所有关系和分配方式,制约着企业活动的范围和性质,是涉及企业所有层次、决定企业组织的根本方式。虽然公司章程等文件一般认为与战略的制定更加紧密相关,但是作为公司的基础性的制度,对于管理控制同样是非常重要的,并且这些制度对于具体的管理控制制度的制定和执行有着举足轻重的作用。因此,我们可以把企业的基本制度作为边界控制的边界来看待。

(2)管理控制制度

管理控制制度是指在组织目标与战略选择的基础上,为保证组织战略及其目标实现的各项规章制度的统称。管理控制制度主要包括:财务控制制度、人事控制制度、采购控制制度、营销控制制度、生产与技术控制制度及成本控制制度等。

财务控制制度又分为财务基本管理制度、资金管理制度、资产管理制度以及财务会计机构和人员管理制度。

人事控制制度的内容主要有人力资源计划制度、职务分析制度、员工招聘制度、激励制度、教育培训制度、员工薪金报酬制度、绩效评估制度等。

采购控制制度包括采购计划管理制度、采购决策管理制度、招标采购管理制度、价格监督制度、质量检验监督制度、付款与验收制度。

营销控制制度分为销售管理制度与应收账款管理制度。前者主要是对销售预测、销售计划、销售合同签订、审批和注销以及销售退回等事项进行制度化的规定;后者则规定了应收账款经办人员的责任,应收账款的账务管理、坏账损失的处理等。

生产与技术控制制度的内容包括生产计划管理制度、生产技术管理制度、生产要素管理制度、物流管理制度、产品管理制度和质量管理制度。

成本控制制度则分为成本费用管理基础制度、成本计划与责任制度、成本核算与控制制度、成本分析与考核制度以及各业务部门的相互牵制制度。成本分为4类,与资金相关的成本,如折旧费等;与劳力相关的成本,如工资、福利等;与原材料相关的成本;与知识相关的成本,如专利费、知识使用费等。

6.4.4 项目管理控制

项目管理控制是指在实施项目计划的过程中,由于项目存在着风险性和艰巨性,项目的进展经常会偏离预期的轨迹,为了实现项目的最终目标,项目管理者需要根据项目进度计划,对项目范围、进度与费用进行控制,找出偏差,分析原因,修订计划,研究对策,并对项目完成的结果进行评价的一种管理活动。项目管理控制的具体目标一是降低成本,提高绩效。项目管理控制将通过各种专项控制和综合控制来实现这一目标,这就需要不断地跟踪和考察成本、劳动生产率、销售增长率、质量指标和消耗定额等一系列财务指标和技术指标。二是寻找、解决偏差,防止小的偏差不断积累给组织带来严重的损失。三是通过建立有效的控制系统,对组织的资源、工作和作业程序等进行全面控制,确保整个组织的工作始终处于有序和受控的状态。

项目管理控制的主要内容包括以下6个方面:

1)项目范围管理控制

项目范围管理控制主要是指对项目范围计划、项目范围变动实施的控制。项目范围计划控制包括对项目范围进行界定,并检验项目范围计划目标是否完善和准确,计划指标是否可靠和有效;项目范围能够给出的效益是否大于成本;项目范围定义是否需要进一步进行辅助性研究等。项目范围变动控制主要是指根据项目的实际情况、项目的变动要求和项目范围计划,控制好项目范围的变动。在项目开始之后,项目的范围会随着环境的变化而发生变动,而项目的变动可能会导致项目的工期、成本或质量发生重大改变。因此,加强对项目范围变动的严格控制,是保障项目顺利完成的关键。

2)项目时间管理控制

项目时间管理控制主要是指对确保项目准时完工所必需的一系列管理控制过程和活

动。它包括界定和确认项目活动的具体内容,项目活动内容的排序、估算工期、项目进度等方面的管理控制内容。其中,项目工期计划是时间管理控制中最重要的一项工作。它强调将事前控制、事中控制和事后控制有机地结合起来,包括对影响项目工期计划变化的因素进行控制,对项目工期计划完成情况的绩效度量和针对实际实施中出现的偏差采取的纠偏措施等。

3)项目成本管理控制

项目成本管理控制主要是指为实际发生的成本不超过项目预算而开展的项目成本估算、项目成本预算及预测等一系列的管理控制活动。

项目成本估算是指根据项目的资源需求计划和各种市场价格信息,估算和确定出项目各种活动的成本和整个项目的全部成本。它主要是指对完成项目的资源成本框架进行的管理控制。

项目成本预算及预测是指在项目实施的过程中,努力将项目的实际成本控制在项目成本预算范围之内,并且随着项目的进展,依据项目成本的实施发生情况,不断预测项目成本的发展变化趋势,不断修订原来的项目成本估算,并对项目的总成本进行合理预测的管理控制过程。

4)项目质量管理控制

项目质量管理控制主要是指为确保项目质量目标要求而开展的项目管理控制活动,其根本目的在于保证最终交付的项目产出物符合质量规范。它主要包括对项目质量实际情况的度量,项目质量标准的比较,项目质量误差和问题的确认,项目质量问题的原因分析,财务纠偏措施,消除项目质量差距与问题的一系列活动。

5)项目人力资源管理控制

项目人力资源管理控制要求通过对人力资源的管理控制,努力实现资源的整合,不仅通过激励机制开发员工的各种潜能,而且在激励中形成约束机制以实现组织目标的一系列管理控制活动。它包括对项目组织规划与设计进行控制,对项目人员的获得与配备进行控制,对员工的发展与团队建设进行控制等多项管理控制活动。

6)项目风险管理控制

项目的特点决定了它在实施过程中会遭遇各种各样的风险,如果不能很好地识别和控制项目的风险损失,整个项目就有可能功亏一篑。因此,项目管理控制最关键的环节就是对不确定性和风险性事件或问题进行管理控制。项目风险管理控制主要是通过风险识别、风险界定和风险评价去认知项目的风险程度,并以此为基础,合理地使用各种风险应对措施、管理方法和技术手段,以便对项目的风险实施有效的控制,确保项目总体目标的实现。

东风扬子江汽车(武汉)有限责任公司部门实施绩效考核进行控制

东风扬子江汽车(武汉)有限责任公司(简称东风扬子江),成立于1964年12月,公司秉承尊天道、应变化、求永恒的发展理念,不断创新,努力进取,公司成为全国大客车和机械行业重点生产厂家,主要生产城市客车,公司年产销量稳居全国公交车生产企业前茅。

公司已陆续建立了华中、华北、西北、西南、华南五大销售网点,产品行销湖北、湖南、陕西、甘肃、河南、江西、江苏、四川、内蒙古、山东等省、自治区的70多个大中城市。东风扬子江城市客车研究院及所属的开发实验所拥有100多名擅长新产品研发的优秀技术员及技师。公司一直非常重视新产品研发。近年来,为了适应市场需求,新产品研发的速度越来越快。早在1996年,公司与华中科技大学合作建立了华中地区客车行业第一个计算机辅助设计(CAD)中心,并采用了国际领先的(UG)和Pro-E三维设计。

公司于2002年开发出中国内地第一台超低地板城市无轨电车——WGD67U型空调电车,中国内地第一台超低地板城市客车——WG6120EH型空调客车。公司于1998年开始研发燃气客车,在新能源客车实际开发和应用上,东风扬子江已经遥遥领先于国内同行,其开发制造的新能源客车是我国最早投入公交运营的。下面介绍客车研究院和制造部实施绩效考核控制后取得的成效。

一、客车工程研究院

绩效考核项目中的新产品开发时点控制,在计划组与工程院双方面的努力配合下,开发节点的控制越来越科学,并且开发车辆的进度甘特图控制方法得到了更科学、更合理地发挥。另外,对于生产的技术输出及技术损失等方面也有了积极改善,生产技术人员在绩效考核后明显对于生产线所出现的各种问题都比以前有更高的重视度。

在绩效考核推行后,"新产品研发节点达成率"成为工程院第一项考核指标,也是权重最大的指标。不只是为了统计好每个月的指标,更是为了加强新产品研发的进度管控,工程院采用项目甘特图来控制样车进度:针对每个样车编制样车项目管理甘特图,将开发过程细化从底盘总布置到样车返修整改交车共计20多个节点。建立了样车进度群,每天专人负责清点和督促样车进度,协调处理研发过程中出现的各类问题,并进行样车试制进度的每日一报,让领导及开发项目相关人员能随时了解进度节点完成情况以及影响节点达成的问题点,更加强了与物管部、制造部等协作部门沟通的及时性和有效性。每月对所有正在开发的新产品开发节点完成情况进行汇总分析,根据客观情况及时调控计划节点。

在样车进度管理机制管控下,新产品开发的周期较以前明显缩短了,原来开发周期一般为3~5个月,现在压缩为3个月以内。其中,WG6120ZFCVHM(英康锌空电池系统)接到紧急指令后,在短短1个月内完成样车制作到交车的工作;阜阳招标样车WG6100PHEVAM(10米方基调油电混动)也是在5月底接到开发指令后,8月中旬完成了交车,在2个月内实现了从产品开发到样车完工的全过程。

已优化开发新产品 18 个(样车共计 15 台),已完成开发工作的新产品共 14 个(8 个已完成批量上线),正在开发的新产品 4 个。

此外,对于在线产品技术输出,也积极采取多种方式进行保障,首先不断规范、完善技术输出流程及规范,针对技术输出的问题与相关部门及时进行沟通,每月将出现的技术输出问题进行公示、纠错,并将技术人员的绩效考核与技术输出的及时性与正确性挂钩,督促技术人员不断提升工作技能。

从 2012 年 5 月到 2013 年 10 月的设计输出及时性得分率统计来看,得分率有逐步上升的趋势,2012 年 5 月到 2013 年 12 月平均得分率为 81.86%,2013 年 1 月到 2013 年 10 月平均得分率为 95.58%。技术输出的及时性有了一定的提升,如图 6.2 所示。

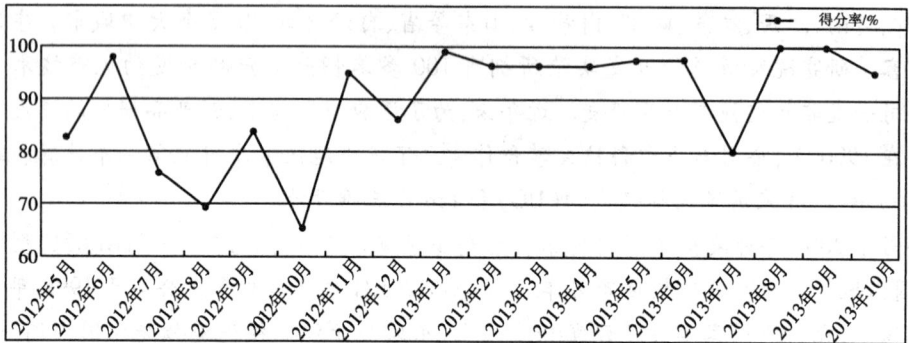

图 6.2 2012 年 5 月—2013 年 10 月设计输出及时性得分率统计

在技术输出出现问题或更改时,首先要求设计人员下生产线了解情况,设计更改能在原件基础上加工再利用的,要与生产线及时沟通,对原材料进行改制使用,避免了材料的报废,减少设计失误损失。由设计失误损失统计来看,从第一、第二季度的 79.22 元/台、95.05 元/台,在第三季度下降为 35.509 元/台,单台损失金额有所下降。

二、制造部

制造部在 2013 年绩效考核执行当中,基于提升现场管理的大前提,对于生产线的各项细节管理工作都进行了适应生产转化的调节;生产线现场管理工作更加深入,经过"6S"管理考核,制造部对于生产现场的清洁管理、物料摆放、生产工序转换效率等都做出了改进和努力:

1. 质量方面

2013 年 1—10 月交检合格率稳步提高,获得了公司及市场的广泛认可。为提升产品质量,制造部做了大量工作,并不断在努力:

(1)新进员工因不熟悉工作岗位,导致材料制作过程中出现部分不合格现象,因此,制造部对每位新进员工,首先进行员工理论知识培训、作业指导培训;其次,熟悉相应工作岗位;最终合格者才能正式上岗作业。经过一段时间的证明与抽查,现新来员工在每批材料制作中都没有出现产品质量不合格的现象,从而产品质量的合格率也提升了。

(2)组织后工序主管、技术骨干对前工序产品进行评审,形成联动机制,保障及时发现前工序产品质量问题,并不要对后续工序生产造成影响。

(3)对涂装生产线环境进行改造,建立封闭打磨室有效减少了作业环境的灰尘,全线员工每天对生产现场进行了两次彻底清扫,有效减少了车辆涂装表面因环境灰尘引起的沙粒状质量缺陷。

(4)利用生产间隙期,组织全体员工学习作业指导书,并要求员工严格按作业指导书进行作业,安排班组长在生产过程中对工艺纪律进行督促,确保工艺纪律的有效执行。

2. 成本方面

(1)对因材料、技术影响导致的相关工序不能正常生产的情况,制定生产应急预案,安排部分班组调休、年休等多种灵活的生产组织方式,减少加班工时,降低生产成本。

(2)利用边角余料制作成天窗、灭火器支架等专用的转序架,对产品进行有效防护,杜绝产品在转运过程中的损坏。

3. 现场管理方面提升

(1)前处理生产线的化工原料种类较多,有色膏、阳极液、脱脂剂等共10余种。为了方便适时的添加原料,利于查找,所有原料都严格按照种类进行摆放,决不允许出现混放的情况。并且每种原料上都配有相应的名称标识进行对应。

(2)为美化环境,养成良好的生活工作习惯,制造部制作专门的生活垃圾箱,并划定放置区域,指定管理责任人杜绝了将早餐、中餐带进联合厂房的习惯,提升了员工的素质。

(3)建立班前会制度,时刻提醒不忘"6S"管理素养,保证早晚两次清扫、整理、整顿。

以上是客车工程研究院、制造部两大生产一线部门的绩效考核状况,相关数据充分说明绩效考核制度在2013年的执行过程中,对于各部门的管理工作改善有着较大的促进作用。公司目前处于高速发展时期,利用绩效考核的手段配以完善的学习体系,这一过程必须长期坚持并严格执行,因为企业的发展与创新需要一个独立组织的协调与控管。

本单元小结

本单元主要介绍控制的含义、特点;控制过程;前馈控制、现场控制和反馈控制,直接控制和间接控制,预防性控制和更正性控制,预算控制和生产作业控制等几种控制类型;前馈控制是指对未来可能出现的结果进行的预防性控制;现场控制是指在某项活动或工作过程中进行的控制;反馈控制是指根据已发生的情况,对现在或未来进行的控制。控制过程一般应包括制定控制标准、衡量工作成效和纠正偏差等几个环节。制定控制标准过程中要掌握关键控制点和制定控制标准的方法和要求。预算控制的内容包括收入预算、支出预算、现金支出、资金支出预算和资产负债预算。理解边界控制和项目管理控制。

学习思考题

1. 什么是控制? 有人说控制会限制员工的主动性和积极性。你同意这种说法吗?

2. 实施有效的现场控制应对管理者提出哪些要求?

3. 制定合理的、切合实际的工作标准比控制过程本身重要。你同意这种说法吗?

4. 在控制过程中,如果发现实际工作与计划标准之间存在差距,是否一定是实际工作中出现了问题?

5. 简述控制的过程。

6. 企业可以使用的建立标准的方法有哪些?

7. 什么是预算控制?

8. 预算控制的内容有哪些?

9. 非预算控制包括哪些内容?

10. 控制的分类有哪些?

案例 1

麦当劳公司的控制系统

麦当劳公司以经营快餐闻名遐迩。1955 年,克洛克在美国创办了第一家麦当劳餐厅,其菜单上的品种不多,但食品质量高,价格低廉,供应迅速,环境优美。连锁店迅速发展到每个州,至 1983 年,国内分店已超过 6 000 家。1967 年,麦当劳在加拿大开办了首家国外分店,以后国外业务发展很快。到 1985 年,国外销售额约占它的销售总额的 1/5。在 40 多个国家里,每天都有 1 800 多万人光顾麦当劳。

麦当劳金色的拱门允诺:每个餐厅的菜单基本相同,而且"质量超群,服务优良,清洁卫生,货真价实"。它的产品、加工和烹制程序乃至厨房布置,都是标准化的,严格控制的。它撤销了在法国的第一批特许经营权,因为尽管他们盈利可观,但未能达到在快速服务和清洁方面的标准。

麦当劳的各分店都由当地人所有和经营管理。鉴于在快餐饮食业中维持产品质量和服务水平是其经营成功的关键,因此,麦当劳公司在采取特许连锁经营这种战略开辟分店和实现地域扩张的同时,就特别注意对各连锁店的管理控制。如果管理控制不当,使顾客吃到不对味的汉堡包或受到不友善的接待,其后果就不仅是这家分店将失去这批顾客及其周遭人光顾的问题,还会波及其他分店的生意,乃至损害整个公司的信誉。为此,麦当劳公司制定了一套全面、周密的控制办法。

麦当劳公司主要是通过授予特许权的方式来开辟连锁分店。其考虑之一,就是使购买特许经营权的人在成为分店经理人员的同时也成为该分店的所有者,从而在直接分享利润的激励机制中把分店经营得更出色。特许经营使麦当劳公司在独特的激励机制中形成了对其扩展中的业务的强有力控制。麦当劳公司在出售其特许经营权时非常慎重,总是通过各方面调查了解后挑选那些具有卓越经营管理才能的人做店主,而且事后如发现其能力不符合要求则撤回这一授权。

麦当劳公司还通过详细的程序、规则和条例规定,使分布在世界各地的所有麦当劳分店的经营者和员工们都遵循一种标准化、规范化的作业。麦当劳公司对制作汉堡包、炸土豆条招待顾客和清理餐桌等工作都事先进行翔实的动作研究,确定各项工作开展的最好方式,然后再编成书面规定,用以指导各分店管理人员和一般员工的行为。公司在芝加哥开办了专门的培训中心——汉堡包大学,要求所有的特许经营者在开业之前都接受为期 1 个月的强化培训。回去之后,他们还被要求对所有的工作人员进行培训,确保公司的规章条例得到准确的理解和贯彻执行。

为了确保所有特许经营分店都能按统一的要求开展活动,麦当劳公司总部的管理人员还经常走访、巡视世界各地的经营店,进行直接的监督和控制。例如,有一次巡视中发现某家分店自行主张,在店厅里摆放电视机和其他物品以吸引顾客,这种做法因与麦当劳的风格不一致,立即得到了纠正。除了直接控制外,麦当劳公司还定期对各分店的经营业绩进行考评。为此,各分店要及时提供有关营业额和经营成本、利润等方面的信息,这样总部管理人员就能把握各分店经营的动态和出现的问题,以便商讨和采取改进的对策。

麦当劳公司的又一个控制手段,是在所有经营分店中塑造公司独特的组织文化,这就是大家熟知的"质量超群,服务优良,清洁卫生,货真价实"口号所体现的文化价值观。麦当劳公司的共享价值观建设,不仅在世界各地的分店,在上上下下的员工中进行,而且还将公司的一个主要利益团体——顾客也包括进这支建设队伍中。麦当劳的顾客虽然被要求自我服务,但公司特别重视满足顾客的要求,如为他们的孩子们开设游戏场所、提供快乐餐和组织生日聚会等,以形成家庭式的氛围,这样既吸引了孩子们,也增强了成年人对公司的忠诚感。

讨论题

1.麦当劳提出的"质量超群,服务优良,清洁卫生,货真价实"口号如何反映它的公司文化? 以这种方式来概括一个组织或公司的文化,具有哪些特色或不足?

2.麦当劳公司所创设的管理控制系统,具有哪些基本构成要素?

3.该控制系统是如何促进了麦当劳公司全球扩张战略的实现?

案例 2

西湖公司的控制方法

西湖公司是由李先生靠 3 000 元创建起来的一家化妆品公司。公司一开始只经营指甲油,后来逐渐发展到颇具规模的化妆品公司,资产已达 6 000 万元。李先生于 1995 年发现自己患癌症之后,对公司的发展采取了两个重要措施:一是制定了公司要向科学医疗卫生方面发展的目标;二是高薪聘请雷先生接替自己的职位,担任董事长。

雷先生上任后,采取一系列措施,推进李先生为公司制订的进入医疗卫生行业的计划:在特殊医疗卫生方面开辟一个新行业,同时开设一个凭处方配药的药店,并开辟上述两个新部门所需产品的货源和运输渠道。与此同时,他在全公司内建立了一个严格的控制系统:要求各部门制定出每个月的预算报告,每个部门在每月初都要对本部门的问题提出切实的解决方案,每月定期举行一次由各部门经理和顾客参加的管理会议。要求各部门经理在会上提出自己本部门在当月的主要工作目标和经济来往数目。同时,他特别强调注意资产回收率、销售边际及生产成本等经济动向。他也注意人事、财务收入和降低费用方面的问题。

由于采取了上述措施,该公司获得巨大成功。到 21 世纪初,年销售量提高 28%,到

2001 年销售额达到了 22 亿元。然而自 2004 年以来,该公司出现了问题。公司有史以来第一次出现收入下降的趋势。商品滞销,价格下跌。主要原因有:第一,化妆品市场的销售量已达到饱和状态;第二,该公司制造的高级香水一直未能打开市场,销售情况没有预测的那样乐观;第三,国外公司对本国市场的占领;第四,公司在国际市场上出现了不少问题,如推销员冒进得罪了推销商,公司形象未能很好地树立。

雷先生也意识到公司存在的问题。准备采取有力措施以改变公司目前的处境,他计划要对国际市场方面进行总结和调整。公司开始配制新产品,他相信用大量资金研制的医疗卫生工业品不久也可进入市场。

讨论题

1.雷先生在西湖公司里采用了哪些控制方法?

2.就西湖公司目前的状况而言,应该如何健全控制系统?

课堂游戏

踏数字

1. 活动目的:

感受前馈控制和现场控制的重要性。

2. 道具:

彩色粉笔若干支、秒表。

3. 时间:

30 分钟。

4. 程序:

(1)分组,6~8 人 1 组。

(2)小组商讨如何快速且按规则踏数字。

(3)去活动现场,画正方形、起始线及写数字。

(4)比赛:秒表计时,每组所用时间从起始线起跑开始,到踏完 33 个数字又回到起始线为止。

5. 规则:

(1)按 1~33 的顺序踏数字。

(2)在任意时点,正方形内只能出现一只脚。

(3)每位同学至少要踏 4 个数字。

6. 教师任务:

(1)活动之前,选择空地、谁负责画正方形,谁在地面写数字。

(2)在黑板上演示活动:画正方形,在正方形内任意散落数字 1,2,3,…,32,33。

(3)派 3 人画正方形和起始线,指定若干人写数字,尽量使每位同学都有任务。

(4)教师计时。

（5）发动其他组同学与教师一起控制整个活动过程。若有违反规则的行为,则被淘汰出局。

7.考核标准:

不违反规则且速度最快的小组获胜。

实训项目

调查与访问——怎样才能让员工按时上下班

【实训目标】

加深学生对控制的认识与理解,体会实现有效控制的不易。

【内容与要求】

1.由学生自愿组成小组,每组5~8人。

2.利用课余时间,每组选择一个中小企业或机关事业单位(政府部门、学校、医院等)进行调查与访问(注意要选择只有一个大门,便于观察的单位)。

3.访问之前,先在上下班时间悄悄观察该单位迟到、早退的情况,然后制定调查访问提纲,询问该单位负责人下列问题:

(1)该企业(单位)职工按时上下班情况。

(2)该企业(单位)关于遵守劳动时间先后出台过哪些规定? 每次效果如何? 为什么效果理想(或不理想)?

4.在班上组织一次讨论会,交流各小组对调查单位解决员工按时上下班问题措施及效果的看法,探讨为什么有效控制看起来简单,做起来非常难。

单元 7

沟通及其技巧

◉ 知识目标

1. 了解沟通的概念及类型。
2. 理解沟通的过程、有效沟通的障碍。
3. 掌握沟通障碍的克服及有效沟通的技巧。

◉ 能力目标

1. 重视沟通在管理中的积极作用。
2. 培养工作生活中的沟通技巧。
3. 提高管理沟通的能力。

管理寓言故事

诸葛亮巧辩联东吴

东汉末年,有一场著名的赤壁之战。曹操统率百万大军准备攻打吴国,当时吴国分为主战、主和两派。诸葛亮为了说服孙权和蜀汉联手抗曹,不远千里来到东吴,企图增加主战派的声势。

这时,吴国的主战论者鲁肃对诸葛亮说:"为了促使孙权下决心打仗,希望你能把曹操的实力说得弱一点。"可是,当孙权向诸葛亮询问曹操兵力时,诸葛亮却说:"据说曹操有一百万的精锐兵力,可是实际上还不止这个数字。所以,在这个时候,求和是比较明智的。"孙权很惊讶地问道:"那为什么兵力比吴国还弱的刘备,敢和曹操打仗呢?"诸葛亮说:"我的主公为了要复兴大汉皇室,所以必须和曹操一战。所谓正义之战,兵力乃是次要的问题。为了吴国的安全着想,我劝你还是谋和。"听了孔明这番话,孙权也立志要和曹操决一胜负。于是蜀吴两国合力抗曹,终于打胜了赤壁之战,在历史上写下辉煌的一页。

诸葛亮知道孙权是一位英雄人物,如果把敌方的兵力说弱了,他不会因此参加战争,反而因为敌人的强大,更容易激起他的斗志。由孔明游说孙权的例子可以证明,掌握一定的沟通技巧是多么重要。

学习任务 1　认识沟通

7.1.1　沟通的概念

沟通即信息的交流,是沟通主体将一定的信息传递给特定的对象(沟通的客体),并获得预期反馈的整个过程。沟通既可以是单纯的信息交流,也可以是思想、情感、态度的综合交流。沟通是双方的行为,既可以是"人",又可以是"机",因此就有 3 种表现形式,即:

①机—机沟通。即机器与机器之间的沟通,如通信工具之间的信息交流,包括电话、电传、电子邮件等。

②人—机沟通。即人与机器之间的沟通。这广泛存在于人对物资设备的高效运用过程中,如家用电器、轿车的人性化的功能设计等。

③人—人沟通。即人与人之间和以人为主体的组织与组织之间的沟通。管理沟通就属于这种形式。

由于在管理过程中各种信息的交流、沟通都是相互关联、不可分开的,因此主管人员把各种信息的交流过程看成是一个整体,称为管理信息系统(缩写为 MIS)。应当指出,人与人之间的沟通过程有不同于其他沟通过程的特殊性：

①人与人之间的沟通主要是通过语言(或语言的文字形式)来进行的。

②人与人之间的沟通不仅是消息的交流，而且包括情感、思想、态度、观点的交流。

③在人与人之间的沟通过程中，心理因素有着重要意义。在信息的发出者与接收者之间，需彼此了解对方进行信息交流的动机和目的，而信息交流的结果会改变人的行为。

④在人与人之间的沟通过程中，会出现特殊的沟通障碍。这种障碍不仅是由于信息渠道(即传递)的失真或错误，而且还是人所特有的心理障碍。例如，由于人的知识、经历、职业、政治观点等不同，对同一信息可能有不同看法和不同理解。

从某种意义上说，整个管理工作都与沟通有关。计划者与企业外部人士的交流，组织者与被组织者的信息传递，领导者与下属的感情联络，控制者与控制对象的纠偏工作，无不与沟通相联系。

7.1.2 沟通的重要性

最好的想法，最有创见的建议，最优秀的计划，不通过沟通都无法实施。因此，从某种意义上说，整个管理工作都与沟通有关。一般来说，沟通在管理中具有以下几个方面的重要意义：

1）沟通是凝聚剂

由于每个组织个体的地位、利益和能力不同，他们对组织目标的理解也不同，这就使得各个个体的目标有可能偏离组织的总体目标，甚至完全背道而驰。如何保证上下一心，不折不扣地完成组织的总目标呢？这就需要互相交流意见，统一思想认识，自觉地协调各个体的工作活动，以保证组织目标的实现。因此，没有沟通就没有协调，也就不可能实现组织的目标。

2）沟通是实现领导职能的基本途径

一个领导者，不管他有多么高超的领导艺术水平，有多么灵验的管理方法，他都必须将自己的意图和想法告诉下属，并且了解下属的想法。领导环境理论认为，领导者就是了解下属的意愿并为此而采取行动，为满足这些意愿而拟订的实施各种方案的人；而下属就是从领导者身上看到一种表达自己愿望或目的的人。而这些"目的"的"看到"或"了解"都需要沟通这个基本工具和途径。

3）沟通是联系的桥梁

企业必须和顾客、政府、社会公众、供应商、竞争者等发生各种各样的关系，它必须按照顾客的要求调整产品结构，遵守政府的法规法令，担负自己应尽的社会责任等。这使得企业不得不和外部环境进行有效的沟通。而且，由于外部环境永远处于变化之中，企业为了生存和发展就必须适应这种变化，这就要求企业不断地与外界保持持久的沟通，以便把握成功的机会,避免失败的可能。

4)沟通是个人价值得到确认的最关键因素

一个人的价值能否得到确认,地位能否得到提升,除了自身所具备的知识素质和业务技能外,最关键的因素是在各项活动中包括人际交往中的沟通能力。当我们准备进入工作领域或与别人进行更深层次的交往时,沟通对我们的成功是最重要的。要找到一份好工作,取决于面试中的好印象。一旦进入工作,就要求我们进行书面或口头陈述或汇报,制定方案以及在小组中有效工作。为完成任务,我们需要得到上司的认同、下级的支持、同事的合作等。所有这些,都离不开有效的沟通。

7.1.3　沟通的过程

从表面上看,沟通的过程就是传递信息的过程。但是实际上,管理学意义上的沟通是一个复杂的过程。沟通过程模型可以通过图7.1反映出来。

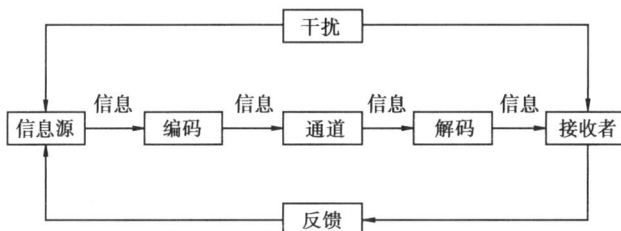

图 7.1　沟通过程模型

在这个过程中至少存在着一个发送者和一个接收者,即信息发送方和信息接收方。其中沟通的载体成为沟通通道,编码和解码是沟通双方对信息进行的信号加工形式。信息在两者之间的传递是通过下述几个方面进行的:

①发送者需要向接受者传送信息或者需要接受者提供信息。这里所说的信息包括很广,诸如想法、观点、资料等。

②发送者将这些信息译成接收者能够理解的一系列符号。为了有效地进行沟通,这些符号必须能符合适当的媒体。例如,如果媒体是书面报告,符号的形式应选择文字、图表或者照片;如果媒体是讲座,应选择文字、投影胶片和板书。

③将上述符号传递给接受者。由于选择的符号种类不同,传递的方式也不同。传递的方式可以是书面的(信、备忘录等),也可以是口头的(交谈、演讲、电话等),甚至还可以通过身体动作来表述(手势、面部表情、姿态等)。

④接收者接收这些符号。接收者根据这些符号传递的方式,选择相对应的接收方式。例如,这些符号是口头传递的,接收者就必须仔细地听,否则符号将会丢失。

⑤接收者将这些符号译为具有特定含义的信息。由于发送者翻译和传递能力的差异,以及接送者接收和翻译水平的不同,信息的内容和含义经常被曲解。

⑥接收者理解信息的内容。

185

⑦发送者通过反馈来了解他想传递的信息是否被对方准确无误地接收。一般说来,由于沟通过程中存在许多干扰和扭曲信息传递的因素(通常将这些因素称为噪声),使得沟通的效率大为降低。因此,发送者了解信息被理解的程度也是十分必要的。图7.1中的反馈,构成了信息的双向沟通。

7.1.4 沟通的类型

沟通的类型依划分的标准的不同而不同。

1)按照方法划分

按照方法划分,沟通可划分为口头沟通、书面沟通、非语言沟通、电子媒介沟通。这是组织中使用最普遍的沟通方式。沟通方式的比较见表7.1。

表7.1 沟通方式的比较

沟通方式	举 例	优 点	缺 点
口头	交谈、讲座、讨论会、电话	快速传递,快速反馈,信息量很大	传递经过层次越多,信息失真越严重,核实越困难
书面	报告、备忘录、信件、文件、内部期刊、布告	持久、有型、可以核实	效率低、缺乏反馈
非语言	声、光信号、体态、语调	信息意义十分明确、内涵丰富、含义隐含灵活	传递距离有限、界限含糊、只能意会、不能言传
电子媒介	传真、电子邮件、计算机网络、闭路电视	快速传递、信息量很大、廉价	单向传递、看不到表情

(1)口头沟通

人与人之间最常见的交流方式是交谈,也就是口头沟通。常见的口头沟通包括说、正式的一对一讨论或小组讨论、非正式的讨论以及传闻或小道消息的传播等。

口头沟通的优点是:快速传递和快速反馈。在这种方式下,信息可以在最短的时间里被发送,并在最短的时间里得到对方的回复。如果接收者对信息有所疑问,迅速的反馈可以使发送者及时检查其中不够明确的地方并进行改正。但是,当信息经过多人传送时,口头沟通的主要缺点便会暴露出来。在这个过程中卷入的人越多,信息失真的潜在可能性就越大。其原因是:每个人都以自己的方式解释信息,当信息到达终点时,其内容常常与最初大相径庭。如果组织中的重要决策通过口头方式在权力金字塔中上下传递,则信息失真的可能性相当大。

(2)书面沟通

书面沟通包括备忘录、信件、组织内发行的期刊、布告栏及其他任何传递书面文字或符号的手段。为什么信息的发送者会选用书面沟通？因为它持久、有形、可以核实。一般情况下，发送者与接收者双方都拥有沟通记录，沟通的信息可以无限期地保存下去。如果对信息的内容有所疑问，可以过后查询。这对于复杂或长期的沟通来说，尤其重要。书面沟通的主要缺点是缺乏反馈。口头沟通能使接收者对其所听到的东西提出自己的看法；而书面沟通则不具备这种内在的反馈机制，其结果是：无法确保所发出的信息能被接收，即使被接收到，也无法保证接收者对信息的解释正好是发送者的本意。

（3）非语言沟通

一些沟通既非口头形式也非书面形式，而是通过非文字的信息加以传递。比如上课时，学生无精打采或在做其他事情，传达给老师的信息使学生们已经开始厌倦了。非语言沟通中最常见的是体态语言和语调。体态语言，包括手势、面部表情和其他身体动作。语调，指的是个体对词汇或短语的强调。发音的声调不同，接收者的理解和反应也不一样。轻柔、平稳的声调和刺耳尖利、重音放在最后一词所产生的意义完全不同。一般人们会认为，第一种语调表明某人在寻求更清楚的解释，第二种语调则表明这个人的攻击性或防卫性。

相关知识

非语言信息	典型含义
目光接触	友好、真诚、自信、果断
不做目光接触	冷淡、紧张、害怕、说谎、缺乏安全感
挠头	迷惑不解、不相信
咬嘴唇	紧张、害怕、焦虑
跺脚	紧张、不耐烦、自负
双臂交叉在胸前	生气、不同意、防卫、进攻
抬一下眉毛	怀疑、吃惊
眯眼睛	不同意、反感、生气
鼻孔张大	生气、受挫
手抖	紧张、焦虑、恐惧
身体前倾	感兴趣、注意
懒散地坐在椅子上	厌倦、放松
摇椅子	厌倦、自以为是、紧张
驼背坐着	缺乏安全感、消极

（4）电子媒介沟通

我们现在依赖各种各样的复杂的电子媒介来传递信息。除了常见的媒介（如电话、电报、邮政等）之外，我们还拥有数字电视、计算机、复印机、传真机等一系列电子设备。将这些设备与语言和纸张结合起来就产生了更有效的沟通方式,其中发展最快的应该是互联网了。人们可以通过计算机网络快速传递书面信息和口头信息。如电子邮件迅速而廉价,并可以同时将一份信息传递给若干人。

2)按照组织系统划分

按照组织系统划分,沟通可分为正式沟通和非正式沟通。

（1）正式沟通

正式沟通是通过组织明文规定的渠道所进行的信息传递与交流。正式沟通畅通无阻,组织的生产经营活动及管理活动才会井然有序;反之,整个组织将陷入紊乱甚至瘫痪状态。因此,正式沟通渠道必须灵敏而高效。正式沟通的优点是:正规、权威性强、沟通效果好,参与沟通的人员普遍具有较强的责任心和义务感,从而容易保持所沟通的信息的准确性及保密性。其缺点是:对组织机构的依赖性较强而造成速度迟缓,沟通形式刻板,如果组织管理层次多,沟通渠道长,容易形成信息损失。

（2）非正式沟通

非正式沟通是指在正式沟通渠道以外的信息的自由传递与交流。这类沟通主要是通过个人之间的接触来进行的,非正式沟通不受组织监督,是由组织成员自行选择途径进行的,比较灵活方便。员工中的人情交流、生日聚会,工会组织中的文娱活动、走访,议论某人某事、传播小道消息等都属于非正式沟通。非正式沟通往往能表露人们的真实想法和动机,还能提供组织没有预料的或难以获得的信息。与正式沟通相比,非正式沟通有以下特点:

①信息交流速度较快。由于这些信息与职工利益相关或者是他们比较感兴趣的问题,再加上没有正式沟通的那种程序,信息传播速度大大加快。

②非正式沟通的信息比较准确。据国外研究表明,它的准确率可高达95%。一般来说,非正式沟通中信息的失真主要来源于形式上的不完整,而不是无中生有的语言。人们常把非正式沟通与谣言混为一谈,这是缺乏根据的。

③可以满足职工的需要。由于非正式沟通不是基于管理者的权威,而是出于职工的愿望和需要,因此,这种沟通常常是积极的、卓有成效的,并且可以满足职工们的安全、社交、尊重等需要。

④沟通效率较高。非正式沟通一般是有选择地、针对个人的兴趣传播信息,正式沟通则常常将信息传递给不需要它们的人。

⑤非正式沟通有一定的片面性。非正式沟通中的信息常常被夸大、曲解,因此需要慎重对待。

3)按照信息传递的方向划分

按照信息传递的方向划分,沟通可分为下行沟通、上行沟通、平行沟通和斜向沟通。

（1）下行沟通

下行沟通是指信息自上而下地沟通。如上级把企业战略目标、管理制度、工作命令等传递给下级。下行沟通顺畅可以帮助下级明确工作任务、目标及要求,增强其责任感和归属感,协调企业各层次的活动,增强上下级之间的联系等。似是而非在逐层向下传达信息时要注意防止信息误解、歪曲和损失,以保持信息的准确性和完整性。

相关知识

上司所说的话	上司的原意	部属理解的意思
你的绩效这一季比上一季低,我真的期望你再加点油	你需要再努力一点,而且我相信你做得到	如果再落后的话,你会被解雇
那份报告一写好,就拿给我,我需要它	一个礼拜以内,我需要那份报告	停止你现在忙碌的工作,在今天把报告写好

(2)上行沟通

上行沟通是指自下而上的沟通。如下级向上级反映意见、汇报工作等。上行沟通是管理者了解下属和一般员工的意见及想法的重要途径。上行沟通畅通无阻,各层次管理人员才能及时了解工作进展的真实情况,了解员工的需要和要求,体会员工的不满和怨言,了解工作中存在的问题,从而有针对性地做出相应的决策。上行沟通中应防止信息层层"过滤",尽量保证真实性和准确性。

相关知识

上行沟通无效实例

管理者	接收到的信息
董事长 ↑	管理和工资结构是非常出色的,福利和工作条件是好的,而且会更好
副董事长 ↑	我们非常喜欢这种工资结构,希望新的福利计划和工作条件将会改善,我们非常喜欢这里的管理工作
总经理 ↑	工资是好的,福利和工作条件还可以,明年还会进一步改善
主管 ↑	工资是好的,福利和工作条件勉强可以接受,我们认为应该更好一些
员工	我们感到工作条件不好,工作任务不明确,保险计划很糟糕,然而我们确实喜欢竞争性工资结构,我们认为公司有能力解决这些问题

（3）平行沟通

平行沟通是指组织内部平行机构之间或同一层级人员之间的信息交流,如组织内部各职能部门之间、车间之间、班组之间的信息交流。平行沟通是加强各部门之间的联系、了解、协作与团结,减少各部门之间的矛盾和冲突,改善人际关系和群际关系的重要手段。

（4）斜向沟通

斜向沟通是指处于不同层次的没有直接隶属关系的成员之间的沟通。这种沟通方式有利于加速信息的流动,促进理解,为实现组织的目标而协调各个方面。

4）按照是否进行反馈划分

按照是否进行反馈,沟通可分为单向沟通和双向沟通。单向沟通和双向沟通的比较见表7.2。

表7.2　单向沟通和双向沟通的比较

比较项目	单向沟通	双向沟通
沟通速度	快	慢
准确性	低	高
心理压力	小	大
准备工作	充分	不充分
需要的应变能力	弱	强
对促进人际关系	不利	有利

（1）单向沟通

单向沟通是指在沟通过程中,信息发送者与接收者之间的地位不变,一方主动发送信息,另一方主动接收信息,如广播电视信息、报告、演讲等。这种沟通方式速度快,发送者不受接收者的挑战,能保持、维护尊严。因此,当遇到工作性质简单又急需完成时,采取单向沟通效果较好。但由于接收者对信息内容的理解没有机会表达,单向沟通有时准确性较差。另外,单向沟通缺乏民主性,容易使接收方产生抵触情绪,心理效果较差。

（2）双向沟通

双向沟通是指在沟通过程中,发送者和接收者的地位不断变化,信息在双方反复流动,直到双方对信息有了共同理解为止,如讨论、谈话、协调、谈判等。其优点是:沟通信息的准确性高,接收者有反馈意见的机会,双方可以反复交流磋商,增进彼此的了解,加深感情,建立良好的人际关系。其缺点是:沟通过程中接收者要反馈意见,有时使沟通受到干扰,影响信息的传递速度。此外,由于要时常面对接收者的提问,发送者会感受到心理压力。

5）按照沟通渠道所形成的网络分类

领导者除了要在日常工作中选择合适的沟通渠道进行有效的信息沟通外,还要善于将其周围的相关人员借以沟通的渠道妥善地组织起来,形成一个相互关联的网络,以改进和提高整个组织的沟通效果。沟通网络实际上是由若干个信息沟通渠道按一定的方式集结而成的。具体的集结方式大致有链式、轮式、Y式(伞式)、环式和全通道式(星式)等几种。其中,前3种网络的信息传递需要经过某个中心人物,并在中心人物处(图中的"■")形成信息的集中,因此称此类沟通网络为核心网络。后两种网络则称为非核心网络,即沟通中不存在任何中心人物,每个成员都有机会参与沟通,彼此分享信息。5种沟通网络形态如图7.2所示。

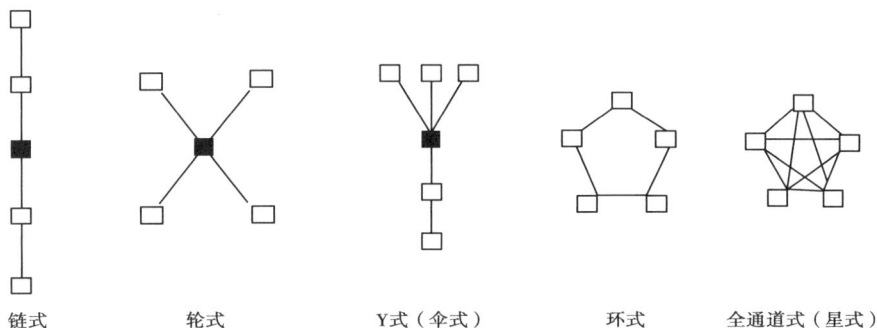

链式　　　　轮式　　　Y式(伞式)　　　环式　　　全通道式(星式)

图7.2　5种沟通网络形态

(1)核心网络

①链式沟通。链式沟通网络的信息是单线、顺序传递的,沟通的保密性较好(如贩毒组织就经常采用这种链式沟通网络)。就组织而言,可以说它是分层领导体制下,最高领导者与最低执行者之间进行信息沟通的一种概括模式。这种沟通就其效率而言,信息传递的速度较慢,因为自下而上或自上而下经过的沟通线路较长,而且层次越多,速度就越慢。信息在中间被过滤的可能性较大,易导致信息失真。此外,沟通的信息量往往比较少。因此,链式沟通在组织中表现为解决问题的速度较慢,工作效率比较低。

②轮式沟通。轮式沟通网络中,信息传递是经由中心人物而同时向周围多线联系,可以说它是组织中领导与参谋机构、职能机构之间进行信息沟通的概括模式。这种沟通网络中的信息传递速度较快,信息不容易被过滤,信息的真实性较强,作为网络中的核心的领导者要接受较大的信息载荷量。轮式沟通网络中的组织工作效率表现为:解决问题的速度快,容易产生组织核心,并使这种组织化过程维持较高的稳定度,但不利于激励士气,工作死板且缺乏弹性,可能会造成领导者因信息超载而身心疲惫。

③Y式(伞式)沟通。Y式沟通实际上可看作是由链式网络和轮式网络混合而成的一种伞状形态的网络。在这种沟通中,信息传递也是经由中心人物同时向周围多线联系。与轮式沟通网络不同的是,中心人物不是领导者本人,而是帮助筛选信息的秘书或行政助理,其效率特征与链式沟通网络基本相同。在组织中,如果上下级的沟通表现出正Y形,容易出现多头领导的情况,不便于政令的统一,这会使下级在行动中陷于左右为难的境地。因此,一般而言,组织的正式沟通,尤其是在传递指令、决策时,不能利用正Y形沟通网络,而宜采用倒Y形网络。

以上沟通的基本特征是:组织成员在获得和传递信息方面具有不同的机会,沟通网络在中心人物处容易出现信息超载。

（2）非核心网络

①环式沟通。在这种沟通中,组织可以分为 3 个层次。第一级管理者与两个二级管理者沟通,二级管理者又与第三级管理者联系,第三级管理者之间存在横向联系。环式沟通网络就其效率而言,比链式沟通网络的传递信息的速度要快,中间也可能会发生信息过滤,但过滤的可能性比链式沟通网络小。就组织而言,环式沟通网络的信息是按圆圈方向依次传递,因此解决问题的速度较慢,准确性也较低,不易产生组织化过程,也难以产生组织领导权威。但这种沟通有利于鼓舞士气,在组织的执行过程中,应当鼓励这种形式的沟通。

②全通道式(星式)沟通。全通道式沟通网络是环式沟通网络的进一步发展。在这种网络中,每一个人都与其他人沟通,没有权力、职位的差异,可以实现多渠道和全方位信息传递,成员之间直接、全面沟通的结果会大大提高组织信息传递的速度与准确性,其效率特征进一步强化,有利于鼓舞士气,但不利于产生权威。

与核心网络相比,非核心网络中很难有某个人能成为沟通过程中的关键人物,也没有哪个成员会有特别的信息超载的感受。如果说核心网络适用于解决相对简单的例行性问题的话,那么需要充分的信息和较为复杂的问题则适宜利用非核心网络进行沟通和解决。非核心网络是在民主性较强的群体决策中经常采用的一种沟通渠道的结构模式。

从对以上 5 种沟通网络的分析可以看出,没有绝对完美无缺的沟通网络。在不同的组织中,需要根据组织性质、成员特征、任务目标、时间因素等建立正式的沟通网络。并且,沟通网络是动态变化的,组织要根据这些因素的变化及时调整沟通网络。

相关知识

孤岛上的沟通

有一条船在海上遇难了,留下 3 位幸存者。这 3 位幸存者分别游到 3 个相隔很远的孤岛上。第一个人没有无线电,他只有高声呼救,但在周围 1 千米以内没有人。第二个人有无线电,但已受潮,一架从他头上飞过的飞机虽能听到声音,却无法听清他的呼叫内容。第三个人有一架完好的无线电,他通过无线电向外报告自己受难情况和目前所处的方位,救援飞机收到他发出的呼救信号后迅速前往搭救。

虽然 3 个人都在呼救,都在向外联系,但由于各自联络的手段不同,效果截然不同。沟通是指信息从发送者到接受者的传递过程。上面 3 人中,第一个人未能联系上接受者;第二个人虽进行了联络,但发出的信息不清,对方无法辨认;只有第三个人才实现了有效的沟通。

学习任务 2　沟通障碍及其克服

7.2.1　有效沟通的障碍

在沟通的过程中,由于存在着外界干扰以及其他种种原因,信息往往被丢失或曲解,使得信息的传递不能发挥正常的作用,因此,组织的沟通存在有效沟通的问题。所谓有效沟通,简单地说,就是传递和交流信息的及时性强、可靠性和准确性高,实际上还表示组织对内外噪声的抵抗能力强,抗干扰能力强。管理者必须清醒地认识到沟通障碍,从而防止、排除沟通障碍。常见的沟通障碍主要有以下几种:

1)个人因素

个人因素主要包括两大类:一是有选择地接受;二是沟通技巧的差异。

所谓有选择地接受,是指人们拒绝或片面地接受与他们的期望不一致的信息。研究表明,人们往往听或看他们感情上能够接纳的东西,或他们想听或想看到的东西,甚至只愿意接受中听的,拒绝不中听的。

除了人们接受能力有所差异外,许多人运用沟通的技巧也很不相同。有的人擅长口头表达,有的人擅长文字描述。所有这些问题都影响有效的沟通。

2)人际因素

人际因素主要包括沟通双方的相互信任、信息来源的可靠度和发送者与接受者之间的相似程度。

沟通是发送者与接受者之间"给"与"受"的过程。信息传递不是单方面的,而是双方面的事情,因此,沟通双方的诚意和相互信任至关重要。上下级间的猜疑只会增加抵触情绪,减少坦率交谈的机会,也就不可能进行有效的沟通。

信息来源的可靠性由下列 4 个因素所决定:①诚实;②能力;③热情;④客观。有时,信息来源可能并不同时具有这 4 个因素,但只要信息接收者认为发送者具有即可,可以说信息来源的可靠性实际上是由接受者主观决定的。就个人来说,员工对上级是否满意很大程度上取决于他对上级可靠性的评价;就团体而言,可靠性较大的工作单位或部门相对能比较公开、准确和经常地进行沟通,他们的工作成就也相应地较为出色。

沟通的准确性沟通双方间的相似性有着直接的关系。沟通双方特征的相似性影响了沟通的难易程度和坦率性。沟通一方如果认为对方与自己很接近,那么他将比较容易接受对方的意见,并且达成共识。相反,如果沟通一方视对方为异己,那么信息的传递将很难进行下去。

下面,再介绍一种沟通障碍是人为障碍。

人为障碍是一种由于个体知识、经验以及心理因素,如个人兴趣、情绪、态度、性格、思想、价值观、利益等差异所造成的沟通干扰,它是沟通过程中常见的障碍。主要表现为:

第一,来自发送者的人为障碍。

①思想障碍。沟通中发送者的思想状况会直接影响沟通的效果。一方面,地位优越因素影响领导者对下属的沟通。另一方面,发送者有意操纵信息,即对信息进行过滤,从而导致信息的不完全。

②能力障碍。人的沟通能力有相当大的差别,往往影响有效的情感沟通和信息沟通。信息发送者主题不突出、观点不明确、结构不合理等书面语言,以及口齿不清、语无伦次、晦涩难懂等口头语言,都会使沟通效果大打折扣。

相关知识

标点符号的重要性

"下雨天留客天留人不留"加上各种标点符号,读法和意思就会不同:

下雨天,留客天,留人不留?

下雨天,留客,天留,人不留!

下雨天,留客天,留人? 不留!

下雨天,留客天,留人不? 留!

下雨,天留客,天留,人不留。

下雨,天留客,天留人? 不留。

③信誉障碍。接收者对发送者赋予的可信度水平直接影响了接收者对发送者的言语、思想、行动如何看待和如何反应。

第二,来自接受者的人为障碍。

①地位障碍。地位是指一个人在群体中的相对的级别。组织通常通过各种不同的标记(如称呼、办公室名等)来表达层次等级或地位。这样的地位差距对于地位较低的人容易产生威胁而妨碍有效的沟通或歪曲沟通。

②知识、经验障碍。由于发送者与接收者在知识和经验水平上相差甚远,双方缺乏对同样问题接收的"共同平台",接收者接收信息后而发生理解上的困难和偏差,从而使沟通出现障碍。

3)结构因素

结构因素包括地位差别、信息传递链、团体规模和空间约束4个方面的内容。

地位的高低对沟通的方向和频率有很大的影响,信息趋向于从地位高的流向地位低的。

信息通过的等级越多,它到达目的地的时间也越长,信息失真程度则越大。这种信息连续地从一个等级到另一个等级时所发生的变化,称为信息链传递现象。

当工作团队规模较大时,人与人之间的沟通也相应变得较为困难。这可能部分地由于沟通渠道的增长大大超过人数的增长。

企业中的工作常常要求员工只能在某一特定的地点进行操作。这种空间约束的影响往往在员工单独于某位置工作或在数台机器之间往返运动时尤为突出。空间约束不仅不利于员工之间的交流,而且也限制了他们的沟通。一般来说,两人之间的距离越短,他们交往的频率也就越高。

4）技术因素

技术因素主要包括语言、非语言暗示、媒介的有效性和信息过量。

由于语言只是个符号系统,本身没有任何意思,它仅仅是我们描述和表达个人观点的符号或标签。每个人表述的内容常常是由他独特的经历、个人需要、社会背景等因素决定的。因此,语言和文字极少对发送者和接收者双方都具有相同的含义,更不用说许许多多不同的接受者。语言的不准确性不仅表现为符号多样,它还能激发各种各样的感情,这些感情可能进一步歪曲信息的含义。同样的字词对不同的团体来说,会导致完全不同的感情和完全不同的含义。

非语言暗示常常伴随于口头沟通中,其内含丰富,但只能意会,不能言传。一个手势、一个眼神,有时确能起到画龙点睛的作用,但也往往容易引起误解。

在现代信息沟通中使用越来越多的新兴信息传递手段,这大大提高了沟通效率。同时,一旦这些手段发生故障就会影响沟通。例如,手机通话时电量不足、计算机感染病毒等,都会影响沟通效果。不同的沟通工具,都有其自身的优点,但往往也有缺点,如何选择,很大程度上取决于信息的各类和目的,还与外界环境和沟通双方有关。

我们生活在一个信息爆炸的时代,组织的管理者往往面临信息过量的问题。而事实上我们只需利用所获得信息中一小部分进行决策。信息过量不仅使管理者缺少处理信息的时间,而且也使他们难于向同事提供有效的、必要的信息,沟通也随之变得十分困难。

除以上4个方面的因素之外,沟通系统所处的环境因素中也可能存在一定的障碍,影响沟通的效率。例如,噪声会影响双方的交谈、通话,天气原因可能导致看不清对方的手势、听不清对方的声音等等。环境障碍可以说是沟通过程中的噪声。清除沟通过程中的噪声是提高沟通效果的重要途径。

7.2.2　克服沟通障碍

为了克服前面所讨论的障碍,管理人员必须使用某些技术和方法。下面是一些具有普遍性的建议,它们对普遍的沟通障碍都是适用的。当然,具体建议还要根据实际情况的分析。

①运用反馈。很多沟通问题是直接由于误解或理解不正确造成的,如果管理者在沟通过程中使用反馈回路,则会减少这些问题的发生。这里的反馈可以是语言的,也可以是非语言的。

反馈沟通体系的重要方面。提供反馈或为接收者提供寻求澄清的机会,有利于增强沟通的有效性。根据信息的重要性,主管可以检查下级是否理解了被传送的信息,如果出现困难,则给予帮助。

反馈不仅包括是或否的回答,为了核实信息是否按原有意图被接受,管理者可以询问有关该信息的一系列问题。但最好的办法是:让接受者用自己的话附属信息。

反馈还包括比直接提问和对信息进行概括更精细的方法。综合评论、绩效评估、薪金核查以及晋升都是反馈的重要形式。当然,反馈不必一定以语言的方式表达,行动比语言更为明确。

②注意非语言提示。我们说行动比语言更明确,因此很重要的一点是注意你的行动,确保他们和语言相匹配并起到强化语言的作用。非语言信息在沟通中占据很大比重,因此,有效沟通者十分注意自己的非语言提示,保证他们也同样传达所期望的信息。

③积极倾听。倾听是对信息进行积极主动的搜寻,而单纯地听则是被动的。在倾听时,接受者和发送者双方都在思考。事实上,积极倾向常常比说话更容易引起疲劳,因为它要求脑力的投入,要求集中全部注意力。

④简化语言。有些沟通问题可以使用简单直接的语言加以解决。由于语言可能成为沟通障碍,因此管理者应选择措辞并组织信息,以使信息清楚明确,易于接受者理解。管理者不仅需要简化语言,还要考虑到信息所指向的听众,以使所用的语言适合接受者。

有效的沟通不仅需要信息被接收,而且需要信息被理解,通过简化语言并注意使用与听众一致的语言方式可以提高理解效果。

⑤抑制情绪。我们知道情绪能使信息的传递严重受阻或失真。当管理者对某件事十分失望时,很可能会对所接受的信息发生误解,并在表述自己信息时不够清晰和准确。那么,管理者应该如何行事呢?最简单的办法是暂停进一步的沟通,直至恢复平静。

⑥公司有数条可沟通渠道使用。明智的做法是利用多渠道方法来发送和接收信息,而不是只依靠一条渠道。例如,主管在发送一张书面便条(一条渠道)后,还可以打电话或者进行面对面的谈话(另一条渠道)来确保信息得以传达。

⑦双向沟通是解决一些沟通问题的另一条有效途径。许多传统的组织依靠单向沟通,即在组织内从上而下地传递信息和命令。下级无法表达自己的感觉、意见和建议。以建议系统或申诉系统为形式的上向渠道或方法对下级表达想法和感觉来说,有很大的帮助。

⑧重复是改善沟通的一项有效技术。使用不字的字词或语句对信息数次重复,可以有效地地使信息被理解和接受。许多广告都使用这种方法。

⑨营造一个支持性的、值得信赖的和诚实的组织氛围,是任何改善沟通方案的前提条件。主管人员不应有压制下级的感觉,而应该按照其请求行事。他必须能够有耐心顾及下级的感觉和情绪。

⑩制定共同目标的方法也许是许多上下级间消除沟通障碍的一条有效途径。通过坐在一起为下级的行动制定目标,并定期对其进行考察,可能消除沟通障碍。

学习任务 3 组织冲突与管理

7.3.1 组织冲突

冲突是指由于发现存在不一致的差异所导致的某种方式的干涉或对立。冲突的形式可以从最温和最微妙的抵触到最激烈的罢工、骚乱和战争。

冲突的 3 种观点：

①传统的观点（Traditional View of Conflict）。认为冲突本身表明了组织内部的机能失调。

②人际关系的观点（Human Relation View of Conflict）。认为冲突是不可避免的，但它并不一定会导致不幸，反而可能成为有利于组织工作绩效提高的积极动力。

③冲突的互动观点（Interactionist View of Conflict）。认为冲突不仅可以成为组织的积极动力，而且某些冲突对于组织的有效运作是绝对必要的。

沟通是为了降低组织的管理成本，进而降低组织之间的效果成本。但是，由于组织之间以及组织中员工之间本质的区别，沟通并不会达到尽善尽美的效果。这样，组织摩擦和人员摩擦不可避免地发生，带来额外的管理组织成本。显然，沟通不足或没有沟通，都可能导致冲突。所以，前期要了解出现差异的原因及其表现形式。

这些原因大体上可以归纳为 3 类：

①沟通差异。由于文化和历史背景不同、语言困难、误解以及沟通过程中的噪声干扰，都可能造成人们之间意见不一致。沟通不良是产生这种冲突的重要原因，但不是主要的。

②结构差异。观察管理中经常发生的冲突，绝大多数是由组织结构的差异引起的。分工造成了组织结构中垂直方向和水平方向各系统、各层次、各部门、各单位的分化。组织越庞大，组织分化越细密，组织整合越困难。由于信息不对称、利益不一致，人们之间在计划目标、实施方案、劳动报酬等许多问题上都会产生不同的看法，这种差异是由组织结构本身造成的。为了本单位的利益和荣誉，许多人都会理直气壮地与其他单位甚至上级组织发生冲突。不少管理者，甚至把挑起这种冲突看作自己的职责，或作为建立自己威望的手段。几乎每位管理者都会经常面临着与同事或下属之间的冲突。

③个体差异。每个人的社会背景、受教育程度、阅历、修养，塑造了每个人各不相同的性格、价值观和作风。人们之间这种个体差异造成的合作和沟通的困难往往也容易导致某些冲突。

这说明，事实上由于沟通差异、结构差异和个体差异的客观存在，冲突也就不可避免地存在于一切组织中，从而，管理的必要性突显出来。

7.3.2 冲突的管理

传统观点往往只看到冲突的消极影响,把冲突当作组织内部矛盾、斗争、不团结的征兆。因此管理者总是极力消除回避或掩饰冲突。事实上,由于沟通差异、结构差异和个体差异的客观存在,冲突也就不可避免地存在于一切组织之中。我们不仅应当承认冲突是正当现象,并且要看到冲突的积极作用。所以,组织应保持适度的冲突,使组织养成批评与自我批评、不断创新、努力进取的风气,组织就会出现人人心情舒畅,奋发向上的局面,组织就有旺盛的生命力。这就是管理者冲突处理的使命,如图7.3所示。

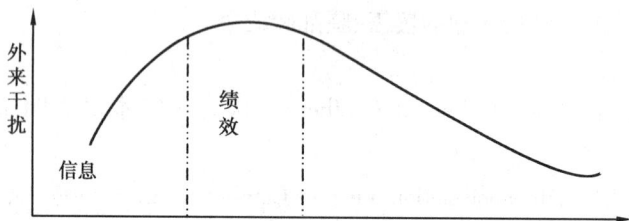

图7.3 冲突的管理

处理冲突实际上是一种艺术,优秀的管理者通常这样处理冲突:

①谨慎地选择你想处理的冲突。管理者可能面临许多冲突。其中,有些冲突非常琐碎,不值得花很多时间去处理;有些冲突虽然很重要但不是自己力所能及的,不宜插手。有些冲突难度很大,要花很多时间和精力,未必有好的回报,不要轻易介入。管理者应当选择那些群众关心,影响面大,对推进工作、打开局面、增强凝聚力、建设组织文化有意义、有价值的事件,亲自抓,一抓到底。其他冲突均可尽量回避,时时事事都冲到第一线的人并不是真正的优秀管理者。

②仔细研究冲突双方的代表人物。是哪些人卷入了冲突? 冲突双方的观点是什么? 差异在哪里? 双方真正感兴趣的是什么? 代表人物的人格特点、价值观、经历和资源因素如何? 管理者在处理冲突时,多想一想,多观察,处理效果会更好。

③深入了解冲突的根源。不仅要了解公开的表层的冲突原因,还要深入了解深层的、没有说出来的原因。可能是多种原因交叉作用的结果,如果是这样,还要进一步分析各种原因作用的强度,找出主要原因。

④妥善地选择处理办法。通常的处理办法有5种:回避、迁就、强制、妥协、合作。当冲突无关紧要时,或当冲突双方情绪极为激动、需要时间恢复平静时,可采用回避策略;当维持和谐关系十分重要时,可采用迁就策略;当必须对重大事件或紧急事件进行迅速处理时,可以采用强制策略,用行政命令的方式牺牲某一方利益处理后,再慢慢做安抚工作;当冲突双方势均力敌、争执不下需要采取权宜之计时,只好双方都做出一些让步,实现妥协;当事件十分重大,双方都不可能妥协,经过开诚布公的谈判,走向对双方均有利的合作,或双赢的解决方式。

学习任务 4　沟通及其技巧

7.4.1　倾听技能

以前人们往往只注重说写能力的培养,忽视了听的能力训练和培养。事实上,没有听就很难接收到有用的信息。而倾听则区别于一般的听,它是一种通过积极的听来完整地获取信息的方法,倾听的要点见表7.3。

表 7.3　"听"的艺术

要:	不要:
1. 表现出兴趣	1. 争辩
2. 全神贯注	2. 打断
3. 该沉默时必须沉默	3. 从事与谈话无关的活动
4. 选择安静的地方	4. 过快地或提前做出判断
5. 留适当的时间用于辩论	5. 草率地给出结论
6. 注意非语言暗示	6. 让别人的情绪直接影响你
7. 当你没听清楚时,请以疑问的方式重复一遍	
8. 当你发觉遗漏时,直截了当地问	

7.4.2　反馈技巧

以下 6 项具体建议能帮助你更有效地提供反馈:

1)强调具体行为

反馈应具体化而不是一般化。实践中,我们应避免这样的陈述:"你的工作态度很不好"或"你的出色工作留给我们深刻印象"等,它们过于模糊。在提供这些信息时,你并未告诉接受者足够的资料以改正"他的态度",或者你以什么基础或标准判定他完成了"出色的工作"。

2)使反馈对事不对人

反馈,尤其是消极反馈,应是描述性的而不是判断或评价性的。无论你如何失望,都应使反馈针对工作,而永远不要因为一个不恰当的活动而指责人,说某人"很笨""没能力"等常常会导致相反的结果。这样会激起极大的情绪反应,这种反应很容易忽视工作本身的错误。当你进行批评时,记住你指责的是工作相关的行为,而不是个人。

3）使反馈指向目标

不应该把反馈完全"颠倒"或"卸载"到别人身上。如果你不得不说一些消极的内容,应确保其指向接受者的目标。问问你自己希望通过反馈帮助何人。如果答复是"我把我的心里想说的都说出来了",那么你会自食其果。这种反馈降低了你的信誉,并会减弱以后反馈的意义与影响。

4）确保理解

你的反馈是否足以清楚、完整、使接受者能全面准确地理解你的意思? 别忘了,每一次成功的沟通都需要信息的传递与理解。为了使反馈有效,应确保接受者理解它。与倾听艺术一样,应让接受者复述你的反馈内容,以了解你的本意是否被彻底理解。

5）把握反馈的良机

接受者的行为与获得对该行为的反馈相隔时间非常短时,反馈最有意义。比如,当新员工犯了一个错误时,你最好紧接在错误之后或在一天工作结束时就能够从主管那里得到改进的建议,而不是等到年终的绩效评估阶段才获得。

6）使消极反馈指向接受者可控制的行为

让他人记住那些自己无法左右的缺点毫无意义。消极反馈应指向接受者可以改进的行为。比如,责备员工因为忘记上闹钟而上班迟到是有价值的。但要责备他每天上班必乘的地铁出了故障,使他在地铁里待了 1 个小时而迟到则毫无意义,因为这种情况是他无法改变的。

7.4.3 掌握语言表达艺术

因为沟通作为传递信息的基本手段,都是以语言作为载体的,所以,准确地使用语言是保证有效沟通的前提。

掌握语言表述艺术的前提是通过学习、训练,提高自身运用文字、语言的表达能力,使自己运用语言的水平达到一个较高的水准。只有如此,方能熟练运用,得心应手。并且做到:

①沟通中的语言运用要与对象一致。不同的沟通对象,其理解能力不一样,要求也应不同。如对普通员工,语言文字就必须朴实生动,有理有据,通俗易懂。如果是深奥的理论,则可能是对牛弹琴,影响沟通效果。

②语言运用要内容一致。例如,交心谈心应该是语言真挚感人,显示诚恳真诚;宣传、倡议就应该选择带感染力的语句;布置工作任务就应当严肃认真,切忌夸夸其谈;批评教育就应该是循循善诱;等等。

③注意语言文字净化、规范、准确、简洁。

④要学会用体语表达。在什么样的场合使用什么样的体语,既受沟通内容、沟通对象的

约束,又受风俗习惯等方面的制约。但无论如何,如果体语使用得当,有强化沟通效果的作用。

7.4.4　面谈艺术

在组织中,最常见的沟通是面谈方式,作为管理者,掌握好面谈的艺术,对沟通的效果,直至管理效果都有很大影响。掌握面谈艺术主要把握以下几点:

1）选择恰当的谈话地点

一般而言,在办公室谈话,表示的是慎重、认真、重视等;亲临下属家中,表示的是友好、亲近、关怀等;边走边谈或是边饮边谈,则表示轻松、随意等。凡此种种,往往会对下级产生不同的心理影响。因此,管理者应根据谈话内容选择好谈话地点。

2）创造相互信任的谈话环境

交谈气氛对信息沟通的效果会有重大影响。如果过于紧张,或者互不信任,甚至怀疑、猜忌,交谈则会十分困难,抑或难以进行。管理者不仅要取得下级的信任,而且要得到上级和同级的信任,这就要诚心诚意,切忌言不由衷。团结紧张,严肃活泼,这就是说,首先要相互信任,有时需要严肃,而有时则应尽可能创造一个活泼、轻松、友好的谈话气氛。

3）做好充分的交谈准备

面谈是一种双向沟通,随时可能出现意料之外的情况和信息。因此,交谈前,应尽可能做好充分地准备,多做各种各样可能发生的设想和安排。此外,如有必要,应做好交谈计划,有利于正式交谈时思路清晰,条理、层次分明,结构严谨,观点明确,增强说服力。

4）合理安排交谈时间

面谈的时间应适宜、适度。所谓适宜,就是要讲究时机,防止干扰交谈对象正常的工作、进餐、休息秩序,否则容易引起对方的不快、反感。所谓适度,就是要合理把握时间长度,如果过于紧迫,往往言犹未尽,难以充分交换意见。当然也不能没完没了,应尽量集中主题,避免不必要的闲谈和空谈。

5）注意控制情绪

管理者进行面谈时,有时会碰到下级的顶撞、争论,甚至对抗,或者上级的挖苦、讽刺,甚至怒骂等现象。此时,应做到胸怀坦荡,有理、有礼、有节,控制自己的情绪,尽可能避免受对方情绪的影响。要知道,大发雷霆,拍桌子骂人,或者以其人之道,还其人之身,难以解决问题,甚至还可能使对立升级。

7.4.5 正确对待传言

传言属非正式沟通方式,通用形式是口头传播。它具有速度快、范围广、易失真且信息的发送者与接受者没有固定的结构和位置等特点。传言的性质具有两重性。其有利的一面在于,可以对正式沟通起补充作用;不利的一面在于其扰乱作用,传言失真,添油加醋、挑拨离间、造谣惑众等现象也是十分常见的。因此,对待传言,既不能全盘否定、禁止,也不可放任自流、听之任之,而应该一分为二地、正确地对待。

1)明辨传言性质

传言可能是政治性的,也可能是社会问题、工作问题、人际关系问题等方面的,应区别对待。对有利于改善和提高组织运行机制、运行效果的传言,不妨广开言路,言者无罪,比如通过设立意见箱、建议箱、接待室等方式加以收集。而对于会影响工作正常进行,甚至影响安定团结等方面的传言,应引起高度重视,查根寻源,采取有效措施进行消除。

2)辟谣

在很多情况下,小道消息之所以不胫而走,传播甚广,其主要原因是正式沟通不足,给人可乘之机。对于谣言,应通过正式沟通渠道发送消息,使之真相大白,那么,谣言也就不攻自破了。当然,对于影响甚小的传言,不妨置之不理,让其自生自灭。

3)正确对待传言者

对于一般的传言者,应加强引导、教育,增强他们明辨是非、分析真伪的能力;对于传言可能引起严重后果的,应予以重视,视情节轻重和造成的后果加以处理;对于有意制造谣言并大肆传播者,应严加处理。

7.4.6 情感沟通技能

管理者进行情感沟通要注意以下问题:

1)研究并尽可能地满足沟通对象的社会心理需要

要与沟通对象进行有效的情感沟通,最首要的是要了解对方的社会心理需要,并尽可能地加以满足。人们之间的情感关系,除了一些利害关系外,最重要的是由人们能彼此满足社会心理需要的程度决定的。比如,当你的利益与下级的利益发生冲突时,你有没有从情感沟通的角度考虑过如何解决?例如,单位要分房子,你和一位马上要结婚的年轻下属同时看上了一套房子。很明显,你是领导,你得到房子的机会要大得多。但是,你有没有替你那位马上要结婚的下属想过,你能理解他当时的心情吗?在英国发生过这样一个真实的故事:有位孤独的老人,没有子女,又体弱多病,他决定搬到养老院去。老人打出广告出售他漂亮的住宅。购买者闻讯蜂拥而至,住宅的价格由 8 万英镑炒到了 10 万英镑,而且价格还在涨。一天,一位衣着朴素的青年人来到老人家,想买这套房子。青年人只有 1 万英镑,想买这套房子,老人当然不同意卖。但青年并不沮丧,诚恳地说:"先生,如果您能把住宅卖给我,我保证会让您依旧生活在这里。和我一起喝茶、读报、散步,天天都快快乐乐——相信我,我会用我的整颗心来时时关爱你。"老人听后微微一笑,站起来宣布:"住宅的新主人已经产生了,就是这位小伙子!"最后,青年不可思议地获得了胜利,梦想成真。人人都渴望理解,如果能得到他人的理解,那么即使是自己受到一点损失,也会让人觉得这也是值得的。作为管理者,你要试着去了解每个人,理解每个人,要注意下属有哪些方面的社会心理需要,有针对性地加以满足。你要用你真实的情感去打动他们,请多理解你的下属,和他们进行情感沟通吧!

2) 真诚、热情、助人为乐

沟通技能虽然重要,但在根本上达到良好的情感沟通效果,必须做到以诚相待,这是情感沟通的思想基础。管理者在沟通过程中,必须出于高尚的目的,出自真诚地交流信息与思想,实实在在地帮助下级排忧解难,真正达到互助、友谊、双赢的效果。

3) 运用心理规律,促进情感融通

人们之间的情感在本质上是受喜欢与吸引的心理规律支配的。把握并自觉地运用这些心理规律,就能在沟通中有效地实现情感的融通。这些规律具体表现在 3 个方面:一是相似性原则。报答性原则是指人们在交往过程中,存在或具备某些相同或相近的属性或特征的人之间容易相互喜欢和吸引。这要求管理者在与下级沟通的过程中,注意寻找并强化与其具有共同性的一些因素,如同龄人、老乡、相同经历、相同的爱好等。这会提高双方的喜欢与吸引程度,促进情感融通。二是互补性原则。人们在交往过程中,不仅追求相似性,还在某些情况下追求互补性。比如,一个具有强烈支配欲望的人,自然就会选择、接近服从型的人,而避开同样属于支配型的人。管理者应运用这一原则,创造个性方面的一些差异,从而拉近彼此间的距离。三是相互性原则,也称为报答性原则,是指在沟通中,一方对另一方的看法和态度直接地决定着另一方对这一方的看法和态度。当受到别人的肯定或尊敬时,就会自然而然地产生一种报答心理,也会肯定或尊敬对方,这样相互间产生好感。根据这一原则,管理者在沟通中要善于发现对方的长处和优点,形成并表示出对对方的好感和愿意接近的态度,从而促进相互之间的情感沟通。

本单元小结

沟通是人与人之间进行信息交流的活动,管理离不开沟通,组织的各项管理活动都必须以有效的沟通为前提。本单元首先介绍了沟通的含义、特点、沟通的目的和作用以及沟通的基本过程,一个完整的沟通过程,包括信息源、信息接收者、信息内容、渠道、反馈和干扰等因素。在此基础上阐述了沟通的主要类别,这些类别可以按不同的标准来划分:按沟通的组织

系统,可以分为正式沟通和非正式沟通;按沟通的流动方向,分为下行沟通、上行沟通和平行沟通;按沟通是否反馈,分为单向沟通和双向沟通;按沟通渠道所形成的网络,分为链式、轮式、Y式(伞式)、环式和全通道式(星式)5种沟通形式。本单元就沟通中的障碍和克服进行了重点叙述,指出沟通中的障碍因素有个人因素、人际因素、结构因素、技术因素4个方面,有效沟通应针对这4个方面的因素来进行,同时,应注重沟通技能的开发。组织内冲突的原因包括沟通差异、结构差异、个体差异。沟通技巧包括倾听技能、反馈技巧、掌握语言表达艺术、面谈艺术、正确对待传言和情感沟通技能等。

我们应当看到,组织中的冲突是由于沟通不足或没有沟通而造成的,发生冲突并非一件坏事,优秀的管理者要学会正确处理冲突。

🕱 学习思考题

1. 什么是沟通? 怎样理解沟通的重要性?

2. 沟通的特点是什么? 请联系实际说明。

3. 沟通网络有哪些类型? 请画图说明。

4. 沟通障碍是如何产生的? 如何实现有效沟通?

5. 联系实际谈谈如何进行有效的情感沟通?

6. 冲突的发生一定是坏事吗? 如何正确对待冲突的产生?

7. 如何有效地处理好冲突?

8. 请你联系自身谈谈如何与人进行良好的沟通。

9. 对应每一个沟通类别,举例分析。

10. 简述有效沟通的障碍及其克服。

11. 简述沟通及技巧。

🕱 案例1

苏丽的苦恼

马陆今年34岁,在一家保险公司工作,由于工作出色,不久前,他被公司任命为索赔部经理,那是一个受到高度重视的部门。走马上任后,马陆了解到在自己谋求索赔部经理这一职位的同时,另外还有两名业务能力很强的同事(吴豪和苏丽)也曾申请过这个职位,他确信公司之所以任命他到这个位置部分原因也是为了避免在两个有同等能力的员工中做出选择。马陆在索赔部的第一个月的业绩很不错,他因此而对部门员工的素质及能力感到十分满意。即使是吴豪和苏丽也表现得很合作。于是马陆信心百倍地决定用培训员工及安装新计算机系统的计划来推动部门快速发展。然而当马陆提出实施这一计划时,苏丽却埋怨说他在还没有完全了解部门运作程序前就这样干,显然有些操之过急。马陆认为苏丽可能还没有完全地接受他得到她想要的职位的事实,当吴豪来找马陆的时候这一点似乎得到了证实。吴豪说,在面对所有即将到来的变革时要关注一下员工的士气,他甚至对马陆暗示说某些人正考虑要提出调任。尽管吴豪没有指名道姓,马陆确信苏丽是问题的根源。因此,马陆一方面谨慎地推出新计划,另一方面对苏丽的言行保持一定的警觉。在日后的工作中,苏丽隐约觉察到这位新上任的马经理正在与她疏远,这使她陷入苦恼之中。

讨论题

1. 马陆和苏丽的冲突在哪里?

2. 这是员工问题还是纯业务问题?

3. 马陆的到来是争论点吗?

4. 吴豪是如何卷进去的?

5. 如果你是马陆、苏丽或是吴豪,你将如何做?

6. 你能帮助马陆做出决定吗?

案例 2

辞　职

　　小王 3 个月前被提拔为一家合资药业公司的业务主任并负责一个小城市的医药推广业务。他进入这家公司已经 1 年了,在开拓本地市场上立下了汗马功劳。本来单纯做业务时,什么也不用多想,只要把业绩做好了,就可以拿到让人羡慕的提成。正当小王春风得意的时候,公司对小王进行了提拔。作为主任,他不用再像以前一样直接与客户沟通,只需要维护好本地市场,并负责培养新人就行了。没想到的是,根据公司的薪酬制度,他的收入也转成了行政人员的收入,提成额大大下降,收入也大大缩水,于是小王很自然地想到了加薪。根据公司制度,只有在公司工作满 3 年以后,才有加薪的机会,但小王过分乐观了,他想,凭自己对公司的贡献,经理还能不破例吗?于是,小王在一次去分部述职的时候,也没想太多就直接走进了经理办公室,提出了加薪的要求,经理答应考虑一下,接下来,过了 10 多天,从总部下了一纸调令,要调小王到总部学习,并派了一个人下来接替小王(这是公司想要撤换一个人的前兆),小王愤而辞职。

讨论题

　　请运用管理沟通中的相关知识,指出小王与经理就加薪沟通中应该注意的方面,如果可以,请你为小王设计一个新的加薪沟通方案。

课堂游戏

闭目撕纸

1. 活动目的:

理解单向沟通与双向沟通的差异。

2.游戏道具：

A4复印纸(必须保证每人两张)。

3.游戏程序：

(1)老师给所有的学生发一张纸,强调要按照老师的指令去做,任何学生都不能发声(可以要求学生闭上眼睛)。

(2)老师引导学生将纸对折一下,然后再对折一下,在右上角撕去一个角,然后转动180°,再将手中所拿纸的左上角撕去,然后把纸打开。老师会发现各种不同的答案,有很多学生的图形和老师所折的图形是不相同的。

(3)再发给所有学生一张纸,重复做上面的动作,只不过这次允许学生在做的过程中可以向老师发问,并提出自己的一些疑问及不清楚的地方。譬如问清楚对折是横折还是竖折,折过后的开口朝哪个方向等。在此基础上做完所有的全过程,然后要求学生将纸打开。将老师手中的纸所打开的图形与学生手中的图形作比照,会发现图形不一致的现象还是有存在,只不过较上次少了许多。

(4)引导学生探询结果不一致的原因。

实训项目

演讲技能的训练

【实训目标】

1.理解口头沟通作为日常交流的重要性。

2.确认当准备发送一个信息时应考虑哪些要素。

3.提高有效演讲的途径。

【内容与要求】

1.由学生自愿组成小组,每组推荐1人参赛,保证每个教学班有5~6人参赛。

2.角色扮演案例:毕业前夕,有一个优秀的企业向你发出面试邀请,但竞聘该岗位的还有其他众多求职者,其中不乏重点本科院校毕业生。企业人事经理让大家做一个即兴演讲以阐述自己的竞争优势,给大家15分钟准备时间,但每个人只有10分钟的发言机会(具体岗位请根据所授班级专业来定)。

3.老师对每个参赛选手表现予以点评。

单元 8

管理创新

⊙ 知识目标

1. 掌握管理创新的概念和基本内容。

2. 掌握管理创新的实践过程和组织特点。

3. 掌握管理创新的方法。

4. 明确企业再造、学习型组织、虚拟组织的含义和运用。

⊙ 能力目标

1. 正确认识系统的创新概念以及管理创新的重要性。

2. 应用管理创新知识对实际生活和工作中发生的案例进行分析。

3. 应用创新实践过程对社会组织进行观察，并提出建议。

4. 理解企业再造、学习型组织和虚拟组织的应用。

管理寓言故事

三个和尚的新故事

从前有一个三个和尚的故事,大家都知道。一个和尚挑水喝,两个和尚抬水喝,三个和尚没水喝。可是,现在情况不同了。

有这样三个庙,这三个庙离河边都比较远。怎么解决吃水问题呢？第一个庙,和尚挑水路比较长,一天挑一担就累了,不干了。于是三个和尚商量,咱们来个接力赛吧,每人挑一段。第一个和尚从河边挑到半路,停下来休息,第二个和尚继续挑,又转给第三个和尚,挑到缸里灌上去,空桶回来再接着挑。这样一搞接力赛,就从早到晚不停地挑,大家都不累,水很快就挑满了。这是采取协作的办法。第二个庙,老和尚把三个徒弟叫来,说,我们立下了新的庙规,引进了竞争机制。三个和尚都去挑水,谁水挑得多,晚上吃饭加一道菜；谁水挑得少,吃白饭,没菜。三个和尚拼命去挑,一会儿水就满了。这个办法叫引进激励机制,实现了"体制创新"。第三个庙,三个和尚商量,天天挑水太累,咱们想办法。山上有竹子,把竹子砍下来连在一起,竹子中心都是打通的,然后买一个辘轳。第一个和尚把一桶水摇上去,第二个和尚专管倒水,通过漏斗进入水管,流入庙内水缸中。第三个和尚在庙里看看水缸,这个缸装满了,就把水管移到别的缸里,一会儿水就灌满了。这叫"技术创新"。你看,三个和尚要喝水,要协作,要采取办法,搞体制创新、技术创新。办法在变,观念也在变。

学习任务1 认识创新

8.1.1 创新的含义

创新(Innovation)一词起源于拉丁语,意思是更新、制造新的东西或改变。1912年,熊彼特提出了创新理论,使创新的内涵超出了原来的含义。熊彼特认为："创新是企业家对生产要素的新的组合,就是建立一种新的生产函数。实现生产要素和生产条件的一种从未有过的'新组合'。"它包括5种情况：

①引入新的产品或提供产品的新质量。

②采用一种新的生产方法。

③开辟一个新的市场。

④获得新的供给来源(原料或半成品)。

⑤实现新的组织形式。

时至今日,国内外学者们赋予创新众多的理解和定义。著名管理学家彼得·德鲁克认为:"创新是一个经济或社会的术语,而不是技术的术语。""创新的行动就是赋予资源以新的创造财富的能力的行为。""它有两种不同创新,一种是技术创新,它在自然界中为某种自然物找到新的应用并赋予经济价值;另一种是社会创新,它在经济与社会中创造出一种新的管理机构、管理方式或管理手段,从而在资源配置中取得很大的经济价值与社会价值。"著名科技管理专家徐肇翔认为:"创新就是以新的更好的产品、生产工艺、组织和管理方法,产生更大的经济效益。它涉及一系列多层次的活动,从一个新概念开始直至形成生产力并成功地进入市场的过程。"

基于以上对创新特点的认识,我们认为,创新就是指不断承担风险,将具有一定创意的构想付诸实现,并最终取得一定收益的行为和过程,它是管理的一项基本职能。

相关知识

将脑袋打开 1 毫米

美国有一间生产牙膏的公司,产品优良,包装精美,深受广大消费者喜爱,每年营业额蒸蒸日上。

记录显示,前 10 年每年的营业增长率为 10% ~ 20%,令董事部雀跃万分。

不过,进入第 11 年,第 12 年及第 13 年时,业绩则停滞下来,每个月维持同样的数字。

董事部对这 3 年的业绩表现感到不满,便召开全国经理级高层会议,以商讨对策。

会议中,有名年轻经理站起来,扬了扬手中的一张纸对董事部说:"我有个建议,若您要使用我的建议,必须另付我 5 万元!"

总裁听了很生气说:"我每个月都支付你薪水,另有红包奖励。现在叫你来开会讨论,你还要另外要求 5 万元。是否过分?"

"总裁先生,请别误会。若我的建议行不通,您可以将它丢弃,一毛钱也不必付。"年轻的经理解释说。总裁接过那张纸后,阅毕,马上签了一张 5 万元的支票给那位年轻经理。那张纸上只写了一句话:将现在的牙膏开口扩大 1 毫米。总裁马上下令更换新的包装。试想,每天早上,每个消费者多用 1 毫米的牙膏,每天牙膏的消费量将多出多少呢? 这个决定,使该公司第 14 年的营业额增加了 32%。一个小小的改变,往往会引起意想不到的效果。当我们面对新知识、新事物或新创意时,千万别将脑袋封闭,置之不理,应该将脑袋打开 1 毫米,接受新知识、新事物。也许一个新的创意,能让我们从中获得不少启示,从而改进业绩,改善生活,你说对不对?

8.1.2　管理创新的含义、类型和特征

1) 管理创新的含义

管理创新是指组织根据内外经营环境的变化,对管理的方法、思想、体制等方面做出新

的变化或组合,以创造出一种新的、更有效的资源整合范式的一系列活动的过程。它是行之有效的管理的继承和发展,而不是对传统管理的一概否定;是学习、借鉴国内外先进管理经验的学创结合之举,而不是机械照搬和盲目排外。它包含不同时间范围、不同空间范围的创新。检验的它的标准是它在实践中是否提高了工作效率和经济效益,是否经得起市场的考验。它包括以下5种情况:

(1)提出一种新的发展思路并加以有效实施

新发展思路如果是可行的,便是管理方面的一种创新。许多成功的组织正是因为在经营思路方面有所创新,才超出对手一筹。福特汽车公司在20世纪初想出"让工薪阶层都拥有自己的一部车"的新思路,导致了T型车的产生,这不仅使福特汽车公司从此有了巨大的发展,也使这一思路的实质——"价廉物美""薄利多销"的管理思想成为日后众多组织学习的榜样。

(2)创设一个新的组织机构并使之有效运转

组织机构是组织内管理活动及其他活动有序化的支撑体系。它不可能是一成不变的东西,而是一个柔性的有学习能力的有机体。如何从过去刚性的组织状态转变为柔性的组织状态,也是一个值得创新和可以创新的方面。在今天,为适应新经济时代竞争的需要,未来组织的形式将朝着更具开放性和灵活性的方向发展,将出现以"适应—有机"式组织形式为标志的组织,如:信息型组织、柔性组织、虚拟公司等。

(3)提出一个新的管理方式方法

管理方式方法是组织资源整合过程中所使用的工具。现代管理方式方法如线性规划、目标管理、全面质量管理等的产生及运用,对组织产生更好的效益起了相当大的作用。管理方式方法的创新,有两个主要方面:一是单一性的管理方式方法的创新,如库存管理方法;二是综合性的管理方式方法的创新,如生产组合的创新、组织流程再造。

(4)设计一种新的管理模式

管理模式是指组织综合性的管理模式,是指组织总体资源有效配置实施的模式。如上海二纺机股份有限公司经过多年的改革以及在管理创新上的不断探索,逐步形成了所谓的创新性综合管理模式——"柔性管理"模式。这一管理模式的成功创立为二纺机组织的发展、管理水平的提高奠定良好基础,起到很大的作用。

(5)进行一项制度的创新

管理制度是对组织资源整合行为的规范,它既是对组织行为的规范,也是对员工行为的规范。制度的变革会给组织行为带来变化,进而有助于资源的有效整合,使组织更上一层楼。

2)管理创新的类型

从不同的角度考察,管理创新主要有以下几种类型:

①从创新的规模及创新对系统的影响程度来考察,可将其分为整体创新和局部创新。整体创新是由全体组织成员共同参与、涉及整个组织各方面的创新,涉及系统的目标和运行方式。而局部创新是在组织的个别部门、组织运行的个别环节进行的创新,局部创新可以发

展成为整体创新。

②从创新与环境的关系来分析,可以分为主动创新和被动创新两种。主动创新是组织在观察外部世界运动的过程中,敏锐地预测到未来环境可能提供的某种有利机会,主动调整组织的战略和技术,积极开发和利用这种机会,谋求组织的发展。被动创新是指由于外部环境的变化对组织的存在和运行造成了某种程度的威胁,为了避免威胁或由此造成的组织损失扩大,组织在内部展开的局部或全局性调整。

③从创新的组织程度上看,可分为自发创新和有组织的创新。自发创新是指由组织成员自发进行的创新活动,有组织的创新则是在组织的统一领导和规划下进行的创新。自发创新通常是局部的、小范围的,并且极有可能遭到保守势力的反对和扼杀而失败。同时,由于缺乏组织,自发创新的进程、程度和影响难以控制,使创新结果充满不确定性。组织创新容易得到其他部门及组织领导的支持、配合与协作,进而减少了变革过程中的阻力,使其容易取得成功。因此,管理者的职责之一就是及时意识到变革的必要性,对出现的创新积极予以支持,使这种自发创新变为有组织的创新。

3)创新的特征

(1)风险性

管理创新活动涉及许多相关环节和众多影响因素,从而使管理创新的过程和结果均呈现出不确定性,这意味着管理创新具有较大的风险性。这些风险性主要表现在创新内容的复杂性、投入回报的不确定性、创新效果的难以度量性和创新的不可试验性4个方面。

(2)先行性

在知识经济时代,计算机的普及、网络化的发展,使整个社会组织形式呈现出加速变化的势头。因此,管理思维的滞后必将使我们的事业失之千里。能否提高自己的快速反应能力,及时调整自己的行动方案,将成为我们确定未来时代生存战略的关键。拿破仑说过:"我的军队之所以长盛不衰,就是因为在与敌人抢占制高点时,我们总是早到5分钟。"商场也流行"快鱼吃慢鱼"等一些类似的说法。

(3)持续性

组织是一个不断与外界环境进行物质、能量和信息交换的动态开放系统。交换停止,也就意味着组织的死亡。由于现代组织活动的内外环境具有很多不确定性因素和不完全信息,因此管理活动的轨迹不应只是一种简单的重复,而应该是一种超越自身不断进行"常调、微调、柔调"的创新性过程。乔布斯领导的苹果公司之所以能成功,就是因为他们不断创新。

(4)系统性

管理创新涵盖了企业生产经营活动的整个过程,它是一个完整的链条,而不是其中的某一项活动或某一个环节,如果其中任何一个环节出现了失误,都会对创新结果产生负面影响。因此,管理创新是一个系统性工程。在创新过程中,不仅要注重局部管理方式与方法的创新,更要注重管理系统的整体配合与协调。只有通过管理创新实现系统的整体优化,才能发挥管理创新的应有成效。

4）管理创新的特点

①管理创新是一种有目的的实践活动，不是一种自发性的随机事件。人们完全能够根据客观情况的变化和自身的实际，有计划、有步骤地开展管理创新活动。

②无论是中高层管理者，还是基层管理者，都是管理创新的主体。管理创新贯穿于管理者的所有管理活动之中。

③管理创新的实质是创立一种新的、更有效的资源整合和协调范式，包括创立一种新的管理理论，采用一种新的管理方法，运用一种新的管理手段等。只要这种新的资源整合和协调范式能够使管理活动更加有效，都属于管理创新。

④管理创新的目的在于能动性地适应环境的变化，达到提高企业整体效率和效益的目标。环境变化是客观的，它不以人们的意志为转移，企业要在动态多变的环境中发展壮大，就必须适应环境的变化，而管理创新正是企业主动适应环境变化的基本途径。

8.1.3　创新职能与维持职能的关系及其作用

计划、组织、指挥和控制是组织保证目标实现的必不可少的管理职能，但从某种意义上讲，他们同属于管理的"维持"职能，其任务是保证组织系统按既定的目标和流程运行。管理实践证明，管理始终处于动态的环境之中，仅有"静态"和"维持"的职能显然是不够的，必须不断调整系统的活动内容、目标和流程，才能适应环境变化的要求，这就是我们所要阐述的"创新管理"职能。由于科学技术的迅猛发展，社会经济活动空前活跃，市场需求瞬息万变，社会关系也日益复杂，管理者无时无刻不在遇到新情况、新问题，如果因循守旧，就无法应对新形势的挑战。因此，一个好的管理者需要在管理的过程中不断创新，创新在社会生活、生产、经营、管理等活动中发挥着越来越大的作用。可以说，创新已成为成功管理的灵魂，特别对企业而言，如果不能创新，那么它离失败就不远了。

维持是保证系统的活动顺利进行的基本手段，也是系统中大部分管理人员所从事的工作。根据物理学的熵增原理，原来基于合理分工，职责明确而严密衔接起来的有序的系统结构，会随着系统在运转过程中各部分之间的摩擦，而逐渐从有序走向无序，最终导致有序平衡结构的解体。管理的维持职能便是严格按预定的规划来监督（或监视）和修正系统的运行，尽力避免各子系统的摩擦或减少因摩擦而产生的结构内耗，以保持系统的有序性。没有维持，社会经济系统的目标就难以实现，计划就无法落实，各成员的工作就有可能偏离计划的要求，系统的各个要素就可能相互脱离，各自为政，各行其是，整个系统就会呈现出一种混乱的状况。所以，维持对于系统生命的延续是至关重要的。

创新是系统为适应内外部条件变化而进行的局部和全局的调整。从一定程度上来说，系统的社会存在以社会的接受力为前提，社会的接受力取决于社会对系统贡献的需要程度和系统本身的贡献能力。系统的贡献力取决于系统从社会中获取资源的能力。系统不断改变和调整，以取得组合资源的方式、方向和结果，向社会提供新的贡献，这是创新的主要内涵和作用。在特定时期内，对某一社会经济系统（组织）的管理工作主要包括以下

8 项：

①确立系统的目标，即人们从事某项活动希望达到的状况和水平。

②制定并选择可实现目标的行动方案。

③分解目标活动，据此设计系统所需要的职务、岗位、并加以组织，规定它们之间的相互关系，形成一定的系统结构。

④根据各岗位的工作要求，招聘和调配工作人员。

⑤发布工作指令，组织供应各环节活动所需的物质和信息条件，使系统运行起来。

⑥在系统运转的过程中，协调各部分的关系，使他们的工作相互衔接、平衡地进行。

⑦检查和控制各部门的工作，纠正实际工作中的失误和偏差，使之符合预定的要求。

⑧注视内外条件的变化，寻找并利用变革的机会，计划并组织实施系统的变革和发展。

由此，我们可以看出，前 7 项活动中组织的内外部环境条件并没有发生变化，组织在原有的规模下进行运作，是管理的维持职能。第 8 项活动则是组织的内、外部条件已经发生了变化，是管理的创新职能。任何组织系统的任何管理工作都包含在"维持"或"创新"中。维持和创新是管理的本质内容，有效的管理在于适度的维持与适度的创新的组合。

创新职能与维持职能是相互联系、不可或缺的。创新是维持基础上的发展，维持是创新的逻辑延续；维持是为了实现创新的成果，而创新则是为更高层次的维持提供依托和框架。任何管理工作，都应围绕着系统运转的维持和创新而展开。只有维持没有创新，系统会缺乏活力，适应不了任何外界变化，最终会所被淘汰，而只有创新没有维持，系统则会处于无序的状态，好像是一盘散沙。只有将管理的创新职能和维持职能有效的组合在一起，使之最优化，才能实现有效的管理。

相关知识

亚都加湿器：给皮肤喝点水

"皮肤的肌纤维由大量水溶性胶源蛋白构成，水分的流失会导致肌纤维收缩至形成不可恢复的皱纹，使用空调或者电暖器的房间空气尤其如此。"

不要以为这是佳雪保湿霜的广告，这是消费电器——亚都加湿器的广告。尽管它把"胶原蛋白"写成了"胶源蛋白"，尽管皮肤中从来没有什么"肌纤维"，但这个看起来像化妆品的广告，却取得了良好的销售业绩。

针对冬天应用空调、电暖气后，室内空气干燥的情况，亚都声称："亚都超声波加湿器采用每秒 170 万次高频率振荡……科学有效地增加空气湿度，主动为您的肌肤补水，合乎您和家人的健康。"

把家电当成化妆品来卖，亚都很可能是第一家。亚都的渠道策略，也类似于化妆品，它没有进入家电超市，而主要在百货商场销售。

点评：把家用电器当成化妆品来销售，听起来匪夷所思，但却很成功。营销人员要敢于想象——想一下能否把保健品当成食品卖而不是药品，能否把家电当成化妆品而不是家电。

亚都保湿器还证明了消费电子产品越来越清晰的趋势——从电视到手机、到洗碗机,现在都需要"健康化"。

学习任务2 创新的基本内容

管理创新的内容涉及许多方面,主要有目标创新、技术创新、制度创新、组织机构和结构创新、环境创新等内容。

8.2.1 目标创新

作为资源配置的一种方式,企业具有同质性、集体性和稳定性,它是具有共同目的且能够在过程中不断调整其行为的参与者认同体。任何一个企业,确定其运行的目标是首要的工作。目标的认同性是企业的基础,而这种认同必须建立在对其成员责、权、利关系的合理界定上。企业组织创新是指形成新的共同目标认同体和原有认同体对其成员责、权、利关系的重建,其目的是取得对新目标的进一步共识。

企业是在一定的经济环境中从事经营活动的,特定的环境要求企业按照特定的方式提供特定的产品。当环境发生变化,企业的生产方向、经营目标以及企业在生产过程中与其他社会经济组织的关系就要进行相应的调整。目标的确定应以当今形势为基础,并具有超前性,能在将来一定时间和空间范围内对本企业的生产经营活动起指导作用。经济体制改革以来,企业同国家和市场的关系发生了变化,企业必须通过其自身的活动来谋求生存和发展。因此,在新的经济背景中,企业的目标必须调整为"通过满足社会需要来获取利润"。至于企业在各个时期的具体的经营目标,则更需要适时地根据市场环境和消费需求的特点及变化趋势加以整合,每一次调整都是一种创新,如入世后的中国企业发展战略,目前应以国际化和多样化为目标。

8.2.2 技术创新

技术是根据生产实践经验、自然科学原理发展成的各种工艺操作方法和技能,广义的技术还包括各种生产工具、设备以及生产工艺、作业程序等。任何组织,尤其是从事物质生产活动的组织,都离不开一定的技术,技术是"第一生产力"。技术创新对系统功能的发挥有重要影响。它是企业创新的主要内容,是企业经营实力的一个重要标志。

企业的技术创新是一个从新产品、新服务或新工艺设想的产生到市场化应用的完整过程。它包括新设想(新概念)的产生、研究与开发、生产组织、市场营销、技术扩展等一系列活动,整体技术创新概念如图8.1所示,它可以从以下几个方面来理解:

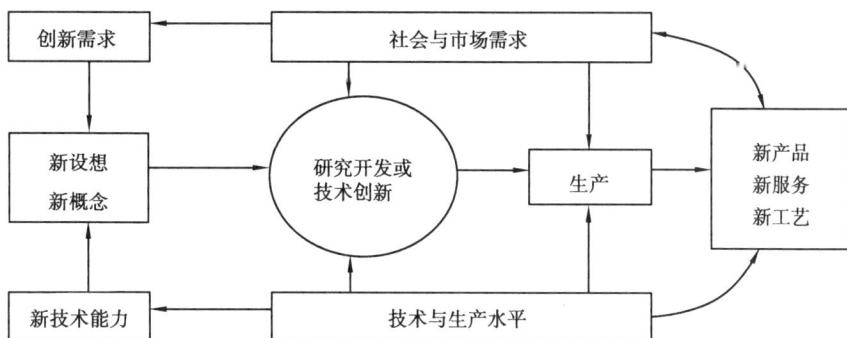

图 8.1　整体技术创新概念

（1）产品创新、服务创新和工艺创新是技术创新的主要实现形式

产品是企业参与市场竞争的根本筹码，是企业借以收回生产经营成本并获得收益的最终载体。产品创新指的是新设想、新发明转化成能在市场上销售并能获得利润的新的或有显著改进的产品的过程。应用最新技术提供新的或改进的服务可以为企业带来巨额利润，是现代企业技术创新的主要途径之一。无线通信、电子银行、史密斯发明的"联邦快递服务"等都是服务创新的杰作。工艺创新是指研究和采用新的或有重大改进的生产方法，它是产品创新和服务创新的重要保证。

（2）技术创新也是一个过程概念

把新设想转变成新产品、新服务、新工艺需要一个过程，而这个过程的结果就是创新。完整的技术创新概念既包括结果也包括过程。如图 8.1 所示，技术创新的第一个阶段是新设想、新发明产生的阶段，主要是研究与开发；第二个阶段是研究与开发成果的转化阶段，企业家对投入要素进行重新组合，通过筹措资金、购置设备、调整生产组织，对研究开发成果进行试验、修改、工艺安排、产品试销等一系列活动，使发明转化为创新成果；第三个阶段是创新成果在市场中转化为企业的经济效益，一阶段的完成标志着技术创新全过程结束。

（3）研究与开发（R&D）活动是技术创新的主要源泉

研究与开发（Research and Development）是科技活动中最常用，也是最重要的基本概念之一。OECD（经济合作与发展组织）对其定义为："一种有系统的创造性工作，其目的是丰富人类文化和社会的知识宝库，并利用这些知识去进行新的发明。"其中，研究是针对某个主题的科学知识进行大量的、系统的、反复的探讨。通过对事物现象的周密调查与反复思索揭示出事物的本质。这是一个重要的科学调查和分析过程。它包括没有特定商业目的、以探索知识为目标的基础研究和对产品及工艺创新所需技术基础进行的应用研究两部分；开发（试验开发）是指利用基础研究和应用研究成果为创造新产品、新服务、新工艺而进行的技术活动。

相关知识

冰箱用途的延伸

在美国,每个家庭都有电冰箱,这已经持续了近一段时间了。这种高度成熟的产品竞争激烈,利润率很低,美国的厂商显得束手无策,而日本厂商却异军突起,发明创造了一种与19英寸电视机外形尺寸一般大小的冰箱。

当微型冰箱投入市场后,人们发现,除了可以在办公室使用外,还可安装在野营车娱乐车上。于是,全家人外出旅游,舒适条件全部具备。微型冰箱改变了一些人的生活方式,也改变了它进入市场初期默默无闻的命运。

微型电冰箱与家用冰箱在工作原理上没有区别,其差别只是产品所处的环境不同。日本人把冰箱的使用方向由家居转换到了办公室、汽车、旅游等其他侧翼方向,有意识地改变了产品的使用环境,引导和开发了人们潜在的消费需求,从而达到了创造需求、开发新市场的目的。

8.2.3 制度创新

制度是组织运行方式的原则规定。企业制度是指企业作为一个有机组织,为实现企业既定的经营目标,在财产关系、组织结构、运行机制和管理规则等方面的一系列制度安排。制度创新就是创建新的组织运行方式和法则,如调整组织内部的权责关系、修正完善组织的各项法规等,使组织内部各种要素合理配置,并发挥出最大的效能。它是组织搞好各项管理的基础,也是搞好其他创新的基础。它主要包括产权制度创新,经营制度创新和管理制度创新3个方面。

1)产权制度创新

产权制度创新是制度创新的根本。无论国度和体制,经济利益主体的各种责权利关系都集中体现在产权主体身上。我国改革开放10多年来的经验,最终将产权制度改革纳入经济体制改革的中心议题,就是一个重要的佐证。现阶段,我国企业界正通过各种途径明晰其产权关系。

2)经营制度创新

经营制度是有关经营权的归属及其行使条件、范围、限制等方面的原则规定。它表明企业的经营方式,确定企业的经营者、生产资料的占有、使用和处置权,确定企业的生产方向、生产内容、生产形式以及责任人。因此,企业经营管理者,应根据新的产权制度,进行新的经营制度创新。例如,现阶段我国企业在明晰产权的基础上,对企业实行公司制运行,就是企业经营制度的一项创新。

3）管理制度创新

管理是为了解决冲突而进行的活动,其本身就是一种规范。为使经营制度发挥应有的作用,应对企业进行管理规章制度的建设,制定出适合本企业特点的管理规章制度。企业不仅要制定出适应于不同岗位和职责的规范,而且要培训其员工,使之了解企业的这些规范,并自觉遵守它。

一定的产权制度决定了相应的经营制度,经营制度的不断调整必然会引起产权制度的革命;一定的经营制度决定了相应的管理制度,管理制度的变化会反过来作用于经营制度。三者是一个有机的整体。企业制度的创新方向是不断调整这三者之间的关系,使其达到最优化。

8.2.4　组织机构和结构创新

组织机构和结构创新,就是要设立与目标、产品生产技术和制度相匹配的不同管理部门,配置好它们之间的各种生产要素和权力分配体系。从组织理论的角度来看,企业系统是由不同的成员担任的不同职务和岗位的结合体。这个结合体可以从结构和机构这两个不同层面去考察。所谓机构是指企业在构建组织时,根据一定的标准,将那些类似的或与实现同一目标有密切关系的职务或岗位归并到一起,形成不同的管理部门。它主要涉及管理劳动的横向分工的问题,即把对企业生产经营业务的管理活动分成不同部门的任务。而结构则与各管理部门之间、特别是与不同层次的管理部门之间的关系有关,它主要涉及管理劳动的纵向分工问题,即所谓的集权和分权问题。不同的机构设置,要求不同的结构形式。组织机构完全相同,但结构之间的关系不一样,也会形成不同的结构形式。因此,企业应创立一个高效的组织机构,同时处理好企业内部各部门的权力划分。

8.2.5　环境创新

环境是企业经营的土壤,同时制约着企业的经营,环境创新是指通过企业积极的创新活动去改造环境,去引导环境朝着有利于企业经营的方向变化,而不是指企业为了适应外界变化而调整内部结构或活动。环境创新对企业来说,主要是市场创新,即通过企业的活动去引导消费、创造需求,创造一个良好的企业环境,以此来吸引消费者,稳定企业员工队伍,最大限度地发挥企业的最佳经济效益。

企业稳定运行和市场垄断地位是经营者追求的目标和理性行为的基础。过度竞争会造成的资源配置效率和质量低劣。但处于近平衡状态、稳定运行的企业所特有的组织刚性也不利于创新的成长。因此,企业应积极寻求一个适度发展的环境,保持市场竞争活力。

相关知识

接吻青蛙

在这方面，值得特别提出的是世界最富创新的美国 3M 公司。美国的 3M 公司，不仅鼓励工程师也鼓励每个人成为"产品冠军"。公司鼓励每个人关心市场需求动态，成为关心新产品构思的人，让他们做一些家庭作业，以发现开发新产品的信息与知识，公司开发的新产品销售市场在哪里，及可能的销售与利益状况等。如果新产品构思得到公司的支持，就将相应地建立一个新产品开发试验组，该组由 R&D 部门、生产部门、营销部门和法律部门等代表组成。每组由"执行冠军"领导，他负责训练试验组，并且保护试验组免受官僚主义的干涉。如果一旦研制出"式样健全的产品"，试验组就一直工作下去，直到将产品成功地推向市场。有些开发组经过 3~4 次的努力，才使一个新产品构思最终获得成功；而在有些情况下，却十分顺利。3M 公司知道千万个新产品构思可能只能成功一两个。一个有价值的口号是："为了发现王子，你必须与无数个青蛙接吻。""接吻青蛙"经常意味着失败，但 3M 公司把失败和走进死胡同作为创新工作的一部分。其哲学是："如果你不想犯错误，那么什么也别干。"

学习任务3 创新的过程和策略

8.3.1 创新过程

成功的创新要经历寻找机会、提出构想、迅速行动和忍耐坚持 4 个阶段的努力。

1)寻找机会

创新活动是从发现和利用旧秩序内部的一些不协调现象开始的。旧秩序中的不协调既可存在于系统的内部，也可产生于对系统有影响的外部。就系统内部来说，引发创新的不协调现象主要有：生产经营中的瓶颈、企业意外的成功和失败等。就系统外部来说，有可能成为创新契机的变化主要有：技术的变化、人口的变化、宏观经济环境的变化和文化与价值观念的转变等。如果善于发现组织在运行过程中出现的不协调现象，就会善于发现机会。

2)提出构想

敏锐地观察到了企业内外部的创新机会以后，还要透过现象究其原因，并据此分析和预测创新机会的内外部因素，估计它们可能给企业带来的积极或消极后果，并在此基础上，努力利用机会或将威胁转换为机会，采用头脑风暴、特尔菲、畅谈会等方法提出多种解决问题、消除不协调,使系统在更高层次实现平衡的创新构想。

3)迅速行动

创新成功的秘诀主要在于迅速行动。提出的构想可能还不完善,甚至很不完善,但这种并非十全十美的构想必须立即付诸行动才有意义。"没有行动的思想会自生自灭"这句话对于创新思想的实践尤为重要。一味地追求完美,就可能坐失良机,把创新的机会白白地送给自己的竞争对手。创新的构想只有在不断地尝试中才能逐渐完善,企业只有迅速地行动,才能有效地利用"不协调"提供的机会。

4)坚持不懈

构想经过尝试才能成熟,而尝试是有风险的,创新的过程就是不断尝试、不断失败和不断提高的过程。因此,创新者在开始行动以后,为取得最终的成功,必须坚定不移地继续下去,决不能半途而废,否则便会前功尽弃。要在创新中坚持下去,创新者必须有足够的自信心,有较强的忍耐力,能正确对待尝试过程中出现的失败。既要采取必要的预防措施或纠正措施以减少失误或消除失误后的损失,又要知道创新的成功只能在屡屡失败后才姗姗来迟,而不应将一次"战役"(尝试)的失利看成整个"战争"的失败。

8.3.2　创新活动的策略

在管理创新的过程中,组织只有根据所处的环境来制定适当的策略和方法,才能减少创新的风险,提高创新的效果,促进创新取得最后的成功。根据创新的程度不同,可以分为首创性创新策略、改创型创新策略和仿创性创新。

首创型的创新是指观念上和结果上有根本突破的创新,通常是首次推出但对经济和社会发展产生重大影响的全新的产品、技术、管理方法和理论。这类创新本身要求全新的技术、工艺以及全新的组织结构和管理方法。首创型创新还会常常引起产业结构发生变化,从而彻底改变组织的竞争环境和基础。

改创型创新就是在借鉴别人的先进管理的基础上进行大胆创新,探索出新的管理思路、方式、方法。简单地说,就是在别人已有的先进成果上进行有创意的提高。日本是采用这种管理创新策略的典型国家。日本的企业管理水平在"二战"后是很落后的,20世纪50年代,日本派了大批人去美国学习企业管理技术,邀请许多美国的专家到日本讲学,并结合日本的传统文化和国民气质,创造出了全新的日本企业管理模式,最终使美国反过来向日本学习其某些管理方法。

仿创型创新策略是创新度最低的一种创新活动,其基本特征在于模仿性。在创新理论的创始人熊彼特看来,模仿不能算是创新,但是模仿是创新传播的重要方式,对于推动创新的扩散具有十分重要的意义,没有模仿,创新的传播可能会变慢,创新对社会经济发展和人类进步的影响也将大大减小。

高瞻远瞩

识,指认识。从思维的深度来看,识是指人的远见卓识,是对事物发展的预见和认识的深度。

曾经有两个企业都想在某郊区投资地产,并各派了专人前去调查那里的情况。结果 A 企业的人在考察之后,向公司报告说:"那里人口稀少,房地产业发展机会渺茫,房子修好了也没有人来住。"而 B 企业的人则在考察之后,向公司报告说:"该地虽然人口稀少,但那里环境优雅,人们厌倦了城市的喧嚣,定会喜欢在那里安置生活。"果然不出 B 企业所料,城里人越来越向往农村生活,尤其是一些农家乐,更是办得如火如荼。所以 B 企业的投资是明智的。

A 企业的人员鼠目寸光,只看见眼前事物的表象,而 B 企业的人却高瞻远瞩,从表象里预见到未来。B 企业的远见卓识远远高于 A 企业。如果一个企业的领导像 A 企业的人一样见识,那么他的动作很可能都是短期行为,而如 B 企业那样见识过人,眼光放长远一点,就能使企业获得长远的利益。

8.3.3 创新性思维

1)创新性思维的含义

创新性思维和创新一样,是一个外延极广、内涵极丰富的概念。无论从思维方式、思维结果、思维类型上,还是从思维特征上所给出的定义都不能囊括它的全部含义。

无论人们对于创新性思维下怎样的定义,创新性思维的本质都在于创新,在于一般人的意想不到,在于破除形式逻辑的限制,因此非逻辑思维形式更能突出创新性思维的本质特征。由此可见,所谓创新性思维,是指直接引发出创新性设想的思维形式,主要是旨非逻辑思维。

2)创新性思维的基本特征

创新性思维的特征为我们提供了进行创新性思维的基本原则和标准,从这些特征中,我们可以发现,创新性思维的重要诀窍在于多角度、多侧面、多方向地看待和处理事物、问题和过程。具体表现在以下几个方面:

(1)理论思维

恩格斯曾经说过:"一个民族要想站在科学的最高峰,就一刻也不能没有理论思维。"同时又指出:"如果人的脑子不随着手、不和手一起、不部分地借助于手相应地发展起来的话,那么单靠手是永远造不出蒸汽机来的。"在这里,恩格斯强调了理论思维的重要性,强调了脑的主导作用,正确地指导了"单靠手是永远造不出蒸汽机来的"。发明蒸汽机,当然需要许多仪器等。但是,恩格斯着重强调的是人脑的主导作用,因为脑的功能就是进行思维活动的。

世界上有不少发明家、哲学家和科学家也都在不同程度上强调人的理论思维在科学发现与创新活动中的主导性和关键性的作用。因此,为了把握创新规律,就要认真研究理论思维活动的规律,特别是创新性理论思维的规律。

(2)多向思维

多向思维也叫发散思维、辐射思维、扩散思维。它的特点是:从不同角度、不同方向、不同层次进行多方面的思维判断,从而形成解决问题的多种思路、多种方法、多种方案。多向思维的概念,最早是由武德沃斯于 1918 年提出的,它是指对某一问题或事物的思考过程中,不拘泥于一点或一条线索,而是从仅有的信息中尽可能向多方向扩展,而不受已经确定的方式、方法、规则和范围等的约束,并且从这种扩散的思考中求得常规的和非常规的多种设想的思维。比如,要解决过河的问题,必须解决交通问题。如果单向思维,很可能首先想到造一座桥,而多向思维则不然,它要探索现实中存在的多样可能性,如可以大船轮渡,也可以建水下通道,等等。

人的多向性思维能力是可以通过锻炼提高的,其要点是:首先,遇事要大胆地敞开思路,不要只考虑实际不实际,可行不可行,这正如一个著名的科学家所说:"你考虑的可能性越多,也就越容易找到真正的诀窍。"其次,要努力提高多向思维的质量,单向发散只能说是低水平的发散。最后,坚持思维的独特性是提高多向思维质量的前提,重复自己脑子里传统的或定型的东西是不会发散出独特性的思维的。只有在思维时尽可能多地为自己提出一些"假如……""假设……"等,才能从新的角度思考自己或他人从未想到过的东西。

(3)侧向思维

侧向思维是在正向思维、单向思维受阻时变换一下角度,从侧面来达到目的的一种创新思维方法。有句成语叫作"他山之石,可以攻玉"。侧向思维具体的运用方式有以下 3 种:

①侧向移入。侧向移入是指跳出本专业、本行业的范围,摆脱习惯性思维,侧视其他方向,将注意力引向更广阔的领域;或者将其他领域已成熟的、较好的技术方法、原理等直接移植过来加以利用;或者从其他领域事物的特征、属性、机理中得到启发,导致对原来思考问题的创新设想。如为了减少摩擦,人们一直在不断地改进着轴承。但正常思路无非是改变滚珠形状、轴承结构或润滑剂等,都不能带来大的突破。后来,有人把视野转到其他方向,想到高压空气可以使气垫船漂浮,相同磁性的材料会相互排斥并保持一定的距离。于是,将这些新设想移入轴承中,发明了不用滚珠和润滑剂,只需向轴套中吹入高压空气,使旋转轴呈悬浮状的空气轴承,或用磁性材料制成的磁性轴承。

侧向移入是解决技术难题或进行管理创新、产品创新的最基本的思维方式,其应用实例不胜枚举。如鲁班由茅草的细齿拉破手指而发明了锯;格拉塞观察啤酒冒泡的现象,提出了气泡室的设想,等等。大量的事例说明,从其他领域借鉴或受启发是创新发明的一条捷径。

②侧向转换。侧向转换是指不按最初设想或常规直接解决问题,而是将问题转换成为

它的侧面的其他问题，或将解决问题的手段转为侧面的其他手段，等等。这种思维方式在创新发明中常常被使用。如在 20 世纪 70 年代末，西欧人发明了"魔方"。当香港人从报纸上看到了这一消息后，许多厂家都捕捉到了仿制"魔方"填补东方空白的机遇，纷纷出动去西欧考察。但是民生化学有限公司的老板却将思路转向生产"魔方"的外侧——为生产"魔方"创造生产条件上。于是，他迅速地大量复制生产"魔方"的技术资料，并同时在香港的各家电视台播放"你想生产'魔方'吗？民生化学有限公司将为你提供全套技术资料"的广告。结果上百家塑料厂竞相购，使一度萧条的民生化学有限公司瞬间扭亏为盈。

③侧向移出。与侧向移入相反，侧向移出是指将现有的设想、已取得的发明、已有的感兴趣的技术和本厂产品，从现有的使用领域、使用对象中摆脱出来，将其外推到其他意想不到的领域或对象上。这也是一种立足于跳出本领域，克服线性思维的思考方式。如拉链的发明曾被誉为影响现代生活的十项最重大的发明之一。它的发明人贾德森是为了解除系鞋带的麻烦而想到的，并于 1905 年取得了专利权。这项发明吸引了一个叫霍克的军官，他决定建厂生产拉链。但是，专利本身只是一种"可行"技术，并不是一种"成熟"的技术。拉链虽好，但需要特殊的机器才能批量生产。霍克经过 19 年才研制出拉链机，可有了拉链却没有人用这个东西代替鞋带。他用了很大的努力仍然找不到销路。后来，一个服装店老板将思路引向了鞋带以外，生产出带拉链的钱包，赚了一大笔钱。从那以后的半个世纪以来，拉链几乎渗透到人类社会生产、日常生活的每一个角落，如衣服、枕套、笔盒等。

总之，无论是利用侧向移入、侧向转换还是侧向移出，关键的窍门是要善于观察，特别是留心那些表面上似乎与思考问题无关的事物与现象。这就需要在注意研究对象的同时，间接注意其他一些偶然看到的或事先预料不到的现象。也许这种偶然并非是偶然，可能是侧向移入、移出或转换的重要对象或线索。

④逆向思维。所谓逆向思维法，就是指人们为达到一定的目标，从相反的角度来思考问题，从中引导启发思维的方法。

美国汽车大王福特一世在街上散步时，偶然间看到肉铺仓库里的几个工人顺次地分别切下牛的里脊肉、胸肉、牛头，他的脑海里马上浮现出与此相反的过程：让工人顺次分别装上汽车的种种零部件。这就是后来闻名于世的"流水线"组装汽车的方法，它和以前让每一个工人自始至终地装配一辆汽车相比，由于每个工人只负责汽车中的一小部分，操作简单、容易熟练，因此工人劳动效率大大提高，而且很少出差错。这一发明使福特公司脱颖而出，奠定了福特在汽车行业中的地位。后来，其他汽车厂、行业纷纷仿效福特公司的这一方法，可以说"流水线"改变了人类的生产和生活方式，它被称为 20 世纪最伟大的三项发明之一。

我们身处的就是由相互对立的事物组成的和谐的世界，而每一事物又有相互对立的两个方面。很多过程都是可逆的，而两种截然相反的方法有时可以解决同样的问题。遗憾的是，由于我们受过太多的是非观念的教育，因此往往喜欢判断对错，以至采取一种方法后就轻易排斥与之相反的方法。实践证明，多做逆向思维能使人们更加灵活地找到更多解决问题的途径。逆向思维也是企业经营创新中重要的思维方式。

相关知识

逆向思维创奇迹

某时装店的经理不小心将一条高档呢裙烧了一个洞,其身价一落千丈。如果用织补法补救,也只是蒙混过关,欺骗顾客。这位经理突发奇想,干脆在小洞的周围又挖了许多小洞,并精于修饰,将其命名为"凤尾裙"。一下子,"凤尾裙"销路顿开,该时装商店也出了名。逆向思维带来了可观的经济效益。无跟袜的诞生与"凤尾裙"异曲同工。因为袜跟容易破,一破就毁了一双袜子,商家运用逆向思维,试制成功无跟袜,创造了非常良好的商机。

学习任务4 管理新发展

8.4.1　企业再造

1)企业再造的含义

20 世纪 80 年代,美国管理专家迈克尔·哈默和詹姆斯·钱皮在广泛深入的企业调研中发现,一些公司由于较大幅度地改变了它们的工作方法而在一个或多个领域取得了戏剧般的惊人成就。这些公司并没有改变它们所从事的业务,只是改变了在那些业务中所遵循的业务过程或者干脆取消了那些陈旧的业务过程。通过进一步观察,他们还发现:追求根本性的改变,而不是渐进式的改良是这些企业的另一个特点。在大量调查的基础上,1993 年,哈默和钱皮出版了《企业再造——工商管理革命宣言》一书。这本书的发表不仅在美国,而且在全世界引起了巨大反响。

企业再造是指为了在衡量绩效的关键指标上取得显著改善,从根本上重新思考、彻底改造业务流程。其中,衡量绩效的关键指标包括产品和服务质量、顾客满意度、成本、员工工作效率等。

我们可以从以下 4 个方面来把握企业再造的含义:

①企业再造需要从根本上重新思考企业已形成的基本信念,如对分工思想、等级制度、规模经营、标准化生产和官僚体制等进行重新思考。这就需要打破原来的思维定势,进行创造性思维。

②企业再造是一次彻底的变革。企业再造不是对组织进行肤浅的调整修补,而是要进行脱胎换骨式的彻底改造,抛弃现有的业务流程和组织结构以及陈规陋习。

③企业通过再造工程渴望取得显著的进步。企业再造是根治企业顽疾的一剂"猛药",

渴望取得"大跃进"式的进步。

④企业再造从重新设计业务流程着手。业务流程是企业以输入各种原料和顾客需求为起点到企业创造出对顾客有价值的产品(或服务)为终点的一系列活动。在一个企业中,业务流程决定着组织的运行效率,是企业的生命线。

企业再造与以前的渐进式变革理论有本质的区别。企业再造是一个组织的再生策略,它需要全面检查和彻底翻新原有的工作方式,把被分割得支离破碎的业务流程合理地"组装"回去。通过重新设计业务流程,建立一个扁平化的、富有弹性的新型组织。

2)企业再造的主要程序

企业再造就是要对企业原来生产经营过程的各个方面、每个环节进行全面调查和细致分析,对其中不合理、不必要的环节进行彻底地变革。在实施过程中,可以按以下程序进行:

①对原有业务流程进行全面的功能分析,发现其存在的问题。

②设计新的业务流程改进方案,并进行评估。

③对制定与流程改造相配套的组织结构、人力资源配置和业务规范等方面进行评估,选取可行性强的方案。

④组织实施与持续改善。实施企业再造方案,必然会触及原有的利益结构。因此,必须精心组织,谨慎推进。既要态度坚定,克服阻力,又要积极宣传,达成共识,以保证企业再造的顺利进行。

8.4.2 学习型组织

美国麻省理工学院教授彼得·圣吉博士以他的老师佛睿斯特 1965 年发表的一篇著名的《企业的新设计》论文为基础,在 20 世纪 80 年代初,汇聚了一群杰出的企业家至麻省理工学院,精心研究,融合了其他几项出色的理论、方法与工具,发展出自我超越、改善心智模式、建立共同愿景、团队学习和系统思考的学习型组织模型,5 项修炼的地位、作用与相互关系如图 8.2 所示。该模型不是描绘学习型组织如何获得和利用知识,而是告诉人们如何才能塑造一个学习型组织。

基于该模型,可以对学习型组织做如下定义:"所谓学习型组织,是指通过培养弥漫于整个组织的学习气氛,充分发挥员工的创造性思维能力而建立起来的一种有机的、高度柔性的、扁平化的、符合人性的、能持续发展的组织。这种组织具有持续学习的能力,只有高于个人绩效总和的综合绩效。"

1)第一项修炼——自我超越

(1)自我超越及其基本特征

"自我超越"是指突破个人能力权限的自我实现或技巧的蕴熟,它是建立与发展学习型组织需要进行的第一项修炼,它的修炼是学习型组织的精神基础。

"自我超越"的意义在于创造高度自我超越的人是永不停止学习的,因为自我超越不是

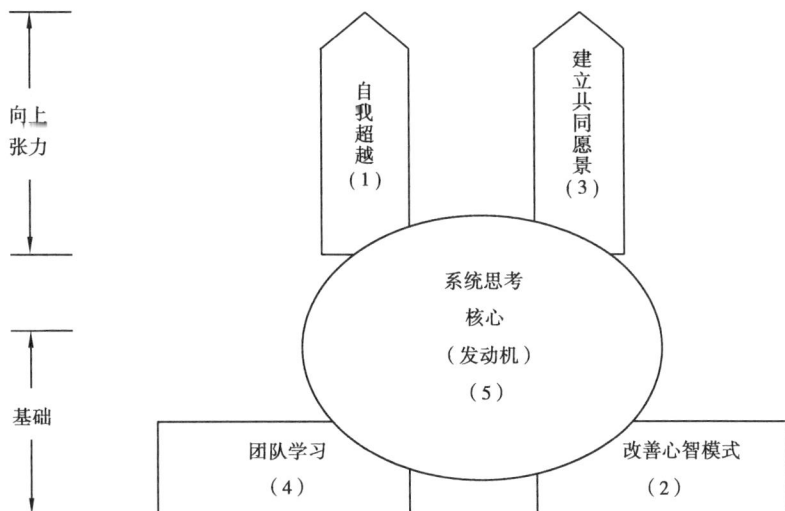

图 8.2 5 项修炼的地位、作用与相互关系

一个人所拥有的某些能力,它是一个创造的过程,一种终身的修炼。高度自我超越的人,会敏锐地察觉自己的无知、能力不够和成长极限,但这却绝不动摇他们十足的自信。

"自我超越"是个人成长的学习修炼。整个组织的学习意愿和能力,来自个人的学习意愿和能力,没有个人的学习作为基础,组织无法真正地学习与成长。除非组织里每个层次的人都追求自我超越,在不断学习中产生和延续创造性张力,努力发展本身,超越自我,才能建立真正的学习型组织。

(2)自我超越的修炼

①建立个人愿景。所谓愿景,是指一幅人们想创造且方向正确的未来蓝图。它的重点在最终的结果和价值观,而不是指某些达到的特殊方法。愿景是一幅整体的图像,它说明了工作的意义与目的、工作背后的价值观,以及人们工作的理由。愿景是人们的需求、欲望、价值观和信念的结晶体。愿景又来源于人们的欲望和价值观。创造愿景并不仅仅是预测未来,而是要引发人们的创造力。

②保持创造性张力。创造性张力是指客观现实与愿景之间存在着一定的差距,而这样的差距将形成一种创造力,把人们朝向愿景拉动。正是由于这种差距是个人创造力的来源,因此把它叫作创造性张力。创造性张力是自我超越修炼的中心原则。产生创造性张力的重要前提之一是认清目前的真实情况。自我超越的精髓便是学习如何在生命中产生和延续创造性张力。

③看清结构性冲突。许多人都有一些根深蒂固的、与自我超越相反的成见,这些信念往往隐藏在意识的底层,这就是相信自己没有能力实现内心想要达到的目标或认为自己没有资格得到所想要的。这两种矛盾在个人心理上形成强大的、结构性的负面力量,阻碍人们迈向成功。解决这类结构性冲突的有效措施是运用个人的意志力,全神贯注地去排除在达成目标的过程中存在的各种阻力。

④运用潜意识。在自我超越修炼的实践过程中,隐藏在人们心灵中的另外一个面是潜意识。事实上,几乎所有的人都曾经不自觉地通过运用潜意识的力量来处理复杂的问题。

自我超越层次高的人能在意识与潜意识之间发展出默契的关系。例如,世界级的游泳健将发现,想象自己的手比实际的大两倍,自己的脚掌有蹼,确实能游得更快。

发展潜意识要求人们要学会如何更加清楚地把焦点对准想要的结果。这需要对目标做出明确的选择。只有经过选择,潜意识的能力才能充分发挥,同时,要想象这个目标已经实现了,以此来揭示在目标背后更大的愿望。此外,发展潜意识还要求人们认清生命的终极目标,知道对自己而言最重要的是什么。总之,培养潜意识最重要的是:它必须符合内心所想要的结果。越是发自内心深处的良知和价值观,越容易与潜意识深深吻合,或者就是潜意识的一部分。

(3)自我超越在组织中的培养

对领导者来说,要在其组织内培养自我超越,可以多做一些有益的工作。他们可以创造适合员工锻炼自我超越的公司气氛。具体来说,就是要建立一个组织,在这个组织中,大家在建立愿景时有一种安全感,"追根究底"与"诚实面对真相"变成一种文化,挑战现状是一种期望,尤其是当现实中隐含着大家一直在逃避而不愿意面对的问题时。

2)第二项修炼——改善心智模式

(1)改善心智模式及其基本特征

"心智模式"根深蒂固于人们心中,影响人们如何认识周围世界,以及如何采取行动的许多假设、陈见和印象。这种模式不仅影响人们如何认识这个世界,更重要的是它还影响人们的行为。在企业管理工作中,经常有许多好的构想无法付诸实施,这是因为它和人们心中已有的、对于周围世界如何运作的看法和行为相抵触。因此,学习如何将心中的心智模式摊开,并加以检验和改善,有助于改变人们心目中对于周围世界如何运作的已有看法。这对建立学习型组织而言,将是一项重大的突破。

(2)改善心智模式的修炼

改善心智模式的修炼,主要是增强组织运用心智模式的能力,这就必须学习改善心智模式的技巧。尤其是反思和探询的技巧。

①辨别跳跃式的推论。即认真分析自己是如何从粗浅的、直接的观察跳到概括性的结论的。这需要对自己已经得到的某种结论所依据的原始资料进行客观分析,对所得到的结论的准确性和导向性进行分析。在现实生活中,人们的理性心智常常将具体事项概念化,即以简单的概念代替许多细节,然后以这些概念来进行推论。因此,在思考过程中,很快就"跳跃"到概括性的结论,以至于从来没有想过要去检验它们,这就是所谓的跳跃式的推论。

要避免跳跃式的推论,必须问清自己对周围的事情基本上抱着什么样的看法或信念。首先质问自己某项概括性的看法所依据的"原始资料"是什么? 然后问自己:是否愿意再想想看? 这个看法是否不够精确或有误导作用? 诚实地回答这些问题很重要,如果答案是不愿意,再继续下去是没有多大意义的。

②练习左手栏。练习左手栏是指对自己所经历的事件以及处理方式,坦诚地写出内心深处的隐含假设,以此来检查心智模式在处理事件的过程中所扮演的角色,并予以改进的一项修炼技巧。

左手栏是由阿吉瑞斯和他的同事发明的。它是一项效果很好的技巧,借此可以看见人们的心智模式在某种情况下是怎样运作的。它暴露出人们是如何操纵现状来避免暴露真正的想法,因此,使现状无法得到改善。

看清自己的"左手栏"得到的最重要的收获,就是了解到自己是如何失去在冲突状态下的学习机会的。看清自己可能使情况恶化的推论与行动,便是心智模式修炼技术之一:左手栏的效用。

③兼顾探询与辩护。这是一种在多人之间进行开诚布公地探讨问题的技术。它一方面允许别人对未知和不明的情况进行询问;另一方面允许对自己的观点进行辩护。在这样面对面的交流过程中,逐步暴露各自的心智模式并加以改进。

大多数管理者被训练成善于提出与辩护自己的主张,但这种辩护的技巧有时会产生相反的效果,会把自己封闭起来,无法真正相互学习。人们所需要的,是综合运用辩护与探询,以增进合作性的学习。

④对比拥护的理论和使用的理论。通常,在人们拥护的理论与人们使用的理论之间存在着差距。例如,信赖他人可能正是"愿景"的一部分。差距的出现本身是一种正常现象,差距不是造成问题的根源,问题的根源是不能诚实地面对和说出这个差距。除非承认心中拥护的理论与现实行为之间的差距,否则无法学习。因此,对多数人来说,重要的是要找出这个差距,并对其进行分析,然后设法缩小这个差距。

学习最后应导致行为的改变,而不应只是取得一些新信息,也不应只是产生一些新构想而已。这就是为什么看清自己拥护的理论与自己使用的理论之间的差距是非常重要的。否则,人们只是学了些新的语言、观念或方法,就认为自己已经学会了,而实际上行为并没有丝毫改变。

3) 第三项修炼——建立共同愿景

(1)建立共同愿景及其基本特征

共同愿景就是组织中大家共同愿望的景象。它是人们心中一股令人深受感召的力量。在人类群体活动中,很少有像共同愿景这样能激发出强大的力量的。

共同愿景对学习型组织是至关重要的,因为它为学习提供了焦点与能量。在缺少共同愿景的情形下,组织内充其量只会产生"适应型的学习",只有当人们致力于实现他们深深关切的事情时,才会产生"创造型的学习"。

(2)建立共同愿景的修炼

①鼓励建立个人愿景。共同愿景是由个人愿景汇聚而成的。如果人们没有自己的愿景,他们所能做的就仅仅是附和别人的愿景,结果只能是顺从,绝不是发自内心的意愿。因此,组织要建立共同愿景,必须持续不断地鼓励其成员发展自己的个人愿景。

有意建立共同愿景的组织,必须持续不断地鼓励成员发展自己的个人愿景。将原本各自拥有强烈目标感的人结合起来,才能创造强大的绩效。朝向个人及团体真正想要的目标迈进的自我超越是发展"共同愿景"的基础。这个基础不仅包括个人愿景,还包括忠于真相和创造性张力,而共同愿景能产生高于个人愿景所能产生的创造性张力。

②在组织内塑造整体图像。圣吉认为，如果你分割一张普通照片为两半，每一半只能显示出整个图像的一部分。但是如果你分割的是一张激光全息立体影像底片，每一部分仍然会不折不扣地显示整个图像。同样，当一群人都能分享组织的某个愿景时，每个人都有一个完整的组织图像，每个人都对整体分担责任，而不是仅只对自己那一小部分负责。但是激光全息立体影像底片的每一小片并非完全相同，因为每一小片都代表了从不同角度所看到的整个图像。每个人所持有的整体愿景也都有其不同之处，因为每个人都有独自观看大愿景的角度。

如果把激光全息立体影像底片的各个小片组合起来，整体图像基本上并未改变，但是越来越清晰、真实。同理，当有更多人分享共同愿景时，将形成全体成员的整体图像。愿景本身虽然不会发生根本性的改变，但是愿景变得更加生动、更加真实，因此人们能够真正在心中想象愿景逐渐实现的景象。从此他们拥有伙伴，拥有"共同创造者"，愿景不再单独落在个别人的肩上，在此之前，当他们尚在孕育个人愿景时，人们可能会说，那是"我的愿景"，但是当共同愿景形成以后，就变成既是"我的"也是"我们的"愿景。

③融入企业理念。建立共同愿景实际上是企业基本理念的一部分，其他内容还包括目的，使命与核心价值观。愿景若与人们每天信守的价值观不一致，不仅无法激发真正的热情，反而有可能会因挫败、失望而对愿景采取嘲讽的态度。因此，它必须与企业理念的其他内容，如目的、使命与核心价值观融会在一起。

4）第四项修炼——团队学习

(1)团队学习及其特征

团体学习是发展团体成员互相配合、整体搭配与实现共同目标的能力的学习活动及其过程。团体在组织中是最关键的，也是最佳的学习单位。组织内通过建立更多的学习团体，进而建立起整体组织一起学习的风气。团体的集体智慧高于个人智慧之和，团体拥有整体分配的行动能力。当团体真正在学习的时候，不仅团体整体产生出色的成果，个别成员成长的速度也比其他的学习方式更快。

(2)团队学习的修炼

团体学习的修炼要学会运用真诚交谈与讨论，这是两种不同的团体交谈方式。在真诚交谈时，人们自由和有创造性地探讨复杂而重要的问题，先撇开个人的主观思维，彼此用心聆听，达到一起思考的境地。讨论则是提出不同的看法，并加以辩护，真诚交谈与讨论基本上是能互补的。通常，人们用真诚交谈来探讨复杂的问题，用讨论来就某些问题达成协议。一个学习型的团体要善于交叉运用真诚交谈与讨论这两种方式的能力。

5）第五项修炼——系统思考

(1)系统思考及其特征

系统思考是第五项修炼中最重要的一项，一个人或一个组织事业的成败都与能否进行系统思考有关。它是"看见整体"的一项修炼，它能让人们看到组织中各种事件的相互关系而不只是单一事件。它要求人们运用系统的观点看待组织的发展。它引导人们，从看局部到纵观整体,从看事件的表面到洞察其变化背后的结构,以及从静态的分析到认识各种因素的相互影响,进而寻找一种动态的平衡。系统思考既有完整的知识体系,也有实用的工具,它将前面 4 项修炼融合在一起,与它们共同构成学习型组织的五项创新技术。

(2)系统思考的修炼

①整体地思考问题。随着生产自动化程度的提高,由许多岗位串联而成的生产线越来越多,每条生产线上的分工也越来越细。作为领导,应该懂得整体地思考系统的可靠性是多少这个问题。假设一条生产线由 100 个岗位串联而成,设备都进行了精心的安装和调试,人员也都经过了精心的培训,每个岗位的可靠率都达到了 99%。看起来似乎都很好了,但系统的可靠性工程理论认为:整条生产线的可靠性应等于各个环节可靠率的连乘。100 个 99%连乘后是多少? 36%,这就是系统的可靠性。这个例子告诉我们:一个企业、一个部门不要只看到自身,而要考虑自身对整个系统来说会有什么样的结果。

②要动态地思考问题。动态思考对一个人、一个企业、一个国家来讲是很重要的。宝钢曾被有关部门评为"三个第一":1997 年中国"500 强"中效益最好的第一家;中国净资产最多的 500 家中第一家;工业企业进出口额最多的 100 家中第一家,并且"六连冠"。但宝钢的一位老领导提醒员工:"三个第一"虽然来之不易,但如果眼睛盯住这"三个第一",就是"静止"的观念;"三个第一"只是目前的,以后人家会发展,那时宝钢再保持原状就会落后。

③要本质地思考问题。学习型组织理论认为,不少人有一种毛病,对问题常作表面的思考而忽视了本质的思考。学习型组织理论中的一个重要理念"蝴蝶效应"正说明了本质思考的重要性。1979 年,洛伦斯教授在华盛顿所做报告中说:他在研究中发现,巴西的一只蝴蝶翅膀挥动一下,会在美国的得克萨斯州形成飓风。这一理论被称为"蝴蝶效应"。"蝴蝶效应"是说,有些小事可以糊涂,有些小事如经过系统会被放大,则对一个企业、一个国家很重要,就不能糊涂。东南亚金融危机爆发,首先发生在泰国这个亚洲小国家。最初,世界经济强国不以为然,认为同他们没什么关系。结果真的没有关系吗? 俄罗斯因为这场危机遭受的损失达 150 亿美元。美国、日本等国也因此遭受重创。

8.4.3　虚拟组织

虚拟组织(Virtual Organization 或 Virtual Enterprise),又称虚拟企业、虚拟联盟或动态联盟,它最早是由美国利海(Leheight)大学的 Iacocca 研究所 1991 年向美国国会提交的一份题为《21 世纪制造企业的战略》的研究报告中提出。报告中富有创意的提出,企业之间应该以市场为导向建立动态联盟,以便能够充分利用社会制造资源,在激烈的竞争中取胜。

1)虚拟组织的含义

关于虚拟组织的概念,理论界众说纷纭,到目前仍没有统一的定义。一般认为,虚拟组织是指若干独立的企业为了响应快速的市场变化,以 IT 技术相连接,共享技术、市场,共同承担成本的临时的企业联合体。

通俗地讲,虚拟组织就是两个以上的独立的实体,为迅速向市场提供产品和服务,在一定时间内结成的动态联盟。它不具有法人资格,也没有固定的组织层次和内部命令系统,而是一种开放式的组织结构,因此可以在拥有充分信息的条件下,从众多的组织中通过竞争招标或自由选择等方式精选出合作伙伴,迅速形成各专业领域中的独特优势,实现对外部资源的整合利用,从而以强大的结构成本优势和机动性,完成单个企业难以承担的市场功能,如产品开发、生产和销售。在高不确定性、高风险性的市场环境中,这种企业组织模式有很强的适应性和生存性,可能成为今后企业组织模式的发展趋势。到目前为止,国外虚拟企业成功的案例很多,如世界知名的康柏电脑、耐克、锐步、可口可乐、波音等,在生产经营活动中应用虚拟组织结构都获得了巨大的成功。

2)虚拟组织的特征

①虚拟组织具有高度的灵活性。虚拟组织是一个"市场驱动型组织",它从组成到解散完全取决于市场机会的存在与消失。在虚拟组织中,加盟的各成员企业之间是信息网络和合作网络联系起来的。由于他们都是独立运行的,因此具有很大的灵活性。在某个项目被看好时,不必进行大规模增加投资,而只需与相关的优势企业建立这种同盟,即可及时把握市场机遇,在短时间内实现大规模生产,提高市场占有率,从而迅速达到规模经济的目标,实现良好的效益;而在产品销路不畅、失去市场时,各企业又能根据市场环境,结合自身的优势,迅速调整营运范围与合作伙伴,重组资源,主动寻找新的机会,从而敏捷地抓住新的市场机遇,并有效地避免大量固定资产及人员、资金的闲置,减少企业经营的风险。同时,由于现代化信息网络技术的应用,使得企业间信息的传递空前迅速,企业能对某一变化做出敏捷的反应,在激烈的竞争中占尽先机。因此,虚拟企业具有高度的灵活性和敏捷性。当机会消失后,虚拟组织就解散。所以,虚拟组织可能存在几个月或者几十年。

②虚拟组织共享各成员的核心能力。在单个企业中,不可能保证在每个环节在同行中持有最强的竞争力,而企业核心竞争力的培育是一个长期的过程,因此单个企业也就不可能在每个领域迅速建立起竞争优势。而虚拟组织是通过整合各成员的资源、技术、顾客市场机会形成的。各成员企业根据市场机遇和市场的要求,将不同的组织、人员、管理、技术等资源在不同层面进行有效地优势集成,将其核心资源加到联盟中,以实现资金流、劳动流、能量流最佳组合和最有效的利用及成员企业优势的互补。它的价值就在于能够整合各成员的核心能力和资源,从而降低时间、费用和风险。

③虚拟组织中的成员必须以相互信任的方式行动。合作是虚拟组织存在的基础,但由于虚拟组织突破了以内部组织制度为基础的传统的管理方法,各成员又保持着自己原有的风格,势必在成员的协调合作中出现问题。但各个成员为了获取一个共同的市场机会结合在一起,他们在合作中必须彼此信任。当信任成为分享成功的必要条件时,就会在各成员中形成一种强烈的依赖关系。否则,这些成员无法取得成功,顾客们也不会同他们开展业务。

有些企业通过拥有突出的能力处于虚拟组织的中心,并对其他成员产生有力的影响,使虚拟组织的协调变得相对容易。如耐克公司凭借设计和营销方面的卓越能力,将负责生产的亚洲的合作伙伴紧密联系在一起,实施有效的控制和协调。

3)虚拟组织应用的价值

有人预言,随着信息技术的发展、竞争的加剧和全球化市场的形成,没有一家企业可以单枪匹马地面对全球竞争。因此,由常规组织过渡到虚拟组织阶段是必然的,虚拟组织日益成为公司竞争战略"武器库"中的核心工具。这种组织形式有着强大的生命力和适应性,它可以使企业准确有效地把握住稍纵即逝的市场机会。对于小型企业来说,借用大型合作伙伴的一个特殊的好处在于:容易被银行和客户所接纳。

但是,我们还应该看到,尽管宣传使用虚拟组织的概念十分容易,但是虚拟组织的组成与运作并不简单,最为明显的是实施上的困难。如各组成部分如何做实体上的接触及协调上的困难。人们寄希望于信息高速公路上作为虚拟组织的实现工具,但信息高速公路本身还需要发展完善,企业不可能在漫长的等待中丧失市场机会。

本单元小结

管理创新是一种有目的的能动性实践活动,是管理者根据内外环境的变化而采用的一种新的更有效的资源整合和协调范式,以促进企业管理系统综合效率和效益目标实现的过程。管理创新主要具有风险性、先行性、持续性和系统性 4 个特征。管理创新职能的基本内容有目标创新、技术创新、制度创新和组织结构创新 4 种。成功的管理创新要经历寻找机会、提出构想、迅速行动和忍耐坚持 4 个阶段的努力。在管理创新的过程中,组织可以根据自身情况实行首创性创新策略、改创型创新策略和仿创性创新策略。掌握创新性思维的基本特征:理论思维、多向思维、侧向思维和逆向思维。理解管理新发展的企业再造、学习型组织和虚拟组织等。

学习思考题

1.管理创新主要具有哪些特征?技术创新又具有哪些特点?

2.管理创新职能的基本内容有哪些?试举例说明。

3.组织结构创新的趋势如何?

4.创新过程包含哪几个阶段?

5.创新思维方法主要有哪几种?你在哪方面擅长?在哪方面有不足?

6.解释企业再造。

7.阐述学习型组织。

8.说明虚拟组织的特征。

案例 1

创新出用友

企业创新绝不只是产品和技术的创新。如果企业只注重在技术上创新，而忽略在内部运行机制、内部管理体系等方面不断创新，其技术创新本身很难真正为企业带来价值。企业全面创新，才是企业发展真正动力所在。用友的历程十分清晰地印证了这一点。

1. 企业体制创新

1988 年 12 月 6 日，由两个人靠 5 万元借款创立的用友公司，其前身为"用友财务软件服务社"。在当时年代和环境下体现了用友创新意识，也注定了用友必须要走一条创新之路。

软件服务社经过一年多的创业过程，1990 年转办为"用友电子财务技术有限公司"，从无限责任的个体工商户转变为有限责任公司，实现了公司第一次在体制上的重大变迁。

随着公司的规模扩大及业务发展需要，1995 年在有限责任公司基础上，发展为"用友软件（集团）有限公司"并组建"用友软件集团"，象征着国内软件开始向产业化、规模化方向发展，并探索出一条发展软件产业规模化的道路。用友体制不断创新和变迁，伴随着用友公司的不断发展。

2. 技术、产品创新

软件产业发展的一个突出的特点就是"波浪式"前进，即软件技术、产品和市场每隔一定周期就会出现一次大的浪潮和更替，而且频率越来越快。每一次新的浪潮都会带来机会，也是一次严峻的考验。在这样的环境中，一个软件企业把握住一次机会就可能起来，没有抓住就可能下去，不管曾经是否成功。对软件企业来说，抓住一次、两次机会是可能的，真正的挑战是能否抓住每一次机会，这就要求软件企业要不断地进行技术和产品的创新，确保抓住每次机会，确保竞争优势。

国内的财务及企业管理软件市场，这些年来的发展也呈现同样的现象。加入的厂家很多，一批起来，又一批倒下。用友公司作为这一领域最早的厂商之一，由于始终不断地进行技术、产品创新，把握住了历次发展的机会，使公司一直走在这一领域的前沿，产品持续领先，树立了较好的竞争优势，巩固了财务及企业管理软件龙头企业的地位。

3. 营销服务创新

用友公司的销售服务网络从直销开始，经历了"直销——代理分销——地区销售服务公司/代理分销"的发展过程。到目前为止，用友已建立起 40 家地区分公司、子公司，500 家代理商、60 家客户服务中心和 100 家授权培训中心的销售服务体系，是目前中国商品化软件最大销售服务网。

面对网络时代的到来，用友公司率先开通基于 Internet 网络支持服务体系，并正在建设用友软件产品销售服务的电子商务系统，实现用友软件产品销售和服务的网络化。

4. 运行机制创新

为确保用友软件产业的发展，公司在内部运行机制不断创新，以适应日益激烈的市场竞争。

运行机制从 1989 年的按功能划分的中心制,发展为 1996 年的以产品为核心的产品事业部制。1998 年发展为按用户对象划分的产品分公司制,针对不同用户群,分设了管理软件、财务软件和商务软件 3 个产品分公司。1999 年根据全球信息产业发展趋势及结合业务战略,发展为按战略事业单位方式建立的内部运行机制。

5. 内部管理创新

用友公司一直按照规范化进行管理,强调内部管理围绕公司业务开展,并为业务发展提供支持,在内部管理上不断创新。

(1)建立并实施完善的软件开发和质量控制的文件化管理体系。

1997 年 10 月,企业通过了 ISO 9001 质量保证体系,为国内同行第一,实现软件产品开发、生产供应和维护的质量管理和保证与国际接轨,开创了国内软件企业 ISO 9001 认证的先河。

(2)建立并实施覆盖全国的文件化的软件服务质量保证体系。

1999 年 5 月,用友又率先于国内软件业界通过 ISO 9002 标准认证,建立并通过了覆盖全国的服务质量保证体系认证,这标志着覆盖全国的软件服务与支持的质量保证体系与国际接轨。

(3)全面推行绩效管理系统,使之成为推动公司业务发展和员工发展有效的管理工具。

用友公司推行的绩效管理是以公司业绩和员工发展为中心,帮助公司完成业绩目标和帮助员工取得成功的全过程控制的有效管理方法。通过将公司目标、任务层层分解到机构、部门和岗位,将机构、部门和员工的工作目标与公司战略和目标有机结合起来,并通过对各机构、部门和岗位目标完成情况进行监控,提高或改善员工的工作表现,加强与员工的双向沟通。

(4)公司建立并实施了完善的知识产权管理监督控制体系,将尊重他人知识产权、保护自有知识产权制度化。

(5)建立用友知识管理系统,使公司知识、经验不断得到积累和应用。

有效的知识管理系统,对软件企业的发展是相当重要的。在公司内部网络系统中建立了如知识仓库、产品文档管理、产品测试统计及管理系统、产品支持库等知识管理的应用。

讨论题

1. 创新的意义是什么?

2. 用友的创新体现在哪几个方面?

🕮 案例 2

郑总荐文

得利斯集团总裁郑和平酷爱读书,每次看到精彩的文章,总要推荐给员工。一次,某杂志"名牌列传"专栏刊载的一篇文章《"同仁"最是真》引起他的共鸣。郑总一连在 15 处文字下画了着重号。这些内容集中反映在：做精品要严格规范，精益求精；做事要兢兢业业，埋头苦干；做人要认认真真，实实在在……郑总认为同仁堂造药、得利斯造食品都是吃的东西，是关系到人的身体健康的东西，两者具有很多相似之处。郑总不仅自己阅读研究了这篇文章，而且向全体员工推荐，他希望这篇文章对全体员工有所启示。

下面是郑总对这篇文章画着重号的部分内容以及他的批示。

《"同仁"最是真》成药配方独具特色，考料炮制可谓一丝不苟，紫血丹的配方需用金锅银铲，乐家老太收集了各房的金首饰100两，放在锅里煮，日夜守候着。一次，老板服用本堂生产的银翘解毒丸时，口感有渣滓，便一追到底，发现是箩底的细绢并丝，造成箩目过大，他当场用水果刀划破所有箩底，令工人更换。

俗话说："字要习，马要骑，拳脚要踢打，算盘要拨拉，久练即熟，熟能生巧。"同仁堂选料是非上乘不买，非地道不购。火候不济，功效难求，火小了，香出不来，香入脾；如果火大，炒焦了，焦气入心经。因此又有"火候太过，气味反失"一说。一颗牛黄上清丸就有100多道工序，药真工细，同仁堂一等品出厂达标率达100%。

"炮制虽繁必不敢省人工，品味虽贵必不敢减物力。"同仁堂人也琢磨同仁堂老而不衰的谜，说法不一，却有一点共识：传统也罢，现代也罢，兢兢业业，一丝不苟的敬业精神，啥时都重要。一位女工出远门回来后写道："我深深懂得，踏踏实实工作，认认真真做人，才是最根本的，因为我的根基在同仁堂！"

批语："同仁堂造药，得利斯造食品，都是入口的东西，但愿《"同仁"最是真》这篇文章能给我们的员工一点启示！"

讨论题

1. 你对总裁推荐这篇文章的做法是否赞成？
2. 构建学习型组织对企业的领导者提出了什么要求？
3. 学习型组织中员工的角色发生了什么样的变化？

🎲 课堂游戏

反向思维来防盗

1. 活动目的：
训练学生的多元化思维，让学生认识到逆向思维的重要性。

2. 参与人数：
20人。

3. 时间：
约15分钟。

4. 用具：
4张白纸、4支笔。

5. 场地：

不限。

6. 步骤：

(1)将学员分成4组，分给每组一张白纸和一支笔。

(2)老师提问："一个大型百货因失窃遭受重大的损失，此百货的总经理想要改变这种状况。请各组学员分组讨论，在8分钟的时间内在白纸上写下建议和解决办法，办法越多越好，越特别越好。"

(3)8分钟后，各组派代表陈述本组的建议。

(4)各组分别陈述完毕，让学员选出自己认为最好的办法。

实训项目

感悟企业创新

【实训目标】

培养学生观察、发现、理解企业创新的能力。

【内容与要求】

1. 由学生自愿组成小组，每组3人左右。

2. 利用节假日，选择当地一家大型商场或家电卖场，看他们又有什么新的营销举措。

3. 每组写一篇调查报告，分析这个新的营销举措的创新点，取得的效果和存在的问题与不足，并提出改进建议。

4. 在班上组织一次交流与讨论会，大家评出最佳创新发现奖、最佳创新点评奖、最佳创新改进奖调查报告各一篇。

参考文献

[1] 弗雷德里克·泰勒. 科学管理原理[M]. 马风才,译. 北京:机械工业出版社,2013.

[2] 海因茨·韦里克,哈罗德·孔茨. 管理学:全球化视角[M]. 11 版. 马春光,译. 北京:经济科学出版社,2004.

[3] 斯蒂芬·P. 罗宾斯,马丽·库尔特. 管理学[M]. 9 版. 孙健敏,译. 北京:中国人民大学出版社,2008.

[4] 亨利·法约尔. 工业管理与一般管理(珍藏版)[M]. 迟力耕,张璇,译. 北京:机械工业出版社,2013.

[5] 徐国良,王进. 企业管理案例精选精析[M]. 4 版. 北京:中国社会科学出版社,2009.

[6] 施炜. 管理架构师:如何构建企业管理体系[M]. 北京:中国人民大学出版社,2019.

[7] 阎世平. 刘劭人材思想研究[M]. 广州:中山大学出版社,2005.

[8] 吴金法. 现代企业管理学[M]. 北京:电子工业出版社,2003.

[9] 单凤儒. 企业管理[M]. 3 版. 北京:高等教育出版社,2014.

[10] 龚卫星. 企业管理基础[M]. 4 版. 上海:华东师范大学出版社,2018.

[11] 季辉. 现代企业经营与管理[M]. 4 版. 大连:东北财经大学出版社,2017.

[12] 丁煌. 西方公共行政管理理论精要[M]. 北京:中国人民大学出版社,2005.

[13] 张创新. 现代管理学概论[M]. 3 版. 北京:清华大学出版社,2010.

[14] 蔡荣先,冯鑫永. 企业管理[M]. 北京:北京理工大学出版社,2006.

[15] 卜军,姜英来. 管理学基础(经管专业)[M]. 2 版. 大连:大连理工大学出版社,2004.

[16] 刘兴倍. 管理学原理[M]. 北京:清华大学出版社,2004.

[17] 张仁侠. 现代工商企业管理[M]. 3 版. 北京:首都经济贸易大学出版社,2012.

[18] 王凤彬,李东. 管理学[M]. 5 版. 北京:中国人民大学出版社,2016.

[19] 周三多. 管理学[M]. 5 版. 北京:高等教育出版社,2018.

[20] 斯蒂芬·P. 罗宾斯,玛丽·库尔特,等. 管理学原理[M]. 10 版. 北京:机械工业出版社,2019.

[21] 李世宗. 管理学原理[M]. 武汉:华中科技大学出版社,2008.

[22] 周三多,陈传明,等. 管理学:原理与方法[M]. 7 版. 上海:复旦大学出版社,2018.

[23] 程国平,刁兆峰. 管理学原理[M]. 2 版. 武汉:武汉理工大学出版社,2006.

[24] 陈平,张志峰,匡水发. 管理学[M]. 武汉:武汉大学出版社,2008.

［25］李晓光. 管理学原理［M］. 北京:中国财政经济出版社,2004.

［26］由建勋. 现代企业管理［M］. 3 版. 北京:高等教育出版社,2014.

［27］谈留芳. 管理学原理［M］. 2 版. 武汉:华中科技大学出版社,2006.

［28］杨想生,刘文华. 管理学原理［M］. 北京:科学出版社,2004.

［29］刘璇,贾亚东. 管理学基础［M］. 上海:上海财经大学出版社,2009.

［30］吴亚平. 管理学原理教程［M］. 3 版. 武汉:华中科技大学出版社,2012.